U0585429

国家出版基金项目
NATIONAL PUBLICATION FOUNDATION

中国语言文学
一流学科建设文库

"马克思主义文学批评的中国形态研究"系列丛书

主 编 胡亚敏

走向资本批判视域的
经典马克思主义文学批评

ZOUXIANG ZIBEN PIPAN SHIYU DE
JINGDIAN MAKESIZHUYI WENXUE PIPING

万 娜 著

人 民 出 版 社

策划编辑：于宏雷

封面设计：周方亚

图书在版编目（CIP）数据

走向资本批判视域的经典马克思主义文学批评 / 万娜 著 . —北京：
　人民出版社，2020.11
　（"马克思主义文学批评的中国形态研究"系列丛书 / 胡亚敏主编）
　ISBN 978－7－01－022304－9

I.①走…　II.①万…　III.①马克思主义－文学评论－研究　IV.① A811.691

中国版本图书馆 CIP 数据核字（2020）第 127979 号

走向资本批判视域的经典马克思主义文学批评

ZOUXIANG ZIBEN PIPAN SHIYU DE JINGDIAN MAKESIZHUYI WENXUE PIPING

万 娜 著

人 ★ ☆ 版 社 出版发行

（100706　北京市东城区隆福寺街 99 号）

中煤（北京）印务有限公司印刷　新华书店经销

2020 年 11 月第 1 版　2020 年 11 月北京第 1 次印刷

开本：710 毫米 ×1000 毫米 1/16　印张：14.5

字数：240 千字

ISBN 978－7－01－022304－9　定价：79.00 元

邮购地址 100706　北京市东城区隆福寺街 99 号

人民东方图书销售中心　电话（010）65250042　65289539

版权所有·侵权必究

凡购买本社图书，如有印制质量问题，我社负责调换。

服务电话：（010）65250042

总　序

　　"马克思主义文学批评的中国形态研究"丛书从 2011 年国家社会科学基金重大项目立项到 2019 年交付人民出版社，历时八年，若从 2009 年提出这一构想算起，则有十年之久，时间或许还更早。之所以提出建构马克思主义文学批评的中国形态（以下简称"中国形态"），是因为处于转型期的当代中国在文学和文化建设上有不少问题需要研究，这些问题不可能完全从经典马克思主义那里找到现成答案，也不可能仅靠异域的西方马克思主义文学批评来应对。中国马克思主义文学批评必须建构自己的话语体系，才能有效地面对和研究中国当代的文学现象，也才可能在与西方马克思主义文学批评家的对话中具有话语权。立项以来，课题组主持召开了以"马克思主义文学批评的中国形态研究"为主题的两次国际学术研讨会和一次国内学术研讨会，以及若干小型专题研讨会，发表了 77 篇学术论文。2018 年 5 月，"马克思主义文学批评的中国形态研究"重大项目顺利结项。2019 年 2 月，"马克思主义文学批评的中国形态研究"系列丛书获 2019 年度国家出版基金资助。

一

　　建构一种既有鲜明特色又具有普遍意义的中国形态是一项十分艰巨的任务。作为首席专家，我在申报这一重大项目时，与课题组成员商议，初步确定从四个方向入手，即探讨经典马克思主义文学批评范式，梳理和辨析马克思主义文学批评中国形态的历史进程，考察中国马克思主义文学批评在西方的传播和对西方学者的影响，探究和提炼马克思主义文学批评中国形态的理论特质。这四个方向既有各自的研究领域和重点，又以中国形态为聚焦点，构成一个相对完整的有机整体。经过这些年的艰苦努力，这一构想基本得以实现。呈现在读者面前的这套丛书共 6 部，分别为《马克思主义文学批评范式研究》（孙文宪著）、《走向资本批判视域的经典马克思主义文学批评》（万娜著）、《马克思主义文学批评中国形态的历史进程》（黄念然著）、《中国早期马克思主义文学批评形态研究》（魏天无著）、《"毛泽东主义"与阿尔都塞》（颜芳著）、《马克思主义文学批评中国形态的当代建构》（胡亚敏著）。

经典马克思主义文学批评范式研究旨在为中国形态提供理论根据。这一研究方向完成了两部著作。孙文宪的《马克思主义文学批评范式研究》从马克思恩格斯的文学批评与其哲学、政治经济学之间的互文关系以及围绕"艺术生产"所形成的话语特点等，阐述马克思主义文学批评作为一种自成系统的、有别于其他批评理论的文学研究范式所具有的性质、特点与功能。万娜的《走向资本批判视域的经典马克思主义文学批评》则通过细读马克思的四部与政治经济学密切相关的著作，从政治经济学这一特殊视域来研究马克思的一些新的理论或概念的发展脉络，以及这些变化与马克思主义文学批评的内在联系。

中国形态的历史研究重在考察和总结中国形态的历史经验。黄念然的《马克思主义文学批评中国形态的历史进程》和魏天无的《中国早期马克思主义文学批评形态研究》分别从史论结合和个案分析两方面展开。前者将中国形态的发展分为三个阶段，即中国形态的发生和毛泽东文艺思想的形成（近现代之交至新中国成立）、中国形态的发展与变异（1949 年至"文革"结束）和新时期以来中国形态的建构实践，总结了中国形态在不同阶段的基本特征及得失。该书既纵向梳理了中国形态的历史风貌，又横向对马克思主义文学批评中国化的复杂态势作了整合，从历史和逻辑两方面对中国形态的发展史作了比较全面的描述。后者是对早期中国马克思主义文学批评家的个案研究，该书选择了七位有代表性的批评家，从文学批评形态入手，深度解读了这些批评家的批评理念和批评实践，通过这些鲜活的个案展示中国马克思主义文学批评萌芽阶段的状况以及形成具有中国特色文学批评形态的过程。

中国形态与西方关系这一方向的成果为颜芳的《"毛泽东主义"与阿尔都塞》，该书采用比较文学流变研究视野，探讨以毛泽东同志为主要代表的中国共产党人的哲学、文化和文艺思想对西方思想家的影响。她将研究对象集中在毛泽东思想与阿尔都塞的理论建构之间的关系上，厘清毛泽东的辩证法和意识形态思想如何通过跨文化的"理论旅行"参与生成了阿尔都塞的相关理论的过程，并逐一辨析阿尔都塞的辩证法和意识形态中的相关术语、范畴和理论对毛泽东思想的阐释、误读及创造性转化，为理解中国形态的理论特征提供了来自西方批评家的视角与参照。

中国形态的理论成果为胡亚敏的《马克思主义文学批评中国形态的当代建构》。该书致力于建构中国形态的理论特质，提炼和阐发了人民、民族、政治、实践等多个标志性的核心概念，并对当代社会出现的一些亟待解决的时代课题如文学与高科技、文学与资本、文学批评的价值判断等作了深入探讨，提出了一些有价值的观点和策略。这些具有中国特色的范畴和打上时代印记的问题各有侧重又互相交织，构成中国形态区别于其他形态的显著特征。

本套丛书的作者全部为华中师范大学文艺学教研室教师。华中师范大学有研究马克思主义文学批评的传统。1978年12月，华中师范大学与中国社会科学院、中国人民大学联合率先成立"全国马列文论研究会"，华中师范大学为驻会单位。经过几十年的建设和几代人的努力，马克思主义文学批评已成为华中师范大学文艺学学科的主攻方向，并逐步形成了一支富于开拓和协作精神的学术团队。教研室的老师们虽有各自的研究方向和理论兴趣，但整个团队有长期合作的经验，大家能够齐心协力地投入到马克思主义文学批评的研究和教学中。这种投入起初也许出于承诺和责任，如今则成为一种理论自觉，因为老师们在研究中逐步认识到马克思主义文学批评具有其他文学批评所不具备的优势。马克思主义的历史视野和辩证精神为全面考察文学的产生、存在和发展提供了先进的理论指南，使文学研究真正成为一门科学；并且马克思主义是从超越资本主义生产方式的高度研究资本主义的，它所具有的革命性和批判性在当今世界仍具有阐释的有效性和现实的针对性；特别是马克思恩格斯所揭示的历史发展的必然规律和人类社会远景，成为激励大家前行的精神力量。

二

本套丛书对马克思主义文学批评的中国形态作了富有开拓性的总结和建构，在研究范式、研究方法和研究思路上有新的探索，产生了一批具有理论深度和现实针对性的研究成果，彰显了中国马克思主义文学批评的特色和理论贡献。本套丛书不仅是对中国形态的概括总结，而且是对世界马克思主义文学批评的丰富。

提出建构中国形态是本书的开拓性尝试。这里"形态"不是模式，不是一种固定或可以套用的样式，而是一种具有整体性和创造性的开放类型。"马克思主义文学批评的中国形态"作为一个特有的概念，之所以不同于俄苏或西方马克思主义文学批评，也就在于"中国形态"本身是一种具有区别性特征的整体性构架。这种整体性表现为即使研究某一个或两个问题，都直接影响或关联到整个形态系统。也就是说，中国形态的建构既不是孤立的分门别类研究，又不是形态内部各部分的相加，而是以整体性的面貌出现的。这种整体性又与差异性相关，中国形态的整体性是一种具有原创性的差异研究。在这一点上，"中国形态"的研究特色与阿尔都塞提出的"问题域"比较接近。阿尔都塞曾说，马克思与黑格尔、费尔巴哈的区别不是继承或扬弃的问题，而是由于"问题域"不同而形成的整体的差异性。并且，中国形态是生成性的或者说是建构性的，它始终处于不断发现和不断实践的过程中。将中国形态作为新的问题意识和研究对象，是这套丛书的重要特色之一。

本套丛书在研究视野和研究方法上也有一些新的开拓。经典马克思主义文学批评具有鲜明的意识形态性和多学科性。在研究中，《马克思主义文学批评范式研究》一书努力摆脱用现有的或西方的文学理论来解读马克思主义文学批评的思路，另辟蹊径，强调经典马克思主义文学批评具有自身的文学观念、理论基础和研究对象，并且主张文学活动与社会政治、经济体制的关系应成为文学批评关注的重要内容。该书在经典马克思主义研究上还作了跨学科的尝试，即将经典马克思主义文学批评纳入哲学、美学、政治经济学、社会学等知识背景中，为经典马克思主义文学批评的理论阐释搭建了一个视野开阔的知识平台。当然，这种探索仅仅是起步，在研究后期我们越来越强烈地意识到，还需要进一步加强对经典马克思主义文学批评与其他学科相关性和有机性的研究。《走向资本批判视域的经典马克思主义文学批评》一书力图避免以往在引用马克思恩格斯观点时忽视其思想是发展的这一事实，将经典马克思主义文学批评还原为一个动态的、历史建构性的、逐步成熟的过程。该书在文本细读的基础上，重新阐释了经典马克思主义文学批评与马克思政治经济学中的"劳动""生产""分工"等概念的关系。例如，书中具体分析了"劳动"这一概念的内涵在马克思政治经济学语境中的发展脉络，以及这些变化对马克思主义文学批评性质的影响。把握经典马克思主义的思想发展也是今后我们在经典马克思主义研究中需要注意的又一重要方面。

中国形态作为一个正在形成的批评模式，有责任向世界推出一批有自身理论特色的概念和话题。《马克思主义文学批评中国形态的当代建构》一书承担了这一任务，提炼和阐发了一些具有中国特色的批评概念。"人民"就是一个被中国形态注入了新质的概念。人民作为中国革命和建设中的阶级集合体，不是一个抽象的同质符号，而是由千千万万真实的个人组成的历史主体，"以人民为中心"成为中国形态的鲜明特点。该书对"民族"概念作了重新阐释：英语 Chinese Nation 对应的是统一的多民族的"中华民族"；中国形态的"民族"是一个历史范畴，民族的核心是文化，民族认同和民族精神是民族维度的核心尺度。该书还将"政治"概念从阶级延伸到作为人的解放的"政治"，并在政治与审美的关系上作了超越批评的外在和内在疆域的探索。"实践"作为唯物史观的核心范畴，在中国形态中被置于十分重要的位置，中国形态的实践观更注重从主体方面去把握实践，理想的实践活动是主体的超越性和历史的规定性的矛盾统一。该书还对当今文化和文学建设中出现的问题作了创造性的思考。在文学与科技的关系上，该书指出了高科技对文学创作的革命性影响和科技的意识形态建构功能；对市场经济条件下文学的性质进行重新定位，指出文学不仅具有审美属性和意识形态性，而且具有商品属性，文学的精神品格在艺术生产中具有优先权；针对当今文学创作和批评的价值判断缺失或失范问题，该书以马克思的社会理想为基础重建价值体系，提出考察作品应以是否有利于人的全面发展作为价值判断的根本准绳。

本套丛书在史料发掘、清理和辨析上也有新的特点和收获，具体包括两个方面：一是对马克思主义文学批评在中国的传播、论争、著作出版等史实作了梳理、辨析和拓展；二是有关毛泽东哲学、文化和文艺思想对西方思想界的影响的资料收集。《马克思主义文学批评中国形态的历史进程》对马克思主义文学批评在中国早期的传播与译介、对现代文学社团关于马克思主义文艺理论的著述、对文艺民族形式论争和延安时期文学社团成立等事件的梳理和总结，均为中国马克思主义文学批评研究提供了有价值的史料参考。《中国早期马克思主义文学批评形态研究》通过研读批评文本，辨析、澄清马克思主义批评家与其他批评家在历次文艺论争中立场、观点的分歧，探讨文艺与政治、文艺与现实、文艺与阶级性、文艺与大众、文艺的内容与形式等马克思主义批评中的重大理论问题，为当代中国马克思主义文学批评的创新发展提供了历史镜鉴。有关毛泽东思想对西方影响的史料收集是丛书的又一个亮点。《毛泽东思想与阿尔都塞》通过收集阿尔都塞历年公开出版物中涉及毛泽东著作的史实，证明阿尔都塞对毛泽东及其著作的关注和接受不是个别作品和个别时期的现象，而是纵贯其三十多年学术写作生涯，是一种持续的、密切的和深度的关注和接受。该书还尝试厘清阿尔都塞在重建辩证唯物主义和历史唯物主义的若干范畴时对毛泽东思想所作的吸收和转化等。

三

中国形态的建设既是一项具有学术开创意义的研究，又是一个不断建构的过程，或者说是一个不断探讨和发展的领域。提出一个新的研究领域和范式固然不容易，而真正作出有重要学术价值的思想成果更是需要付出异常艰苦的努力。今后我们将在研究思路和方法上作进一步调整，从经典文本再出发，探讨经典马克思主义与当代中国文学批评之间的内在联系，并逐步形成对西方马克思主义文学批评的超越。

从整体的和发展的观点研究经典作家的文本，是我们正在做并且准备继续做的工作。我们将会重返经典文本，将马克思主义文学批评置于马克思的整个理论体系中，以求更为完整准确地把握经典马克思主义文学批评的特质和内涵。马克思首先是一位革命家，他对文艺的关注是与他对无产阶级革命的思考紧密联系在一起的，他的文学批评是其革命活动的一个组成部分。马克思恩格斯关于文学艺术的论述多夹杂在有关社会问题的评述中，与他们所从事的哲学、政治经济学、历史学等学科的研究交织在一起，并且马克思恩格斯的批评理论和实践多散见于不同文稿、笔记或书信中。因此，只有回到经典文本的初始语境，以跨学科的视野作综合研究，才能避免对经典马克思主义文学批评理解上的片面和疏漏。同时，整体研究又需要与经典作家的理论发展联系起来。我们面对的是一个在崎岖山路上不断攀登和探索的马克思，他的理论兴趣在不同阶段随着研究的需要不断转移，其思想观念也有所改变和发展。马克思关于文学批评的观念也经历了一个发展的过程，其中既有范式的转换，又有认识的深化。并且有关马克思的著述也处于不断发现、更新和变动之中，《马克思恩格斯全集》第二版的编辑和出版就充分说明了这一点。因此，我们需要在马克思的整个知识语境和思想发展历程中把握马克思主义经典文本群的丰富内涵和思维轨迹。

经典文本语境的研究还需要扩展到文本产生的写作环境和文化传统中。深入了解经典作家写作的那个时代的社会性质和特点，包括当时的现实状况和工人阶级运动、马克思的个人际遇以及马克思与同时代人的关系等，将会更加深切地体会和理解经典作家提出问题的缘由和针对性。不仅如此，经典马克思主义植根于西方文化传统之中，马克思的博士论文《德谟克利特的自然哲学和伊壁鸠鲁的自然哲学的差别》研究的就是德谟克利特和伊壁鸠鲁这两位著名的古希腊学者。我们在考察经典马克思主义的理论来源时，应该从19世纪德国古典哲学、英国古典政治经济学和法国空想社会主义的基础上延伸，把马克思主义文学批评的思想来源与"两希"（古希伯来文明与古希腊文明）以来的西方文化传统联系起来，辨析整个西方文化传统对马克思的浸润和马克思对这些思想文化的批判和吸收。简言之，只有把马克思的思想置于西方文化和历史的长河中考察，才有助于更加全面地把握经典马克思主义文学批评深邃的理论内涵。

关于中国形态与经典马克思主义的关系问题，是下一步有待认真思考的又一问题。21世纪的今天不同于20世纪，更不同于19世纪，由于文化传统和时代的差异，中国马克思主义文学批评不可能完全复制19世纪的经典马克思主义，但也绝不是像西方有些学者所说的那样，毛泽东的理论是对马克思主义的一种"偏离"(Divergence)①。一方面，中国形态始终保持着与经典马克思主义在精神上和血脉上的内在联系；另一方面，又不能把马克思主义视为一种固定的体系，正如詹姆逊所说，那些将马克思主义作为永恒不变的观念系统的看法是对马克思主义的误解，"在它凝固为体系的那一刻便歪曲了它"②。

理论的发展和突破需要反思。马克思本人就是在对黑格尔、费尔巴哈、欧文、亚当·斯密等人的理论的吸收和反思基础上形成和提出自己的观点的，并且马克思也有对自身理论的反思。马克思主义诞生一百多年来，西方马克思主义的诸多理论观点也多是在反思经典马克思主义的过程中展开的，如他们反对照搬第二国际、第三国际的一些理论，根据西方社会的发展和需要提出一些独树一帜的观点，包括总体性理论、意识形态理论、文化工业理论、交往理论、异化理论、新感性和晚期资本主义等。尽管西方马克思主义的有些观点有偏颇之处，但这些学者针对西方社会问题提出的理论和对策，无疑延续并强化了马克思主义的生命力。中国形态同样需要有一种反思的态度，根据中国国情对经典马克思主义文学批评的一些观念或概念有所调整和发展，同时也需要从中国立场反思西方马克思主义文学批评，辨析和批判西方马克思主义对经典马克思主义的重构和遮蔽，并在对西方马克思主义的反思中逐步彰显中国特色。

理论的价值在于在场，批评应该对现实发言。中国形态将在反思的基础上，努力运用马克思主义的立场方法研究当代社会和文化中的新问题，并作出引领时代的新阐发，形成具有自身理论特质的体系和观点。卢卡奇在《历史与阶级意识》一书中明确表示，马克思主义不是一个现成的能够应用于一切场合的公式，而是方法。即使现代的研究完全驳倒了马克思的全部命题，"每个严肃的'正统'马克思主义者仍然可以毫无保留地接受所有这种新结

① Catherine Lynch, "Chinese Marxism", *Encyclopedia of Modern Political Thought* (Volume 1), Gregory Claeys (ed.), Los Angeles & London: CQ Press, 2013, p.130.

② [美] 弗雷德里克·詹姆逊：《语言的牢笼　马克思主义与形式》，钱佼汝、李自修译，百花洲文艺出版社 2010 年版，第 306 页。

论，放弃马克思的所有全部论点，而无须片刻放弃他的马克思主义正统"①。"正统"绝不是坚持马克思所得出的每一个个别结论，而在于方法。在新的历史条件下，中国形态将随着社会的发展和时代的变化不断调整和产生新的理论、新的范畴，以回应时代之问。而这种对马克思主义的发展才是对马克思主义的最好坚持。

最后想说的是，一路走来，要感谢的人很多。感谢全国社科规划办和评审专家的信任，感谢鉴定会上九位学者的肯定和鞭策，感谢人民出版社和国家出版基金规划管理办公室的大力支持。所有这一切我们都铭记在心，唯有以在马克思主义文学批评研究的道路上继续前行，来表达我们的谢意和敬意！

胡亚敏

2019 年 6 月 6 日于华大家园

2019 年 6 月 30 日（二稿）

---

① ［匈］卢卡奇：《历史与阶级意识》，杜章智等译，商务印书馆 2009 年版，第 47—48 页。

9

目　　录

引　论

　　经典马克思主义文学批评根植于经典马克思主义的学说体系中，拥有自己独特的批评话语和理论立场。这种独特性很大程度上来源于后者赖以建基的政治经济学批判语境，其中尤以资本批判视域为其穿透力的生发点。而历史唯物主义为资本批判视域所提供的巨大的历史感和坚实的现实基础，使得经典马克思主义超越当时乃至现代西方的学科界限，并启发文学批评开拓不拘泥于审美的或政治的或道德的或任一单一维度的阐释疆界，尽可能还原文学在历史进程中和社会结构中本就组织起的丰富关系。正因为如此，经典马克思主义文学批评不可从政治经济学批判语境中生硬地剥离开去，甚至只有在政治经济学批判语境中去理解和践行文学批评，才有可能葆有经典马克思主义文学批评的精髓，展现以资本批判为支点的文学批评在直面文学本身和文学所处的复杂处境时的诚实与厚重。

　　同时，经典马克思主义文学批评的形态是一个不断建构的过程，是一个随着经典作家对政治经济学和资本主义生产关系的不断深入观察、研究和批判，不断调整历史唯物主义航道的方向和深度的过程。经典马克思主义文学批评势必会遭遇到这个航道不同阶段的拐角和界石，由此不断激发出对文学艺术在政治经济学批判语境中涅槃而生的理解与评价。这个过程在政治经济学批判层面表现为历史唯物主义对其不断改造重塑乃至熔铸为经典马克思主义的有机组成部分的过程，而在经典马克思主义层面，则表现为政治经济学批判的思路和术语逐渐成为马克思恩格斯用以揭露资本主义社会问题症结的主要语境，并在其成熟阶段发展为以"资本"概念为核心的批判话语。经典马克思主义文学批评从关注自由劳动、美的规律、精神生产、历史分工中的

1

文学艺术、艺术生产以及生产劳动中的时空关系等角度，参与了经典马克思主义发展成熟的历程。这些参与的痕迹以政治经济学批判的形式保存下来，至今仍能从中感受到因这种特殊的言说方式而得以勾勒出的文学批评的强健生命力。

一、资本、现代性批判与文学批评相遇的必然性

把"资本"与马克思主义文学批评联系在一起，难免让人产生经济决定论的揣测。

然而，"资本"并不等同于经济——马克思和恩格斯终其一生揭示西方发达资本主义生产关系的秘密所在，并不是将批判的武器和武器批判的希望寄托在一个抽象的"经济"概念或是某一时段内含混驳杂的经济表象之上。在《资本论》中，马克思在论述"货币转化为资本"这一篇中曾经捋过"经济"和"资本"的关系，他说：

> 如果撇开商品流通的物质内容，撇开各种使用价值的交换，只考察这一过程所造成的经济形式，我们就会发现，货币是这一过程的最后产物。商品流通的这个最后产物是资本的最初的表现形式。①

"货币"是商品流通过程中发生的各种关系也就是前资本主义经济的最后表现形式，但却是"资本"的最初的表现形式，显然"经济"与"资本"的涵盖范围并不一致。关于"经济"，英国文化唯物论的倡导者雷蒙·威廉斯说在现代社会一般意义上去理解指的是对于生产、分配和交换等一系列为人熟知的系统，而在此之前，"经济"的指涉范围基本局限在对于家事或社区事务的管理这一层面上。②

法国第二代年鉴派的代表学者费尔南·布罗代尔（Fernand Braudel）对

---

① 《马克思恩格斯文集》第5卷，人民出版社2009年版，第171页。
② [英]雷蒙德·威廉斯：《马克思主义与文学》，王尔勃、周莉译，河南大学出版社2008年版，第9页。

"经济"与"资本"做了很明显的区分，至少在布罗代尔看来，"经济"更多地与致力于建立商品交换关系的市场经济联系在一起，而由"资本"驱动的生产关系不同于市场经济，它另有深意："资本主义并不涵盖全部经济，并不涵盖进行劳动的全社会。……物质生活、市场经济、资本主义经济（及其附属物）——现时仍然具有对事物进行区分、对问题进行解释的非凡价值。"① 此外，布罗代尔也曾详尽地考察过"资本"一词的来历：

> 资本（源自后期拉丁语 caput 一词，作"头部"讲）于十二至十三世纪出现，有"资金"、"存货"、"款项"或"生息本金"等含义。当时没有立即下一个严格的定义……它（指"资本"一词——引者注）于 1211 年肯定已经问世，于 1283 年以商行资本的含义出现。在十四世纪已普遍使用……
>
> 该词含义逐渐发展为某家商号或某个商人的资金，意大利往往还用 corpo 一词，即是"本钱"，十六世纪的里昂也用 corps 一词。经过长期而混乱的论争，在整个欧洲范围内，脑袋（capitale）终究比躯干（corpo、corps）稍胜一筹。资本一词于是从意大利出发，接着在德意志和尼德兰广为传播，最后到达法国，在那里与 caput 的其他派生词 chatel、cheptel、cabal 等发生冲突。……②

"资本"一词的含义和用法历经五六个世纪的流转不停地发生变化，才逐渐趋于指称一个模糊的领域，意义与"资金"、"本钱"等一类概念相近。而与"资本"这个词关系紧密、几乎被认为是马克思主义批判对象的"资本主义"一词，布罗代尔的考察结果是：

> 多扎提到，资本主义一词出现在《百科全书》（1753 年），但其含义十分特别："富人的地位"。这个说法似乎有毛病，因为引文

① ［法］费尔南·布罗代尔：《资本主义的动力》，杨起译，生活·读书·新知三联书店、牛津大学出版社 1997 年版，第 76 页。

② ［法］费尔南·布罗代尔：《15 至 18 世纪的物质文明、经济和资本主义》第 2 卷，顾良、施康强译，生活·读书·新知三联书店 1993 年版，第 236—237 页。

的出处至今无从找到。该词见诸 J.-B. 里沙尔的《法语新词典》(1842
年版)。大概是路易·勃朗在与巴师夏的论战中赋予资本主义一词
以新的含义;他写道:"我所说的'资本主义',是指一些人在排斥
另一些人的情况下占有资本。"但该词在当时很少被使用。蒲鲁东
曾用过几次,而且用得完全正确。……但在十年以后,即在 1867
年,马克思还从未用过资本主义一词。

其实,只是到本世纪(指 20 世纪——引者注)初,该词才作
为社会主义的天然反义词,在政治论争中猛然冒了出来。……尽
管马克思自己从未用过,该词却相当自然地被纳入马克思主义的模
式,以致人们常说:奴隶制、封建制、资本主义制是《资本论》的
作者为社会划分的几个重大阶段。

资本主义是一个政治术语,这也许正是它交上好运的奥秘所在。①

在布罗代尔的检索中,"资本"是一个切实存在于古典经济学研究中的
术语,而"资本主义"则并不是为政治经济学家们(包括作为批判者一方的
马克思在内)的研究视野所青睐的"一个新近出现的词"②,它反而更靠近政
治论争。尽管布罗代尔对"资本主义"的理解还留有可以商榷的余地③,但
通过他的考察,我们可以看到"资本"和"资本主义"作为术语的出现本身
有着明确的历史界限。而它们含义的不断变化,尤其是"资本"含义的不断
变化,则表明在相应历史阶段内由概念所指称的现象的领属范围是变动不居
的。换个角度理解,变动不居的领属范围也可以看作是"资本"对社会关系
多层次渗透和重组的必然结果。人们对这种渗透、重组现象的认知程度和反
之这一渗透、重组现象对人们认知行为的塑造也在不断发生变化。"资本"
和"资本主义"有着天然的历史规定性。

马克思当然早已发现了"资本"以及资本主义生产关系的历史规定性这个

---

① [法]费尔南·布罗代尔:《15 至 18 世纪的物质文明、经济和资本主义》第 2 卷,第 242 页。
② [法]费尔南·布罗代尔:《15 至 18 世纪的物质文明、经济和资本主义》第 2 卷,第 242 页。
③ 可参阅《终天之见》中布罗代尔与保尔·法布拉(Paul Fabra,法国经济学家、《世界报》
著名记者)的论辩,这篇记录稿作为附录收录在 [法]费尔南·布罗代尔:《资本主义的
动力》一书中。

问题，他从批判资本逻辑的角度更新了看待西方历史甚至世界历史的历史观："只有当生产资料和生活资料的占有者在市场上找到出卖自己劳动力的自由工人的时候，资本才产生；而单是这一历史条件就包含着一部世界史。因此，资本一出现，就标志着社会生产过程的一个新时代。"① 面对这部被"资本"推动并续写至今的世界史，马克思在《资本论》中的立场很鲜明，用批判的眼光看待它。《资本论》的副标题"政治经济学批判"表明马克思的批判矛头指向 19 世纪政治经济学对社会生活或牵强或表浅或粉饰的解释，而他要做的是揭开资本主义生产关系中掩藏的秘密，对世界史的发展历程给出切中肯綮的解释。

利奥塔（Jean-Francois Lyotard）说"资本主义是现代性的名称之一"②，这句话对，但又不完全对。说它对，是因为"资本"的确是西方现代社会发展至今的驱动力量，尤其在现代化的层面上，"资本"直接孕育了现代性的各种成就和问题；说它不完全对，是因为"资本"并不应当被看作是现代性表现出来的诸多侧面之一，而应该是现代性在线性时间观念、有别于封建社会的生活方式、现代美学观念、飘忽不定的心理体验以及怀疑一切和否定一切的批判精神等各个侧面将自己表现为"现代性"的现实原因。自从西方社会生活的格局开启了有别于封建社会的变化以来，就有不少学人对相关现象加以体验、展开思考和尝试作出解释，其中被马克思在 1873 年《资本论》第二版跋中直接指认为自己思想导师的黑格尔应该是其中最为著名的一位，后者在古典政治经济学视野的辅助下对由资本主义生产关系主导的西方社会（黑格尔称之为"市民社会"）进行了哲学层面的抽象，其所携带的历史哲学的宏观视野和严密逻辑，使他看待西方现代社会关系的眼光比同时代的古典政治经济学的研究者们要深邃得多。"市民社会是在现代世界中形成的，现代世界第一次使理念的一切规定各得其所。……在市民社会中，每个人都以自身为目的，其他一切在他看来都是虚无。但是，如果他不同别人发生关系，他就不能达到他的全部目的，因此，其他人便成为特殊的人达到目的的手段"③——现代世界与西方资本主义生产关系同体

① 《马克思恩格斯文集》第 5 卷，人民出版社 2009 年版，第 198 页。

② 包亚明主编：《后现代性与公正游戏——利奥塔访谈、书信录》，谈瀛洲译，上海人民出版社 1997 年版，第 147 页。

③ ［德］黑格尔：《法哲学原理》，范扬、张企泰译，商务印书馆 1961 年版，第 197 页。

共生，市民社会中的每个个体一方面是特殊的，因为每个人都以自身为目的，另一方面又是受到他人束缚的，否则每个人就"不能达到他的全部目的"，其中每一个特殊性与规律的普遍性之间存在着没能彻底执行的意志自由。而由于"意志是自由的"①，所以没能达到自觉自由的市民社会的存在，几乎完美地印证了黑格尔关于"绝对理念"异化为"第二自然"之后进一步向着自我否定螺旋上升的必然性，因而也就在政治经济学的基础上表达了黑格尔对现代性的批判。

资本、资本主义和现代性批判在现代西方社会历史进程中紧密关联。在这部由"资本"驱动的现代世界史的形成过程中，文学也在用自身独特的方式书写着，既是记录者也是亲历者、参与者更是被推动者和反抗者，文学批评因此得以与"资本"相遇。

二、资本现代性批判为文学批评提供言之及物的可行性

马克思的《资本论》是从对商品的分析开始的。他从这个再寻常不过的19世纪西方社会现象出发，追溯一直作为古典政治经济学研究对象的"劳动"中蕴藏着的"资本"的秘密。从"资本"与"商品"及其所表征的当时的西方社会历史发展阶段的关系来看，恰恰印证了马克思所说的"如果事物的表现形式和事物的本质会直接合而为一，一切科学都成为多余的了"的论断。"资本"的确不是如商品一样堆积着的"事物的表现形式"，而是隐藏着的幽灵。

马克思在政治经济学层面捕捉到了推动资本主义社会运转的幽灵。虽然他并没有来得及对建立在这种生产关系基础之上的其他诸多层面的社会关系和文化现象作出分析，但倚借对资本逻辑的发现并在其中理解和解释各类社会关系以及文化现象，应当是经典马克思主义留给我们的宝贵财富，马克思主义文学批评应当善用这笔财富。"继续对比内部和外部、生存和历史，继续对现在生活的抽象质量作出判断，使一种具体未来的观念充满活力，便落

---

① ［德］黑格尔：《法哲学原理·导论》，范扬、张企泰译，商务印书馆1961年版，第10—11页。

在文学批评的肩头。但愿它证明胜任这项任务！"①

资本现代性批判视野能为文学批评提供言之及物的特性。在这里"言之及物"指的是马克思主义文学批评得以将文学置于以"资本"为轴心的西方现代社会关系中加以考量，使对文学的研究最终指向一定的社会生产实践并从中得到根本性的说明。这其实是对文学批评中历史唯物主义地平线的强调，它凸显了文学与处于一定生产关系中的物而非抽象的物之间的生成性关系。

作为一种社会关系结构特征的"资本"是历史唯物主义阐释西方社会进程的具体表述方式，因而也成为阐释资本主义社会关系中各种现象时必须正视的理论起点：这些与"物"表现为或近或远的距离关系的现象，它们的唯物主义基础中的"物"，不是抽象的"物"，而是具体的被"资本"这种生产关系结构起来并命名的"物"。在《德意志意识形态》中，历史唯物主义第一次科学地划分了与其他形形色色唯物主义以及唯心主义之间的界限，其中倚借的标准正是对"唯物"之"物"的历史性界说：物，不只是人的类本质的对象化的产物，也不只是费尔巴哈所说的非历史性地呈现在人类感官中的世界，而是从作为"生产物质生活本身"的"一切人类生存的第一个前提"②，经过对物质生活资料的再生产，结合人自身的生产，以及在这三者基础之上生成的社会历史状况。而社会历史状况之为"物"，重点落在"人们之间一开始就有一种物质的联系"③来生产自己的生活和历史这个层面上，所以，此"物"非彼"物"。

马克思发现了"商品"这种特殊的"物"身上凝结着的丰富的社会历史关系的变化历程。具体到现代社会中的"商品"而言，从它身上折射出"资本"的地位从交换领域到生产领域的迁移过程。在"资本"驱动的生产关系中，"商品"不单是贸易交换关系中的对象物，比如某张桌子，也不仅仅只是货币的等值物，用于偿付凝结在商品中的一般社会劳动时间，更不是古典政治经济学所默认的资本主义社会恒定性的表征。"资本"进入生产

① ［美］费雷德里克·詹姆逊：《语言的牢笼：马克思主义与形式》下，钱佼汝、李自修译，百花洲文艺出版社 2010 年版，第 375 页。
② 《马克思恩格斯文集》第 1 卷，人民出版社 2009 年版，第 531 页。
③ 《马克思恩格斯文集》第 1 卷，人民出版社 2009 年版，第 533 页。

关系后，在发生学意义上它的神秘之处在于"不能从流通中产生，又不能不从流通中产生。它必须既在流通中又不在流通中产生"，以及**"流通本身不包含自我更新的原理。流通的要素先于流通而存在，而不是由流通本身创造出来的"**①。在这里，"不能从流通中产生"，这表明资本不是商品经济交换关系的衍生物，"又不能不从流通中产生"，这表明资本与商品交换这种社会关系格局之间的共生性，"流通的要素先于流通而存在"，这些"先于"存在的要素指的是资本作为一种形式要素对于流通过程的规定性。"既在……又不在"的表述方式表明"资本"只能作为一种规定资本主义商品经济的形式存在，而不仅仅只是后者的一个组成要素，因为唯有如此，资本才有可能既参与了商品流通又外在于商品流通。"资本"是对资本主义社会这种特定生产关系的本质特征的直接点明，"资本"就是对一种特定社会关系结构方式的命名。

而在经历了《1857—1858年经济学手稿》中对政治经济学的专门研究之后，马克思在1859年发表的《〈政治经济学批判〉序言》中对"物"的理解进一步明确为"社会存在"，即"人们在自己生活的社会生产中发生一定的、必然的、不以他们的意志为转移的关系，即同他们的物质生产力的一定发展阶段相适合的生产关系。这些生产关系的总和构成社会的经济结构"②。具体到《资本论》中，马克思站在历史的高度将现代社会存在的特点表述为"使资本成为资本的形式规定"③，至此"资本"得以摆脱直观的人、物、货币等的物质限定，直捣资本主义生产关系的秘密。资本现代性批判视野使唯物主义之"物"如何承载了"迄今为止一切历史阶段的生产力制约同时又反过来制约生产力的交往形式"④ 这一谜题得以澄清，这是经历了"从具体到抽象"的思辨之后再"从抽象到具体"的漂亮回击。资本现代性批判视野以地平线的姿态赋予社会生产劳动被解释的可及物性。

在遍布着文学例证的马克思主义经典文献中，当马克思在《法兰西内战》中谈论到19世纪操纵法兰西内战的隐蔽力量时，曾拿莎士比亚的剧作

---

① 《马克思恩格斯全集》第46卷上册，人民出版社1979年版，第208页。

② 《马克思恩格斯文集》第2卷，人民出版社2009年版，第591页。

③ 《马克思恩格斯全集》第46卷上册，人民出版社1979年版，第211页。

④ 《马克思恩格斯文集》第1卷，人民出版社2009年版，第540页。

《威尼斯商人》中的经典形象夏洛克做比，"战争极度地加重了债负……普鲁士的夏洛克手持票据勒索供养他在法国土地上的 50 万军队的粮饷"①。这里的"夏洛克"当然不只是一个引经据典颇具文采的讽刺，而是带有马克思对凝结在莎士比亚剧作中的文艺复兴时期社会关系转型的深刻体认。如果把《资本论》的写作和《法兰西内战》的写作看作是一个具有内在理论逻辑关联的思考过程的话，那么马克思在《资本论》第一卷中有关威尼斯的论述就可以作为他理解"夏洛克"的附注："公共信用制度，即国债制度，在中世纪的热那亚和威尼斯就已产生，到工场手工业时期流行于整个欧洲"②。威尼斯作为国际信用制度的策源地之一，是支撑荷兰在 17 世纪成为"标准的资本主义国家"的基础，"由于没落的威尼斯以巨额货币贷给荷兰，威尼斯的劫掠制度的卑鄙行径就成为荷兰资本财富的这种隐蔽的基础。"③从这个角度看待"夏洛克"被设定为威尼斯商人的身份，能领略到马克思对莎士比亚剧作根植于特定社会历史形态的认同。

而"夏洛克"的譬喻所包含的意义远不止于此。《威尼斯商人》中的安东尼奥是以海上贸易为生的商人，夏洛克是高利贷者，他与安东尼奥在生产关系层面上的差别在于他不简单地以商品交换的中介的身份安身立命，他是一个货币拜物教者，践行着资本逐利的典型特性。作为资本主义生产关系的代言人，安东尼奥是理想的商业贸易关系与高尚人格结合的典范，而夏洛克则是正在抬头的高利贷资本向资本主义原始积累阶段输送血液的形象代言人。马克思在《资本论》中谈到资本的积累过程时说，"中世纪已经留下两种不同形式的资本，它们是在极不相同的经济的社会形态中成熟的，而且在资本主义生产方式时期到来以前，就被当作资本了，这就是高利贷资本和商人资本"④，夏洛克当然就是高利贷资本的形象代言人。

这样看来在《法兰西内战》中马克思说"普鲁士的夏洛克"的意思，除了指普鲁士为法兰西提供战争贷款的意思外，还有批判"流行于整个欧洲"

① 《马克思恩格斯文集》第 3 卷，人民出版社 2009 年版，第 140 页。
② 《马克思恩格斯全集》第 44 卷，人民出版社 2001 年版，第 864 页。
③ 《马克思恩格斯全集》第 44 卷，人民出版社 2001 年版，第 866 页。
④ 《马克思恩格斯全集》第 44 卷，人民出版社 2001 年版，第 860 页。

的资本主义恶性循环的意思。当然，在《法兰西内战》中的这一处借喻，是马克思在用文学作品中的元素形象地叙述"资本"的历史，而非专门的文学批评实践。但给予我们的启示是，资本现代性批判视野作为马克思看待16—19 世纪西方社会形态发展变化的线索，使他品评文学作品的眼光蕴含着巨大的历史感，从而也更能发掘出在文学作品中凝结着的具体的社会历史形态。这种眼光并非局限在《资本论》和其他一些经济学手稿中，而是有迹可循——马克思在 1859 年写给拉萨尔的信中，对后者创作的《济金根》这部悲剧作品提出了建设性意见，这就是所谓"莎士比亚化"的问题。文学被从生产关系的调整和社会形态的建构等角度加以考察，大大有别于德国古典哲学美学为文学设定的"审美"视域。从文学批评的角度来讲，意识到自身处于资本现代性批判视野之中，并自觉地看向这个视域，可以成为文学研究"言之及物"性的可靠来源。

实际上，就《资本论》对西方社会历史进程的思考所达到的批判程度而言，马克思对"资本"思考的深广度并未局限在政治经济学领域，而是在朝向"世界历史"格局中看取"资本"的地位这一方向在拓展。按照有些学者对马克思经济学手稿中思路转变的研究成果来看，还是在《1857—1858 年经济学手稿》阶段，马克思正处于从《政治经济学批判》的理论体系向《资本论》的理论体系过渡的阶段，"资本"已经开始并在日后的《1861—1863年经济学手稿》中成为他重新结构自己的理论体系的轴心。也就是说在准备和正在写作《资本论》的同时，"资本"这一概念已经与"世界历史"的形成、亚细亚的生产方式以及人的全面发展等问题结合在一起，都已在这一阶段进入到马克思的视野中并有一定论述。[①]"资本"虽是马克思面对 19 世纪的西方社会现实发现的秘密，但这一视域并非是孤立的扁平视域，而是有着可延展的多个维度。这种多维性在马克思晚年的《人类学笔记》和《历史学笔记》对"东方社会"的特别关注中更加明显。资本现代性批判视野对西方资本主义生产关系的各种现象和前资本主义生产关系的各种现象保有相当的阐释力，文学批评亦置身其中。

---

① 可参阅顾海良：《马克思的〈资本论〉及其经济学手稿》，《武汉大学学报（社会科学版）》2003 年第 6 期。

　　建立在对"资本"这一认识的基础上，马克思用经济学的话语揭示了德国古典哲学与西方资本主义生产关系共谋的秘密。文学资源是马克思经常援引的佐证材料，在他的论述中，文学批评早已与政治经济学批判水乳交融——循"资本"迄今为止所占据的生产关系的历史制高点的位置，马克思主义文学批评相应地具有可及物的特性。众所周知，在马克思和恩格斯留下的文献中并没有专门的文学批评论著，但这并不妨碍我们从中摸索出"资本"与文学研究的关联方式。

　　反观文学批评发展的历程，在中西文学研究史上均有着漫长且深厚的历史积淀，理论成果斐然，诸如滋味说、妙悟说、意境说、摹仿说、灵感说、审美无功利说等，皆为中西文学批评史上或从文学起源的角度、或从文学创作的角度、或从品评标准的角度对文学批评所做的理论建构。从某种程度上说，它们的共同点在于执着于文学活动本身，将参与其中的某个或某些要素作为各自批评的出发点和旨归做自证研究。在大部分文学批评提供的参照系中，对与之相应的文学现象和文学经验的描述、想象以及思辨，要多过对这些现象和经验做生产实践源头的追溯，对理论模型所做的静态假设要多过对自己所选取的观照角度的特殊性的辨识。于是，包括文学批评在内的这些"更高地悬浮于空中的意识形态的领域"①就真的疏离于人类社会无时无刻不在进行着的生产实践，并随之隐约了使这种生产实践得以维系的生产关系对于人类社会其他实践活动归根结底的制约作用。马克思主义能为文学批评提供的资本现代性批判视野，相对于批评史上稍显"悬浮"的、疏离的、隐约的理论建构而言，其优势显现为"资本"本身就是对特定历史阶段内社会生产关系结构特质的指认，关键在于文学批评如何能够穿透"更高地悬浮于空中"的层层表象，妥帖恰当地折射出"资本"对于文学活动迂回复杂的规定性。在这一点上，西方马克思主义祭出的是意识形态批判这一利器，将本就在马克思主义中被打上"虚假的意识"烙印的意识形态领域，作为实现西方资本主义社会关系革命的切入口，并致力于揭示文学文化现象与意识形态交织而成的复杂的、具有迷惑性的结构关系。在资本主义发展过程中，从意识形态与生产关系的关系来看，"物化结构越来越深入地、注定地、决定性地沉浸

————————
① 《马克思恩格斯文集》第10卷，人民出版社2009年版，第598页。

入人的意识里"①，这里卢卡奇开启的是一个对西方资本主义制造的倒转二者关系的假象的批判，也开启了西方马克思主义研究的新视野。在这一思路引导之下，西方马克思主义的研究视线开始偏离"物质"、"经济基础"或"生产关系"，而是转向"物化结构"化了的意识形态本身。这种视野的转向在本雅明那里是对古典艺术作品"光晕"（Aura）消失后的机械复制时代上层建筑与物质基础之间"隐喻"关系的关注②，在阿多诺那里是对拆解启蒙理性以及与之相应的对无调性音乐和现代主义艺术样式中包含的否定意义的推崇，在萨特那里指向了"结构的和历史的人类学"③ 这一未完成的理论革命，在哈贝马斯那里是论证资本主义所有制如何为合理性的"政治关系"落地生根为"生产关系"④ 提供机会……

从"西马"代表性的研究成果来看，有研究者认为，这个学派对资本现代性批判视野采取了抽离生产关系基础座架的眼光加以审视，他们"似乎令人困惑地倒转了马克思本身的发展轨道"⑤，并且在他们耗费了巨大心神和智慧的文化、文学、艺术等研究领域铸造的"批判的武器"与他们想为西方资本主义生产关系中的社会革命找到出路的诉求之间渐行渐远。马克思在"资本"维度上对主客体关系所做的从抽象回到具体的漂亮反击，在他的西方后继者们那里吊诡地回到了抽象的思辨层面。这其中有西方传统形而上学造成的思想窠臼，连身处西方马克思主义阵营中的阿多尔诺也不免慨叹："哲学的基础的主体主要是一种物，而不是它当作自然主义和物化的东西而排泄掉的特定心理内容"⑥。

---

① [匈] 卢卡奇：《历史与阶级意识——关于马克思主义辩证法的研究》，杜章智、任立、燕宏远译，商务印书馆1992年版，第156页。

② [美] 汉娜·阿伦特：《〈启迪〉导言》（本雅明文选英译本），收录在刘北成：《本雅明思想肖像》，上海人民出版社1998年版，第230页。

③ [法] 让-保罗·萨特：《辩证理性批判》上，林骧华、徐和瑾、陈伟丰译，安徽文艺出版社1998年版，第2页。

④ [德] 尤尔根·哈贝马斯：《作为"意识形态"的技术与科学》，李黎、郭官义译，学林出版社1999年版，第55页。

⑤ [英] 佩里·安德森：《西方马克思主义探讨》，高铦、文贯中、魏章玲译，人民出版社1981年版，第68页。

⑥ [德] 特奥多·阿多尔诺：《否定的辩证法》，张峰译，重庆出版社1993年版，第174页。

　　然而事实上，"西马"中一部分学者的理论兴趣的确偏向了文化批判，但这种偏向却是在他们重新解读了本民族国家经济生活特殊形态的基础上作出的选择，"（法兰克福）研究所在最初的期间，它的中心就是政治经济学批判。例如，研究所第一批出版的格罗斯曼的《资本主义制度的积累规律与崩溃：危机理论》，波洛克的《苏联计划经济试验》，魏特夫有关中国农业社会的分析，都是政治经济学成果。这些研究对法兰克福学派的后来发展有不小影响，如果没有学派整体通过政治经济学研究对当代资本主义认识的深化，其在文化、哲学、社会心理等各个方面形成的充满创造性的批判观点就会缺乏必要的前提"[①]。其中对法兰克福学派在研究路径和总体风格上最具基础性的是波洛克的"国家资本主义"理论，主要指的是19世纪末以来的西方国家作为资本主义生产的管理者身份介入市民社会，消弭了马克思在此前所指认的国家与市民社会的对立关系，同时改变了经济基础对上层建筑的在结构上的决定作用，成为一种新的资本主义形式。"资本"从自由资本主义阶段赤裸裸地攫取暴利的形象转而变为国家资本主义阶段文绉绉地闷声敛财的形象，"资本"热切而隐秘地推动了社会的同一化进程，这使得西方发达资本主义国家的无产阶级从生产过程到日常生活领域都被收编到"被管理的世界"（administered world）[②]中。可以看到，波洛克对资本主义的新形式所做的解读成为了法兰克福学派的批判理论尤其是文化批判理论得以建构和立足的地平线。由此可以解释他们令佩里·安德森感到困惑的"倒转"行为，其深层根源在于这个学派在资本现代性批判视野中发现的新景观和他们对此产生的悲观主义心态。当然，"资本"新视域的发现和研究心态稍嫌偏激的表现是理论和实践两个层面的价值评价问题，这是另外的话题。

　　事实上，在西方学者依据本民族国家的特殊性对马克思主义的多种解读中，资本现代性批判视野大多时候是在场的，至少是隐匿的在场。从这个角度来看，甚至可以把从西方马克思主义到后马克思主义、晚期马克思主义、后现代马克思主义等的发展线索，看作一条西方研究者应对"资本"在本民

---

① 张一兵主编：《当代国外马克思主义哲学思潮》中卷，江苏人民出版社2012年版，第260页。

② Pollock，"State Capitalism"，*The Essential Frankfurt School Reader*，转引自张一兵主编：《当代国外马克思主义哲学思潮》中卷，江苏人民出版社2012年版，第299页。

族国家发生的新形式、新变化、新动向的理论嬗变之路。伯明翰学派的霍尔从英国本土经验论传统的文化主义研究范式向西方马克思主义理论范式的有意借鉴，促成了他对文化生产、消费、流通等环节的重新思考，是他在产生新变化的资本逻辑中重新发现"文化"属性的理论成果。杰姆逊立足于资本主义的历史分期理论，勾勒出资产阶级文化逻辑线索，他将晚期资本主义形态中的"资本"，定位在为消费社会塑型以及资本主义全球性发展的第三次大规模扩张上，从而为后现代主义文化找到了与之相应的生产方式变革的现实根源。还有诸如德波的景观现象学批判击中"资本"在视觉文化层面的新的表现形态的要害，马克·波斯特依据信息方式对西方社会历史所做的口头媒介—印刷媒介—电子媒介的阶段性划分，关注"资本"对媒介的渗透，此外还有资本主义批判的空间转向等理论视角，无不在丰富着资本现代性批判的维度，也拓展着文学批评的可能性。

资本逻辑很显然并不是文学批评的直接思想资源，它不能替代对文学现象的研究，但却能为文学批评如何处理各种思想资源进而阐释文学现象提供思考方法。马克思主义的资本现代性批判远未止于目前各家流派的新发现，随着资本运作方式的新变化，这一视域能够与文学批评结合的方式仍将随之发生更多的变化。

三、资本现代性批判视野为文学批评锚定历史规定性

历史规定性，与经典马克思主义在走向思想成熟期的过程中频繁使用的一个词——"一定的（bestimmt）"① 有关，指向将具体的生产方式放置在符

---

① 据张一兵先生在《回到马克思——经济学语境中的哲学话语》第 3 版（江苏人民出版社 2014 年版）中的统计，"他在《关于费尔巴哈的提纲》之后，在第一手稿中，第一次集中使用了多个'一定的（bestimmt）'这个关键词。在全书中，马克思和恩格斯共计 227 次使用 bestimmt 一词"（第 460 页），这里的"第一手稿"和"全书"均指向《德意志意识形态》。对于《回到马克思——经济学语境中的哲学话语》这部著作中的学术文本词频统计学研究，张一兵先生是"在相关文献学和计算机专家的帮助下建立了独立的数据库专用的词频软件，从而真正完成了文本词频统计的科学化"，这样说来准确度是有保证的，但同时他也坦言这种词频统计"还只是非常初步和粗略的统计"，所牵涉的关系纷繁复杂（"作者的话（第三版序言）"第 5—6、11 页）。

合其所处的历史发展阶段内来讨论这层涵义。

在《德意志意识形态》的第一章《费尔巴哈》中，对于这种刚刚开启的历史唯物主义的新视域，有许多相关的表述，例如"由此可见，事情是这样的：以一定的方式进行生产活动的一定的个人，发生一定的社会关系和政治关系"①，"人们之所以有历史，是因为他们必须**生产**自己的生命，而且必须用**一定的**方式来进行：这是受他们的肉体组织制约的，人们的意识也是这样受制约的"②，以及1846年12月在写给安年科夫的信中也说到"在人们的生产力发展的一定状况下，就会有一定的交换 [commerce] 和消费形式。在生产、交换和消费发展的一定阶段上，就会有相应的社会制度形式、相应的家庭、等级或阶级组织，一句话，就会有相应的市民社会"③ 等。尽管"一定的"只是一个限定语，但它限定的对象却是诸如"人"、"生产活动"、"社会关系"、"政治关系"这些在德国古典哲学以及政治经济学中频繁出现的理论原点，这种对没有历史的德意志意识形态④理论原点的有意限定，标识出马克思主义首先作为一种哲学视野已经在理论建构的自觉意识上区别于以往的德国古典哲学和政治经济学，即不再是从普适性的概念范畴出发去规定制约人们的生活生产方式，而是正好相反，人们的生活生产方式规定制约他们的意识以及意识形式的外观。

在《德意志意识形态》及同时期的一些信件中，"资本"这一概念还未获得主导地位，与之相应的"资本主义社会"也还未成为经典作家纳入历史唯物主义研究视野的特定对象，马克思和恩格斯更多使用的是"市民社会"这一概念⑤，它被理解为建立在不同的生产方式基础之上的国家活动，因而

---

① 《马克思恩格斯文集》第 1 卷，人民出版社 2009 年版，第 523—524 页。

② 《马克思恩格斯文集》第 1 卷，人民出版社 2009 年版，第 533 页。这段文字是马克思为《费尔巴哈》中的"我们才发现：人还具有'意识'"这句话所加的边注。

③ 《马克思恩格斯文集》第 10 卷，人民出版社 2009 年版，第 42—43 页。

④ 《马克思恩格斯文集》第 1 卷，人民出版社 2009 年版，第 525 页。原文为："因此，道德、宗教、形而上学和其他意识形态，以及与它们相适应的意识形式便不再保留独立性的外观了。它们没有历史，没有发展……"

⑤ 《马克思恩格斯文集》第 1 卷，第 544 页。在《德意志意识形态》之前，马克思早在 1843 年的《〈黑格尔法哲学批判〉导言》一文中使用了"市民社会"这一概念，比如"对德国来说……局部的纯政治的革命的基础是什么呢？就是市民社会的一部分解放自己，取得

也是阐释诸如宗教、哲学、道德（应当也包括文学理论与批评）等在内的"理论产物和形式"的地平线。"市民社会"是黑格尔《法哲学原理》中的重要概念，它涉及"特殊的人"的自然必然性与任性的混合原则，同时又必须无条件地将每一个特殊的他人作为中介（这种每一个人与每一个人之间的关系因而表现为"普遍性形式的中介"）的原则，并且还有特殊的历史规定性，即"市民社会是在现代世界中形成的，现代世界第一次使理念的一切规定各得其所"——这样得出的推论是：

> 由于特殊性必然以普遍性为其条件，所以整个市民社会是中介的基地；在这一基地上，一切癖性、一切秉赋、一切有关出生和幸运的偶然性都自由地活跃着；又在这一基地上一切激情的巨浪，汹涌澎湃，它们仅仅受到向它们放射光芒的理性的节制。受到普遍性限制的特殊性是衡量一切特殊性是否促进它的福利的唯一尺度。①

针对"市民社会"这一非历史性概念的假象，马克思的历史唯物主义思想在走向成熟期的《1857—1858 年经济学手稿》的《导言》（以下简称《导言》）中针锋相对地说道：

> 被斯密和李嘉图当做出发点的单个的孤立的猎人和渔夫，属于 18 世纪的缺乏想象力的虚构。这是鲁滨逊一类的故事……其实，这是对于 16 世纪以来就作了准备、而在 18 世纪大踏步走向成熟的"市民社会"的预感。在这个自由竞争的社会里，单个的人表现为摆脱了自然联系等等……这种 18 世纪的个人，一方面是封建社会

普遍统治，就是一定的阶级从自己的特殊地位出发，从事社会的普遍解放"（《马克思恩格斯文集》第 1 卷，第 14 页），但这一概念在 1843 年马克思的语境中还没有完全摆脱对"人"所做的抽象理解，不具备自觉的历史规定性内涵。这一判断基于马克思在下文中的进一步阐发："在市民社会，任何一个阶级要能够扮演这个角色，就必须在自身和群众中激起瞬间的狂热。在这瞬间，这个阶级与整个社会亲如兄弟，汇合起来，与整个社会混为一体并且被看做和被认为是社会的总代表"——很显然，这里的"市民社会"是由具体的个体聚集而成的群体，还没有获得以生产关系为核心的社会关系的本质界定。

① ［德］黑格尔：《法哲学原理》，范扬、张企泰译，商务印书馆 1961 年版，第 197—198 页。

形式解体的产物，另一方面是 16 世纪以来新兴生产力的产物，而在 18 世纪的预言家看来（斯密和李嘉图还完全以这些预言家为依据），这种个人是曾在过去存在过的理想；在他们看来，这种个人不是历史的结果，而是历史的起点……

　　……只有到 18 世纪，在"市民社会"中，社会联系的各种形式，对个人说来，才表现为只是达到他私人目的的手段，才表现为外在的必然性。但是，产生这种孤立个人的观点的时代，正是具有迄今为止最发达的社会关系（从这种观点看来是一般关系）的时代。①

以上几段均涉及对"市民社会"论述的文字，很明显，马克思在使用黑格尔的"市民社会"这一概念时做了历史起点和理论根基的逆转处理。在"市民社会"究竟是以特殊性还是以普遍性为起点的立场上，两段文字壁垒分明，历史规定性所指称的"一定的"这一限定在马克思主义这里的基始性地位不容置疑。

经过在伦敦大英博物馆的政治经济学研读之后，马克思在《资本论》中用"资本主义"替代了"市民社会"这一游荡着黑格尔哲学幽灵的概念②，这意味着马克思主义用有特殊限定性的"资本"这把钥匙打开资本主义社会的秘密大门。站在"人体解剖"的高度逆溯"猴体解剖"③的历史，对于文学批评而言，这就意味着资本现代性批判视野不仅能为解释资本主义生产关系中的文学活动提供可能性，还可能为解释前资本主义社会乃至其文学活动提供借鉴。所以，当马克思站在 1857 年（8 月底至 9 月中）的研究视域中看待文学艺术的发展历程的时候，提笔写下了"物质生产的发展例如同艺术发展的不平衡关系"的论证构想，且特意在这篇《导言》文末关注到艺术的"一定的繁盛时期决不是同社会的一般发展成比例的，因而也决不是同仿佛是社

---

① 《马克思恩格斯文集》第 8 卷，人民出版社 2009 年版，第 5—6 页。

② 据张一兵先生的统计，"马克思在自己的主要著作中，几乎没有使用过名词意义上的资本主义（Kapitalismus），极少量的使用发生在《资本论》及其手稿中……他在大部分文本中都是使用形容词上的'资本主义的'（capitalisten 或 kapitalistische）"（《回到马克思——经济学语境中的哲学话语》，第 558—559 页）。

③ 《马克思恩格斯文集》第 8 卷，人民出版社 2009 年版，第 29 页。

会组织的骨骼的物质基础的一般发展成比例的"① 独特现象，并列举希腊神话和史诗与一定的社会发展形式之间的关系，作出意犹未尽的解释。从艺术在社会结构中所处的位置和马克思为《导言》所做的结构编排来看，他对艺术发展问题的关注应当是被纳入到"国家形式和意识形式同生产关系和交往关系的关系"② 这一层面来考虑的。

《导言》第四部分涉及一连串呈现内在逻辑关联的问题(为了论述的方便，摘录如下)：

(1) **战争**比和平发达得早；某些经济关系，如雇佣劳动、机器等等，怎样在战争和军队等等中比在资产阶级社会内部发展得早。生产力和交往关系的关系在军队中也特别显著。

(2) **历来的观念的历史叙述同现实的历史叙述的关系。特别是所谓的文化史**，这所谓的文化史全部是宗教史和政治史。(顺便也可以说一下历来的历史叙述的各种不同方式。所谓客观的。主观的(伦理的等等)。哲学的。)

(3) **第二级的和第三级的东西**，总之，**派生的、转移来的**、非原生的生产关系。国际关系在这里的影响。

(4) **对这种见解中的唯物主义的种种非难。同自然主义的唯物主义的关系。**

(5) **生产力（生产资料）的概念和生产关系的概念的辩证法**，这样一种辩证法，它的界限应当确定，它不抹杀现实差别。

(6) **物质生产的发展例如同艺术发展的不平衡关系。**进步这个概念决不能在通常的抽象意义上去理解。就艺术等等而言，理解这种不平衡还不像理解实际社会关系本身内部的不平衡那样重要和那样困难。例如教育。**美国同欧洲的关系。**可是，这里要说明的真正困难之点是：生产关系作为法的关系怎样进入了不平衡

---

① 《马克思恩格斯文集》第 8 卷，人民出版社 2009 年版，第 34 页。
② 《马克思恩格斯文集》第 8 卷，人民出版社 2009 年版，第 33 页。这是《导言》第四部分标题中的一部分。

的发展。例如罗马私法（在刑法和公法中这种情形较少）同现代
生产的关系。

（7）**这种见解表现为必然的发展。但承认偶然。怎样。（对自由等也是如此。）（交通工具的影响。世界史不是过去一直存在的；作为世界史的历史是结果。）**①

马克思在这里反复申明的"这种见解"不只是《德意志意识形态》中已阐明的历史唯物主义的一般原理，更是将一定的"生产资料和生产关系"作为叙述历史的起点，因而上述七个问题之间的逻辑关联可以做这样的理解：（1′）应具体看待历史不同阶段中的生产关系本身的不平衡发展（在战争阶段，发达的生产关系更早地出现在军队中）。（2′）但历来的历史学家们都漠视这一基础，想尽各种办法（客观的、主观的、哲学的等）将历史叙述为观念的历史。（3′）以生产关系为历史起点，可以解释建筑于其上的其他层面的交往关系，比如国际关系在这里表现为非原生性的生产关系，但它们会对原生性的生产关系产生影响。（4′）这种解释世界和历史的思路颠覆了以往的历史学家和哲学家们的思路，可能会招致非议。（5′）因而需要进一步阐发生产力（生产资料）的概念和生产关系的概念，这是融入了辩证法的真正的历史唯物主义。（6′）可以力证这种真正的历史唯物主义并不是将宗教、政治、法律、道德等其他层面的意识形式简单地看作被物质生产所决定的对象的例子是，历史唯物主义承认艺术发展与物质生产的发展并不完全平衡，艺术的发展不能用抽象意义上的"进步"概念去衡量，因为抽象的"进步"往往被理解为国民政治经济学中的财富的积累。艺术作为一种意识形式"更高地悬浮于空中"，因而比较容易理解生产关系更为曲折复杂地对其产生制约，但如何解释其他一些更为实际的社会关系内部也没能保持住与生产关系的平衡发展则更为棘手，其中的关键是首先从法律这种社会关系的角度论证清楚这种不平衡发展的缘由，尤其是罗马私法（一种古老的法哲学）如何能在现代生产关系的基础上仍旧维持着。（7′）再次重申历史唯物主义看待社会历史的起点是"一定的"、具体的、历史的。建立在现代生产关系的基础

————————

① 《马克思恩格斯文集》第8卷，人民出版社2009年版，第33—34页。

上，比如交通工具的技术进步以及随之而来的交往范围扩大，历史才有机会被从世界的角度加以叙述，而不是恰好相反。

在"这种见解"中看待艺术发展与物质生产的不平衡关系，最典型的例证莫过于希腊艺术和神话与社会发展之间的关系，以及莎士比亚的戏剧艺术与他所处的时代的社会发展之间的关系，而马克思也顺理成章地在《导言》中对其中的一组"不平衡关系"做了初步思考。所谓"希腊人是正常的儿童"这一譬喻性的论断，在稍后（1857 年底至 1858 年 5 月）写作的《政治经济学批判（1857—1858 年手稿）》中有相呼应的论述：

> 在发展的早期阶段，单个人显得比较全面，那正是因为他还没有造成自己丰富的关系，并且还没有使这种关系作为独立于他自身之外的社会权力和社会关系同他自己相对立。留恋那种原始的丰富，是可笑的，相信必须停留在那种完全的空虚化之中，也是可笑的。资产阶级的观点从来没有超出同这种浪漫主义观点的对立，因此这种浪漫主义观点将作为合理的对立面伴随资产阶级观点一同升入天堂。①
>
> ……古代的观点和现代世界相比，就显得崇高得多，根据古代的观点，人，不管是处在怎样狭隘的民族的、宗教的、政治的规定上，总是表现为生产的目的，在现代世界，生产表现为人的目的，而财富则表现为生产的目的。②

希腊艺术和史诗穿越时空来到以资本主义生产关系为基础结构起来的现代社会，仍旧散发经久不衰的艺术魅力，如果从政治经济学角度来看，在于古希腊艺术"同一定的社会发展形式结合在一起"，处于这种社会发展形式中的"人"是"显得比较全面"的个人，是"表现为生产目的"的人，而这种"全面"的人对于后来在西方资本的现代化进程中被片面发展的人而言，无疑"显得崇高得多"，因而具有极大的吸引力。而希腊艺术和史诗"就某

---

① 《马克思恩格斯文集》第 8 卷，人民出版社 2009 年版，第 56—57 页。
② 《马克思恩格斯文集》第 8 卷，人民出版社 2009 年版，第 137 页。

方面说来还是一种规范和高不可及的范本"的原因则是与这种艺术相匹配的古典的生产关系已经一去不返。

很显然，在将"先前的历史发展"① 作为全部前提的资本逻辑中，艺术发展的问题是能够被赋予具体的历史规定性而得到具体的解释的，并且与人类力量的全面发展这一趋势联系在一起，同时获得了宏大深远的历史视野。

四、资本现代性批判视野为文学批评提供文化研究或批判的支点

20 世纪初期，马克斯·韦伯作为从文化角度切入西方资本主义社会学研究的代表性人物，对马克思和恩格斯还未及深入的西方现代化进程中的包括宗教、法律、音乐等文化领域与经济状况之间的关系做了发掘。但这一发掘是站在与马克思恩格斯对社会本质几乎完全相反的理解立场上的。而几乎在同一时段，卢卡奇作为西方马克思主义研究路径的开启人之一，提出了西方资本主义生产关系在新的历史时期的新变化，"人的关系不是人对人的直接关系，而是典型的被生产过程的客观规律中介了的关系，而这些'规律'必然变为人的关系的直接的表现形式"②。在卢卡奇这里，研究关注的重心转移到如何揭示和批判这些新型社会关系的"表现形式"层面，由于"表现形式"指示了"生产过程的客观规律"的在场，也就将研究对象指向了在人们现实生活中无处不在的文化形式及其隐含的意识形态性。卢卡奇还以专门化的"大师"和新闻工作者的身份转变为"才能的出卖者"③ 的现象为例，对人如何"被生产过程的客观规律中介"（着重号为该文作者所加）这种物化现象同时也是文化现象做了说明。

---

① 《马克思恩格斯文集》第 8 卷，人民出版社 2009 年版，第 137 页。原文为："财富不就是人的创造天赋的绝对发挥吗？这种发挥，除了先前的历史发展之外没有任何其他前提，而先前的历史发展使这种全面的发展，即不以旧有的尺度来衡量的人类全部力量的全面发展成为目的本身。在这里，人不是在某一种规定性上再生产自己，而是生产出他的全面性；不是力求停留在某种已经变成的东西上，而是处在变易的绝对运动之中。"

② ［匈］卢卡奇：《历史与阶级意识——关于马克思主义辩证法的研究》，商务印书馆 1992 年版，第 263 页。

③ ［匈］卢卡奇：《历史与阶级意识——关于马克思主义辩证法的研究》，商务印书馆 1992 年版，第 163—164 页。

　　20 世纪 60 年代之后，文化研究或批判在西方学界蔚为壮观，社会生活的诸多层面越来越多地表现为文化现象，消费关系几乎要取代生产关系成为历史进程的"新"形态，并且以消费文化为名刺激和耗散着人们的欲望、审美感官和想象力。西方资本主义发展的现阶段被认为是由消费关系主导的社会，消费关系改写了处于生产关系中的人，这种改写在文化生活的表象上历历在目，因而显现为"现实"，由此引发用文化研究或批判覆盖政治经济学研究或批判的学术热情。在这波热潮中，居伊·德波可谓是站在前列的。

　　德波在他 1967 年的著作《景观社会》中将西方资本主义意识形态的新的控制形态描述为"在现代生产条件无所不在的社会，生活本身展现为**景观**（spectacles）的庞大堆聚。直接存在的一切全都转化为一个表象"①，景观以影像流的自足运动更为隐秘地操纵着人们的现实生活，并且重新定义了当代资本主义社会的实质——"景观不是影像的聚积，而是以影像为中介的人们之间的社会关系"②。应该说，德波看到了西方社会 20 世纪中后期发生的新变化，所以他认为自己提出的"景观社会"是对 19 世纪的马克思主义政治经济学中以生产关系为核心结构起来的工业社会提供的替换方案，并且坚持以"社会关系"作为自己讨论西方社会结构新特质的起点，认为自己仍旧处于历史唯物主义的理论立场之中。然而"景观"本身的人造属性，注定了这一"表象"只是资本推动生产关系运作的一种异化了的产物，它无法完全取代由资本推动的生产关系本身。所以，当德波说"资本变成一个影像，当积累达到如此程度时，景观也就是**资本**"③ 这句话时，他其实有些游离于历史唯物主义立场。因为这句话并不是严格意义上的从景观的角度定义资本，而只能说是描述了资本在 20 世纪中期之后产生的新的表现形式。资本并不是纯粹的客体，既不是某一种具体的商品，当然也不是德波在这里所说的"影像"或"景观"。德波有些徘徊于主客对立的传统哲学泥淖周遭而不自知，他坚持的以"社会关系"为起点的历史唯物主义立场也就不够彻底了。巧合的是，在揭示"景观社会"的意识形态功能对人的异化层面上，德波选择了

---

① ［法］居伊·德波：《景观社会》，王昭风译，南京大学出版社 2006 年版，第 3 页。
② ［法］居伊·德波：《景观社会》，王昭风译，南京大学出版社 2006 年版，第 3 页。
③ ［法］居伊·德波：《景观社会》，王昭风译，南京大学出版社 2006 年版，第 10 页。

与卢卡奇近似的批判对象，但却使用了更为刻薄的口吻："所有服务于国家和媒体的专家，只有这样做时他们才达到了他们的地位，即每一个专家都必须追随他的主人……当然最有用的专家是那些最能撒谎的人。"①作为科层化社会产物的专家，在被卢卡奇指责是"才能的出卖者"后，又被德波鄙夷为"撒谎的人"，他们是一些在制造"景观"谎言时放弃了客观历史证据的人，因而也是一群被异化而不自知或不愿自知的文化掮客。德波反对这样的文化加诸于身的耻辱，他说自己"就是保持自己的个性至最后的人，从未成为其他任何人，但因此也变得格外的令人生疑"②，然而特立独行的德波在1994年自杀身故。德波对由"景观社会"结构起来的西方资本主义无处不在的强制性开出了一剂"文化革命"的药方，从"商品世界"跳转到"影像世界"的德波不免还是将这场革命的希望寄托在了美学的救赎上，"通过断然安排的短暂瞬间的变化，直接参与和分享一种生活的激情和丰富"③，然而履行这一革命纲领的国际情境主义组织及其运动早在20世纪70年代就烟消云散了。

消费文化向社会生活倾泻的巨量影像符号以及与之相伴随的各类信息媒介，使得德波关注的"景观社会"在马克·波斯特那里过渡到"信息方式"，列斐伏尔对具体而微的日常生活领域的关切启发了鲍德里亚从艺术品角落里的签名和艺术品拍卖现场获得了对"物"的符号功能的典型解读④。他们都在仿制历史唯物主义中的"生产方式"这一核心术语，但又不约而同地掏空了这一术语的"历史"和"唯物"属性，撤去它在西方社会历史发展现阶段以"资本"结构起来的典型表征，将它重又架空在对资本主义社会某些片段、侧面或表象、概而言之"文化"的呓语中。

实际上，在《资本论》中，马克思谈到商品拜物教问题时，就已经明确发表过他对于商品这种"好像是一种简单而平凡的东西"中折射的"很古怪的"、"充满形而上学的微妙和神学的怪诞"的魅惑根源的见解。马克思说"商品的神秘性质不是来源于商品的使用价值"，"也不是来源于价值规定的内

---

① ［法］居伊·德波：《景观社会》，王昭风译，南京大学出版社2006年版，第114页。

② ［法］居伊·德波：《景观社会》，王昭风译，南京大学出版社2006年版，第115页。

③ ［法］居伊·德波：《景观社会》，王昭风译，南京大学出版社2006年版，第168页。

④ 这些理论观点之间的线索关联可参见刘怀玉、伍丹的文章《消费主义批判：从大众神话到景观社会——以巴尔特、列斐伏尔、德波为线索》(《江西社会科学》2009年第7期)。

容"①，而是"从这种形式本身来的"：

> 商品形式在人们面前把人们本身劳动的社会性质反映成劳动产
> 品本身的物的性质，反映成这些物的天然的社会属性，从而把生产
> 者同总劳动的社会关系反映成存在于生产者之外的物与物之间的社
> 会关系。由于这种转换，劳动产品成了商品，成了可感觉而又超感
> 觉的物或社会的物。②

在这里，马克思可没将使用价值看作"物"得以被人们接受的前提和
基础，而是说当人们的劳动取得资本主义社会的形式之后，"物"在一定的
社会关系中转化成商品之后，具体到《资本论》中就是"物"处于西方资
本主义的现代化进程中之后，它的使用价值和价值才开始与人有了特殊的
关系。这种特殊的关系是一种颠倒的关系："这只是人们自己的一定的社会
关系，但它在人们面前采取了物与物的关系的虚幻形式。……我把这叫做
拜物教。劳动产品一旦作为商品来生产，就带上拜物教性质，因此拜物教
是同商品生产分不开的。"③"物与物的关系的虚幻形式"，这与20世纪之后
在西方文化中骤然跃升至带领社会科学研究"转向"级别的语言学、符号
学的精髓何其相似！在这种思路中，难道不可以这样理解吗，物，是人们
的社会关系的意指，语言或符号，是物的意指。马克思虽身处19世纪西方
社会仍以生产为主导方向的资本主义阶段，但他对商品神秘性的洞悉却穿
透了一百五十多年的历史星云，直指今日我们所见所闻所亲历之光怪陆离
的消费社会。

但鲍德里亚认为自己发现了关于物的奥秘："对物的区分性社会功能的
分析与对其所附有的意识形态的政治功能的分析——必须基于一种绝对的先
决条件：超越物的需求所具有的自然幻象以及使用价值优先性的假设"④，这
是鲍德里亚在《符号政治经济学批判》开篇对马克思不点名的诘难。在后面

---

① 《马克思恩格斯文集》第5卷，人民出版社2009年版，第88页。
② 《马克思恩格斯文集》第5卷，人民出版社2009年版，第89页。
③ 《马克思恩格斯文集》第5卷，人民出版社2009年版，第89—90页。
④ [法] 让·鲍德里亚：《符号政治经济学批判》，夏莹译，南京大学出版社2015年版，第2页。

专门点名批评马克思用"拜物教"隐喻资本主义意识形态的章节中，鲍德里亚怒其不争地将马克思所说的"拜物教"还原为"一种根植于整个西方基督教价值体系之中的理性主义形而上学"①，并认为马克思主义不但没能透视"拜物教"所揭示的"真实的意识形态的劳动过程"，反而助纣为虐地"扩张了意识形态的再生产，并由此也扩张了资本主义体系自身的发展"②。在鲍德里亚看来，经他发现的资本主义的秘密比马克思发现的"更为缜密"，"因为，所有这些要素都结构性地蕴涵于资本主义体系之中——不仅在某些情况下（例如物质生产），而且还发生在包括上层建筑中的种种情况之下（例如意识形态的生产）"③。他的意思是在符号政治经济学批判的洞察之下，资本主义社会不再是④马克思描述的经济基础和上层建筑两大板块结构，人们不必被物捆绑得双脚不能离地，也不必修修补补地想照顾却又照顾不到"那些非物质生产的社会进程"⑤，而是应当看到抽象的、自我指涉的符码体系已结构性地重组社会各个层面。换而言之，符码及其体系所造就的意指关系，即资本主义社会的全部，"真实性、指涉物，以及价值的实体都不能摆脱符号的阴影，只有大写的象征性(SYMBOLIQUE)"⑥，只有象征性才能颠覆符号，"在理论的和实践的整体革命中"⑦ 获得对现实的否定和超越。

带着对"物"的深深敌意，鲍德里亚把包豪斯（Bauhaus）学派的建立视作逻辑上"物的革命"的开端，因为这个 20 世纪出现的学派极深远地推动了工业革命中诞生的"物"概念向体系化层级的跃升，它"标志着真正的符号政治经济学的分界点"⑧。这个建筑设计学校的建立在鲍德里亚看来是如此重要，由它振动"物"的蝴蝶翅膀所引发的符号体系的风暴到现在都还没有止息，以至于鲍德里亚来不及思考风起于何方——包豪斯学派难道不是1907年

---

① [法]让·鲍德里亚:《符号政治经济学批判》，夏莹译，南京大学出版社 2015 年版，第 102 页。
② [法]让·鲍德里亚:《符号政治经济学批判》，夏莹译，南京大学出版社 2015 年版，第 102 页。
③ [法]让·鲍德里亚:《符号政治经济学批判》，夏莹译，南京大学出版社 2015 年版，第 102 页。
④ 鲍德里亚的原话是："经济基础与上层建筑的理论分析模式，如同一种物恋，必须被去除，取而代之的是更为缜密的生产力理论"（第 102 页）。
⑤ [法]让·鲍德里亚:《符号政治经济学批判》，夏莹译，南京大学出版社 2015 年版，第 224 页。
⑥ [法]让·鲍德里亚:《符号政治经济学批判》，夏莹译，南京大学出版社 2015 年版，第 216 页。
⑦ [法]让·鲍德里亚:《符号政治经济学批判》，夏莹译，南京大学出版社 2015 年版，第 219 页。
⑧ [法]让·鲍德里亚:《符号政治经济学批判》，夏莹译，南京大学出版社 2015 年版，第 256 页。

慕尼黑"德国工业同盟"宣言的践行者之一吗?"德国工业同盟"宣言难道不是德国工业生产领域谋求内部改良的产物吗?德国工业难道只是符号或者意义的生产而不是由"资本"推动和操纵的吗?从"商品"到"符号",从"资本"到"符号体系",从生产关系的革命到意指关系的革命,鲍德里亚针对马克思主义的回避和抵触使出了闪转腾挪的能事,而且他让所有深陷于符号体系中的人们包括那些从事物质生产劳动的人们似乎看到了希望,"焚烧"符号即得解放,"否定性的反应"即是革命。① 但马克思的声音仍旧回荡在符号体系的上空,我们可以把马克思对商品神秘性来源的经典描述挪用到这里:符号形式在人们面前把人们本身劳动的社会性质反映成符号本身的性质,反映成这些符号的意指关系,从而把生产者同总劳动的社会关系反映成存在于生产者之外的符号体系的关系。由于这种转换,劳动产品成了符号,成了可感觉而又超感觉的符号或符号体系。符号是商品形式进一步抽象化的表征,是资本主义生产关系采取的新的虚幻形式,是"资本"在世界范围内扩张造成的价值平面化加剧的症候。舍"资本"谈"符号",符号何来立足之境?

"好的批评理论自有其存在的理由。其衡量标准并不是看该理论的单个命题能否得到科学的证实,而是看它在揭示单一艺术作品内涵时的范围、精确性和一致性,看它能否阐释各种不同的艺术。"② 资本现代性批判视野是马克思主义为文学批评提供的一个历史视野极佳的平台。言之及物和历史规定性是其理论方法运转的根本。拨开当下各种文化研究或批判的迷雾,坚持历史唯物主义立场不动摇也与对"资本"的深刻理解紧密相关。"回到马克思"当有所为。

---

① 原文分别为"符号应该被焚烧!"(第219页)和"在当下的情景中,'否定性的反应'就等同于对革命的激进要求,这一革命不是解放物及其价值,而是解放交换关系自身,在被价值的恐怖主义一统天下的今天恢复一种言说的交互性"(第296页)。

② [美] M. H. 艾布拉姆斯:《镜与灯:浪漫主义文论及批评传统》,郦稚牛、张照进、童庆生译,北京大学出版社1989年版,第3页。

第一章 《1844 年经济学哲学手稿》中的经济学尝试与劳动异化观的文学批评

独到的历史观对文学批评可能产生的影响是不言而喻的。

从《1844 年经济学哲学手稿》（以下简称《1844 年手稿》）开始，马克思借助人本主义背景的经济学视角开始获得有别于黑格尔式历史主义的眼光，马克思对"历史"的理解开始走向社会现实的深处，历史主义那种诉诸于头脑中的概念去规定历史的认知模式，在《1844 年手稿》中显现出不久后即将土崩瓦解的征兆。

18—19 世纪的欧洲，正是资本主义生产关系高速发展变化的中心地带。虽然欧洲各民族国家在资本主义现代化的程度上进展不一，但自 16 世纪开始的资本"以太"已结构性地调整了整个欧洲乃至世界范围内的生产生活处境。马克思和恩格斯正是在这样一个环境中生活和思考。在马克思之前已有诸多经济学家对资本主义这种新型的社会形式予以关注，他们的理论著作为经典马克思主义资本现代性批判视野的开拓准备了厚薄不一的磨刀石。马克思提到过的非常重要的经济学家的名字就包括弗里德里希·李斯特、詹姆斯·穆勒、亚当·斯密、李嘉图等。通过对这些政治经济学家理论体系的批判性思考，马克思开启了对资本主义社会现实的别样理解，从而也使得文学艺术在这种社会关系中的定位开始了资本现代性批判的征程。

第一节 《1844 年经济学哲学手稿》之前的
马克思与文学批评

马克思和恩格斯都生活在 19 世纪。西欧的 19 世纪是一个在社会生活的各个层面都经历着剧烈变动的时段。

一、19 世纪浪漫主义文学思潮的浸泡

法国年鉴派史学家费尔南·布罗代尔从资本主义积累的角度把 15—18 世纪称作"漫长的十六世纪",认为这一漫长且"很少发生变化"的历史阶段为日后的资本主义进程做了铺垫,"……到了十九世纪,世界发生翻天覆地的变化,在隔离可能和不可能的宽广界限上才最终出现断裂、更新和革命"①。而杰奥瓦尼·阿锐基(Giovanni Arrighi)从布罗代尔那里获得启发,以不完全认同布罗代尔的方式在资本体系积累周期的意义上将 19 世纪看作了漫长的 19 世纪,它包括以英国为中心的英国周期("从 18 世纪下叶开始,贯穿到 20 世纪初期"),以及以美国为中心的美国周期("从 19 世纪末开始,一直延续到现在的金融扩张阶段"②),因包括 19 世纪在内的四大资本体系积累周期在时间上多有重叠的部分且超过了一个世纪,故冠之以"漫长的世纪"之称。上述两位历史学家均有着世界体系的历史视野,且着眼点与马克思主义关注资本主义生产关系的意味相投。他们把世界历史看成一个有机联系的动态过程,19 世纪对于他们而言无疑处在一个分界点上。③ 艾瑞克·霍

① [法] 费尔南·布罗代尔:《15 至 18 世纪的物质文明、经济和资本主义》第 1 卷,顾良、施康强译,生活·读书·新知三联书店 1992 年版,第 24—25 页。

② [意] 杰奥瓦尼·阿锐基:《漫长的 20 世纪》,姚乃强、严维明、韩振荣译,江苏人民出版社 2001 年版,第 7 页。阿锐基所说的"延续到现在的金融扩张阶段"按照他在"前言与致谢"中表明的时间来看,"现在"至少延伸到了 1994 年,而在 1999 年为中文版的《漫长的 20 世纪》写序的时候他所持的观点来看,"本书完成后五年的今天,我依然坚信上述四点",则"现在"至少可以延伸到 1999 年。

③ 对于 18 世纪末到 19 世纪初的世界历史"大分流"问题,在美国学者彭慕兰(Kenneth

布斯鲍姆（Eric Hobsbawm）在他的"年代四部曲"① 中将 1789 年至 1991 年
这两百余年的时间看作一个前后相继、互有重叠、连绵不绝的过程，其中处
于 1848 年至 1875 年这不到 30 年的时间被称为"资本的时代"，以资本在世
界体系中的地位急剧上升为特征。巧合的是，这一"时代"与马克思恩格斯
的思想成熟阶段近乎完美地重合。综合这三位西方史学家眼中的近现代世界
进程来看，在马克思恩格斯眼前堆积着的除了凝结着资本主义生产关系的具
象物"商品"之外，还堆积着剧烈变化的 19 世纪的社会关系。当然，除此
之外，在两位经典作家面前还堆积着这些社会关系变化着的西方现代文学
观念。

　　按照勃兰兑斯为我们勾勒的 19 世纪文学总体面貌来看，这个剧烈变动
的世纪有一条异常清晰的前后分界线：

　　　　暴风雨的一八四八年是一个历史转折点，因而也是一个分界
　　线……从世纪初到世纪中这段时期，出现了许多分散的、似乎互不关
　　联的文学活动。但只要细心观察文学主流，就不难看出这些活动都为
　　一个巨大的有起有伏的主导运动所左右，这就是前一世纪思想感情的
　　减弱和消失，和进步思想在新的日益高涨的浪潮中重新抬头。②

　　这也就意味着 19 世纪上半叶整个欧洲的文学思想溶液是混沌悬浊的，
一部分是前一世纪还未被完全淘汰的古典主义思想感情，另一部分则是方兴
未艾却还未获得澄清的浪漫主义思潮。身处于这样的文学史语境中，马克思
和恩格斯的青年时代都深受浪漫主义文学思潮的感染，创作了与这种"进步
思想"相应的诗歌、剧本等。

Pomeranz)《大分流：欧洲、中国及现代世界经济的发展》一书出版后引起了"大分流辩论"
　　现象，也是聚焦于剧烈变动中的 19 世纪世界历史。

① [英] 艾瑞克·霍布斯鲍姆：《革命的代：1789—1848》、《资本的年代：1848—1875》、《帝
　　国的年代：1875—1914》、《极端的年代：1914—1991》，郑明萱、贾士蘅、张晓华、王章
　　辉等译，中信出版社 2014 年版。

② [丹麦] 勃兰兑斯：《十九世纪文学主流·第一分册·流亡文学》，张道真译，人民文学出
　　版社 1997 年版，"引言"第 1 页。

这种"进步思想"以某种愤激的姿态冲破旧有束缚，将解放、革命、反抗等念头贯注于自己的血脉中。马克思选取反抗权威盗取火种的古希腊神话中的英雄普罗米修斯作为自己的精神引领者，应该来说与当时普遍弥漫的个人解放情绪有着密不可分的渊源。当时的浪漫主义青年们"曾多次满怀激情地辩论说自杀有理；这是毫不足怪的，因为文学中的自杀狂是我已经谈到的个人解放后出现的一个病征。它是个人对他所从出生的整个社会秩序进行抵制并从中解脱出来的最彻底最干脆的办法"①。而恩格斯选取浮士德作为自己钟爱的文学形象，又让人不免猜测这是否与浪漫主义文学思潮中弥散开去的民族国家情感有千丝万缕的关联。毕竟"浪漫派的显著功绩之一，就是他们努力把古典文学提供的窄狭题材加以扩大，教育人们去欣赏现代别的国家和本国的令人赞美和具有特色的东西。这就使这一派具有了爱国的特点，在所有国家都如此。"②

文学在浪漫主义思潮的推动下，成为人类精神文明的高级成果，从事文学创作的作家也因此获得尊荣的地位。如果从后来马克思关注的分工角度来看，精神生产部门的地位是如此崇高，以致物质生产部门几乎在高级的精神文明成果面前难以拥有等量齐观的地位。"在 19 世纪后半期，社会对艺术家的要求是：他们应当为最最讲究物质文明的人提供精神食粮。不牢记这一点就无法了解那个时期的艺术。人们也许不禁要说，艺术家在受过良好教育、业已解放的人士（即成功的中产阶级）当中，几乎取代了传统宗教的地位……在讲德语的民族中这点最为明显。当英国在经济上、法国在政治上取得成功的时候，讲德语的民族将文化视为他们所垄断的财富。在德语国家，歌剧院和剧场已成了男男女女顶礼膜拜的庙宇，这不仅是因为他们可以在此沉浸在全套古典保留曲目的痴狂中；孩子们则从小学起就开始正式接触名著名曲，比如阅读席勒（Schiller）的《威廉·退尔》（Wilhelm Tell），进而阅读歌德的诗剧《浮士德》，以及其他难以捉摸的成人读物。"③ 在这种文学氛

① ［丹麦］勃兰兑斯：《十九世纪文学主流·第一分册·流亡文学》，张道真译，人民文学出版社 1997 年版，第 50 页。
② ［丹麦］勃兰兑斯：《十九世纪文学主流·第一分册·流亡文学》，张道真译，人民文学出版社 1997 年版，第 166 页。
③ ［英］艾瑞克·霍布斯鲍姆：《资本的年代：1848—1875》，张晓华等译，中信出版社 2014 年版，第 334 页。

围中成长起来的德意志青年，高谈阔论从文学艺术层面改变国家民族的精神面貌进而弥补国家民族在经济上相对落后的地位，是再自然不过的事情。

当时的资产阶级也倾力为文学艺术的繁荣发展提供尽可能优厚的物质条件，就连后来马克思在其中度过了自己人生中的黄金十年的大英博物馆，也是在这种由资产阶级营造的尊崇文化文学的氛围中建筑起来的：

> 即使在市侩气更浓、更庸俗的资产阶级圈子里（可能美国除外），艺术仍占有特殊地位，备受尊重和敬仰。象征集体地位的歌剧院和剧院矗立在大城市中央——巴黎（1860 年）和维也纳（1869年）的都市重建计划即分别以歌剧院和剧场为中心，德累斯顿（Dresden，1869 年）则将歌剧院和剧院置于像教堂一样醒目的位置，巴塞罗那（1862 年起）和巴勒莫（1875 年起）的剧场、歌剧院都气势磅礴，精雕细刻，仿佛纪念碑般。博物馆和画廊有的新建，有的扩建，有的重建，有的改建。国家图书馆的情况也大致相同——大英博物馆阅览室于 1852—1857 年修建完成，法国国家图书馆则于 1854—1875 年竣工。欧洲有个更普遍的现象：大图书馆成倍增加（与大学情况不同），市侩气较重的美国则增加有限。1848 年欧洲约有 400 家图书馆，1700 万卷藏书；到了 1880 年，图书馆增加了 12 倍，藏书量增加了 2 倍。奥地利、俄国、意大利、比利时以及荷兰的图书馆增加 10 倍，英国也差不多增加 10 倍，西班牙、葡萄牙增加 4 倍，美国则不到 3 倍（但美国的藏书量却增加 4 倍，这个增加速度只稍逊于瑞士）。①

这种近似疯狂生长的精神文明氛围中，从精神层面要求解放和自由的文学文化团体应运而生。"青年德意志"是其中之一，这个派别充分接受资产阶级营造的精神文明优越感，"都把精神解放作为自己的口号"②，"受黑格尔

---

① ［英］艾瑞克·霍布斯鲍姆：《资本的年代：1848—1875》，张晓华等译，中信出版社 2014 年版，第 335—336 页。

② ［丹麦］勃兰兑斯：《十九世纪文学主流·第六分册·青年德意志》，高中甫译，人民文学出版社 1997 年版，第 233 页。

影响，都具有对自由的信念"，"都崇尚'时代精神'"①。而马克思在柏林求学期间则走进了另一个团体的核心圈子——"青年黑格尔派"运动的中心"博士俱乐部"：

> 这个圈子是一些有抱负的青年人，他们大多已经完成了学业。那里充满着的理想主义、对知识的渴望和自由的精神，依然彻底地鼓舞着那个时代的青年人。在这些聚会中，我们大声朗读并评判我们创作的诗歌和文章，但是我们最多的精力仍然是致力于黑格尔哲学……②

这是一段来自"博士俱乐部"成员的描述，可以部分地复原马克思当年所处的精神风暴中心的原貌。马克思就是在这样的思想氛围中度过了自己大学生活的最后几年。

随着博士论文写作和随后大学讲席求职的失败，马克思转向了新闻出版界，开始直接面对现实，以新闻报刊写作的方式从浪漫主义的遐思转入冷峻现实的思考中。恩格斯从浪漫主义文学青年向沉入历史语境的批判者的转变虽与马克思不完全相同，但有着相仿的文学青年时光。

二、来自现实的疑问和面向现实的思考

马克思和恩格斯所处的 19 世纪，是一个在经济基础层面由某种越来越抽象的关系主宰着、酝酿着、改变着世界格局的时代，是一个西方现代文学观念经历变革但仍处于混杂状态中的时代——这个世纪的文学观念正承受着自 18 世纪末的浪漫主义文学思潮所掀起的巨浪，而很多既往的文学观念却又迟迟不肯也没有来得及退场，现实主义文学思潮也在云诡波谲之中："直到几十年以前，现代批评对美学问题的探讨都是依据艺术与艺术家的关系，

---

① ［丹麦］勃兰兑斯：《十九世纪文学主流·第六分册·青年德意志》，高中甫译，人民文学出版社 1997 年版，第 234 页。

② ［英］戴维·麦克莱伦：《马克思传》第 4 版，王珍译，中国人民大学出版社 2016 年版，第 26 页。

而不考虑艺术与外界自然、与欣赏者、与作品的内在要求的关系。今天,许多(也许是大多数)批评家仍然坚持这种倾向。西方艺术理论的历史长达二千五百年,相比之下,这种观点还很稚嫩,它作为探讨艺术的一种全面的方法出现并为批评家们广泛采用,至今不过一个半世纪。本书打算记录美学思想的侧重点朝艺术家急剧转移的过程,以及它(在十九世纪初)的盛极一时的情况,同时也介绍一下这种观点所必须与之抗衡的其他主要理论。"①

19 世纪初文学批评观念和实践急剧变化,其时间段正好对应着马克思和恩格斯青年时代所看到的文学主流状况。"盛极一时"点明了当时浪漫主义文学观念影响力度和范围之广大。从目前呈现出来的资料来看,两位正处于青年阶段的文学爱好者马克思和恩格斯没有来得及对这种文学状况做出专门研究。当他们逐渐成为马克思主义经典作家之后,虽然在立场上逐渐转向彻底的历史唯物主义,但的确没有证据表明他们有足够的时间和精力对各自的文学观念来一次专门的回顾和反思,这也成为历来质疑马克思主义文学批评能否成为一门专门的学问的声音来源。需要看到的是,在马克思和恩格斯19 世纪活动的大部分时间里,关于文学和他们看待文学的眼光并不是经过专门筛选淘洗的,"二千五百年"的西方艺术理论历史和略显"稚嫩"的 19 世纪文学观念大概都共存于两位的头脑中。

这种复杂的局面提示后来的马克思主义文学批评的研究者们,对马克思和恩格斯文学观念和文学批评实践的考量应该置于具体的历史语境中,并结合 19 世纪的文学状况做出理解。例如美国学者维尔塞就认为"马克思的浪漫派形象有意义地促成了他一生中寻求解决的根本问题的形成"②。

与此同时又需要明确的一点是,马克思恩格斯学说中的文学批评成分虽然浸润在 19 世纪欧洲的文学溶液中,但他们对于文学的理解和关于文学的思考却不可能完全是 19 世纪欧洲文学溶液的直接结晶,而且就他们自身的文学批评观念而言,随着他们人生不同阶段关注重点的变化,也存在一个阶段性变化的过程。不管从哪个角度来看,1842 年是马克思与文学的关系发

---

① [美] M. H. 艾布拉姆斯:《镜与灯:浪漫主义文论及批评传统》,郦稚牛、张照进、童庆生译,北京大学出版社 1989 年版,第 2 页。

② [美] 维塞尔:《马克思与浪漫派的反讽——论马克思主义神话诗学的本源》,陈开华译,华东师范大学出版社 2008 年版,第 6 页。

生变化的一条比较明显的分界线。在此之前，马克思沉浸于浪漫主义诗歌创作中，并努力思考如何在浪漫派和黑格尔哲学中取得平衡。①1842 年马克思在大学求职失败后，10 月份来到了《莱茵报》担任编辑。在面对现实问题而无从在黑格尔哲学和费尔巴哈哲学中获得帮助之后，他开始了对黑格尔哲学的反思工作，这是他《1843 年手稿》和《克罗茨纳赫笔记》诞生的现实语境。

《克罗茨纳赫笔记》"摘录了 23 部有关历史和国家理论的著作以及发表在《历史—政治杂志》上的一些文章。这些著作和文章涉及主题包括：(1) 法国、英国、德国、瑞士、意大利、波兰和美国各国的历史；(2) 法国革命史；(3) 国际理论和政治制度史。"② 从摘录的内容来看，马克思此时思想的重心已经从"青年黑格尔派"式的抽象哲学思辨转移到对现实问题的关切上，并主动在历史文献中寻求答案。尽管此时的马克思还未直接获得经济学研究的视野，但这并不妨碍他将现实作为研究问题的思考起点。

在马克思这一早期笔记中，摘录部分远远多过于评注。而其中较为引人注目的一段评论来自对兰克的《历史—政治杂志》的摘录：

> ……因此，黑格尔这样把国家观念的要素变为主词，而把国家存在的旧形式变为宾词，——但是在历史现实中情况恰好相反：国家观念始终都是国家存在的那些［旧］形式的宾词，——他这样做只不过说出了时代的一般精神，他的**政治神学**。这里的情况同他的哲学和宗教上的泛神论的情况一模一样。非理性的一切形式这样一来都变成理性的形式。但是这里在宗教上是理性，在国家中是国家观念在原则上被变成了决定的要素。这种形而上学是反动派的形而上学表现，对于反动派来说，旧世界是新世界观的真理。③

①　[美] 维塞尔：《马克思与浪漫派的反讽——论马克思主义神话诗学的本源》，陈开华译，华东师范大学出版社 2008 年版，第 183 页。

②　王旭东、姜海波：《马克思〈克罗茨纳赫笔记〉研究读本》，中央编译出版社 2016 年版，第 79 页。

③　《马列著作编译资料》第 12 辑，人民出版社 1980 年版，第 36 页。

在这段评论中可以明显看出的是费尔巴哈对黑格尔的批判在马克思这里显现出的影响。

此外，在《克罗茨纳赫笔记》的第四笔记中也保留着马克思当时对某些问题特别关注的印记，这就是对"贵族、革命前三个等级的关系、关于特权的形成、特权的各种不同学说的融合、市民等级、公社中享有特权的人的关系"①等。这种关注一直持续并影响到后来他在经济学研究中的思考。

而同样处于从浪漫的文学青年向冷峻的现实批判者转变过程中的恩格斯，此时的经济学研究成绩要远远超出处于同一阶段的马克思。恩格斯于1843—1844年写作了《国民经济学批判大纲》，开篇直言不讳批判当时国民经济学研究的局限：

> 国民经济学的产生是商业扩展的自然结果，随着它的出现，一个成熟的允许欺诈的体系、一门完整的发财致富的科学代替了简单的不科学的生意经。②

恩格斯较早地辨别出国民经济学研究对现代社会经济生活实情的掩饰，"经济学家离我们的时代越近，离诚实就越远"③，在他的批判中，处处可见他对国民经济学研究的挪揄嘲讽。他语调的尖刻伴随着思想的尖锐，恩格斯很快发现了国民经济学研究中价值理论的矛盾所在："经济学中的一切就被本末倒置了：价值本来是原初的东西，是价格的源泉，倒要取决于价格，即它自己的产物。大家知道，正是这种颠倒构成了抽象的本质。"④从恩格斯的这一发现来看，虽然他当时还没有到达价值内部构成的认识深度，但价值与价格关系的判断从基本面上来看无疑是正确的。

甚至在恩格斯的研究中，已经出现了对资本与劳动之间关系的粗略描述：

---

① 王旭东、姜海波：《马克思〈克罗茨纳赫笔记〉研究读本》，中央编译出版社 2016 年版，第 125—126 页。
② 《马克思恩格斯文集》第 1 卷，人民出版社 2009 年版，第 56 页。
③ 《马克思恩格斯文集》第 1 卷，人民出版社 2009 年版，第 59 页。
④ 《马克思恩格斯文集》第 1 卷，人民出版社 2009 年版，第 66 页。

> 资本和劳动的短暂分开，立刻又在两者的统一中消失了；但
> 是，经济学家还是把资本和劳动分开，还是坚持这两者的分裂，他
> 只在资本是"积蓄的劳动"这个定义中承认它们两者的统一。由私
> 有制造成的资本和劳动的分裂，不外是与这种分裂状态相应的并从
> 这种状态产生的劳动本身的分裂。①

恩格斯坚持资本与劳动的统一，这是在对经济的表象观察后得出的结论，恩格斯看到了资本与劳动在生产过程中的结合，但实际上国民经济学家对两者之间分裂关系的认识才是更为深刻的，尽管后者的认识也并没有更深刻地说出资本与劳动之间是如何在特殊的生产关系中分裂的。

此外，恩格斯在自己早期的这篇经济学批判大纲中，还观察到一个没来得及深入展开因而显得既有道理又不尽确切的现象，那就是机器与分工给人的劳动自由带来的局限：

> 由于我们的文明，分工无止境地增多，在这种情况下，一个工
> 人只有在一定的机器上被用来做一定的细小的工作才能生存，成
> 年工人几乎在任何时候都根本不可能从一种职业转到另一种新的
> 职业……②

才刚刚进入经济学研究领域的恩格斯能把分工与工人职业选择的自由结合起来观察，这已经是了不起的犀利视角。甚至在对现象的叙述中，恩格斯还留意到工人劳动越来越"细小"的分工实情，虽没有继续往"异化"的意义上展开谈论，但无疑是直面现实的恩格斯在经济学研究领域观察入微的结果。这段话中还出现了一段有趣的表述的雏形，"从一种职业转到另一种新的职业"让人无法不联想到马克思和恩格斯后来在《德意志意识形态》中所说的"可能随自己的兴趣今天干这事，明天干那事"③的美好设想。

---

① 《马克思恩格斯文集》第 1 卷，人民出版社 2009 年版，第 70 页。
② 《马克思恩格斯文集》第 1 卷，人民出版社 2009 年版，第 86 页。
③ 《马克思恩格斯文集》第 1 卷，人民出版社 2009 年版，第 537 页。

总体来讲，马克思此时还未正式进入到经济学研究的视野，而恩格斯虽然进入了这一视野，甚至目光锐利地提到了资本与劳动的关系、价值和价格的矛盾性等重要问题，但因为对观点的展开不够深刻而并没有获得更有批判力度的进展。

第二节　资本的物质形式与美学批判思想的萌芽

《1844 年手稿》自出现在国际学术界视野中以来，一直就是"卡尔·马克思问题"[①] 争论的焦点。在这一手稿中，马克思开始进入以经济学的语境辅助哲学思考的展开，这种致思方式一直持续到他晚期的成熟著述中。自此，大量的经济学术语和相关论述不仅可以说是马克思主义哲学话语变化发展的表征，也可以说是马克思主义文学批评得以现身的载体。

一、徘徊在劳动价值论门槛外的作为"异化劳动"的文学艺术

《1844 年手稿》中的马克思对古典经济学的批判烙有人本主义思想的浪漫印记，在几乎是完全否定劳动价值论的思辨语境中，斯密、李嘉图、穆勒等这些日后在马克思逐步建构资本现代性批判视域时日益显现其科学价值的古典经济学家们，此时还只不过是被马克思视为人的异化处境的助纣为虐者：

> 从斯密经过萨伊到李嘉图、穆勒等等，国民经济学的犬儒主义不仅相对地增长了（因为工业所造成的后果在后面这些人面前以更发达和更充满矛盾的形式表现出来），而且他们总是积极地和自觉

---

① "卡尔·马克思问题"是日本学者内田义彦模仿西方学界的"亚当·斯密问题"的表述方式，于 20 世纪 60 年代在讨论《1844 年手稿》的过程中提出，用来指称早期马克思和晚期马克思在思想发展中存在的某种矛盾或不连续状态。这一问题在韩立新先生所著《〈巴黎手稿〉研究》（北京师范大学出版社 2014 年版）绪言中也有相应介绍。

地在人的异化方面比他们的先驱者走得更远，但这只是因为他们的
科学发展得更加彻底、更加真实罢了。①

因为在此时的马克思看来，国民经济学所做的工作其实是将财富这种原
本外在于人的对象性存在内化为人的本质存在，因而这门学说所谓的"发
现"其实只不过是在经济学领域抄袭了路德的宗教改革思路，后者并没有减
轻或转移宗教对人的桎梏，只是淡化教士与俗人之间的界限，从而模糊了宗
教矛盾的焦点。于是与之相似的国民经济学的"贡献"也就表现为"在承认
人的假象下……彻底实现对人的否定而已"，"人本身却成了私有财产的紧张
的本质"②。

可以看到，此时的马克思已经将一半的目光投注在了 19 世纪西方社会
的经济生活上，他努力地吞咽当时能够对他所关切的人的异化做出唯物主义
解释的国民经济学前沿成果，但他的另一半目光正因为对异化理论的执着思
辨，还羁绊在此前的浪漫主义人本主义余波中。因而此时的马克思虽然捕捉
到了国民经济学研究与众不同的分析对象，却没有领会到国民经济学所发现
的"财富"撬开了西方资产阶级社会秘密的第一层历史表象的理论价值。于
是，严格地说，《1844 年手稿》中的马克思只是在研究对象的层面上继承了
亚当·斯密在《国民财富的性质和原因的研究》（又译作《国富论》）中开启
的从经济学的角度分析社会发展史的国民经济学研究领域，但在哲学范式的
层面上，正如他自己后来在《德意志意识形态》中所评价的"没有离开过哲
学的基地"③，也就是说《1844 年手稿》中的经济学视野是在承认资本主义生
产关系这一既成事实的前提下，让面向现实的社会批判在意识形态的抽象思
辨中空转。

资本主义生产关系的秘密仍旧被隐藏在层层的历史表象之下，马克思朝
向现实的批判思路虽充满历史感但却运行在经济异化理论的轨道上，这明显
地表现在他对"生产和消费"这对范畴所做的表象直观的理解中：

---

① 《马克思恩格斯全集》第 42 卷，人民出版社 1979 年版，第 113 页。
② 《马克思恩格斯全集》第 42 卷，人民出版社 1979 年版，第 113 页。
③ 《马克思格斯全集》第 3 卷，人民出版社 1960 年版，第 21 页。

这种**物质的**、直接感性的私有财产，是异化了的、人的生命的物质的、**感性的**表现。私有财产的运动——生产和消费——是以往全部生产的运动的**感性**表现，也就是说，是人的实现或现实。①

这里的"生产和消费"绝没有获得对私有财产的决定性地位，而是恰好相反，是私有财产的运动解释了生产和消费之间的关系乃至历史进程，相对于成熟时期的马克思的政治经济学高度来说，这里的"生产和消费"与私有财产（后来被视为资本的一种表现形式）之间的关系是颠倒的。而且此时的马克思批判思路之驳杂表现为多种学术资源背景的重叠：对私有财产的关注归属在国民经济学视野中，"异化了的、人的生命的物质的、感性的表现"徘徊在费尔巴哈的人本现象学路径边，"是以往全部生产的运动的感性表现"又显露出望向历史深处的辩证法眼光——这几种复杂的声调交织在一处，使马克思随后对艺术做了这样的定位：

宗教、家庭、国家、法、道德、科学、艺术等等，都不过是生产的一些**特殊的**方式，并且受生产的普遍规律的支配。②

根据上文中的分析来看，马克思此时对"生产"的理解很显然还没有达到对资本主义这种特殊的生产关系进行"人体解剖"的高度，因而这里的"生产"不是"一定的"生产，而只是一般意义上的生产，不是进入历史唯物主义语境中的生产，而只是唯物主义的生产，不是为人类社会历史贡献了生产力水平提升效果的生产，而只是站在人的本质的对立面被视为异化劳动的生产。这种一般意义上的生产，是马克思从国民经济学中学习到一个关键范畴③，它与另一个来自人本主义哲学思想框架内的范畴"劳动"，至少从《1844年手稿》中的语言表述方式来看，其用法存在较多重叠的部分，区分并不是

---

① 《马克思恩格斯全集》第 42 卷，人民出版社 1979 年版，第 121 页。

② 《马克思恩格斯全集》第 42 卷，人民出版社 1979 年版，第 121 页。

③ 根据张一兵先生的词频统计，"与《穆勒笔记》相比，从经济学语境中而来的经济学术语——'生产'的使用率有所提高，Produktion 一词出现了 18 次，马克思 5 次使用了非常专业的 Überproduktion 一词"（《回到马克思——经济学语境中的哲学话语》，第 248 页）。

特别明显，两者都用来指认资本主义社会经济异化的核心环节。比如下面这类表述在《1844 年手稿》中是连续性的且常见的：

> **劳动同它的产品的直接关系，是工人同他的生产的对象的关系……**
>
> 因此，当我们问劳动的本质关系是什么的时候，我们问的是工人同生产的关系。
>
> ……因此，如果劳动的产品是外化，那么生产本身就必然是能动的外化，或活动的外化，外化的活动。①
>
> ……因为全部人的活动迄今都是劳动，也就是工业，就是自身异化的活动……②

当然，由于这两个范畴原本知识背景的差异，"生产"更多地在社会经济功能层面被提及，而"劳动"则偏重于从哲学层面对私有财产中的主体本质成分做说明，但实际上这两个范畴在所指对象上的差异不是本质性的。在《1844 年手稿》中的这种语义重叠给文学批评主要可能带来两方面的问题：一则，作为在 20 世纪 30 年代被发掘的马克思早期的重要手稿，《1844 年手稿》不可避免地会与马克思成熟时期的著作联系在一起做解读，尤其在对"生产"以及"艺术生产"这类关键范畴的解读中，马克思本人思想成熟过程中的驳杂语境会对解读产生干扰，此"生产"不是彼"生产"，两者之间的界限容易被模糊；再则，马克思在《1844 年手稿》中操持的美学话语与西方现代美学思想有着更显见的亲缘性，包括"艺术"和"美"这些概念本身就镌刻着西方现代学科层级化的印记，后者对于从马克思的早期著述中剥离出具有批判价值的思想成果有着更为内在的悖论性干扰。

"异化劳动"是这时马克思所理解的"生产"的关键性内涵，艺术作为一种特殊方式的"生产"是一种对人的异化处境，同时也是对现存社会现

---

① 《马克思恩格斯全集》第 42 卷，人民出版社 1979 年版，第 93 页。引文中的加粗字体为原文所有。

② 《马克思恩格斯全集》第 42 卷，人民出版社 1979 年版，第 127 页。

实表象的指认，但却是断面式的指认。之所以称其为"断面式"的，是因为"生产"还没有触及社会关系，"生产"不是被作为一种基础性的社会关系来看待，当然更没有被赋予特定历史阶段内的具有基础性地位的社会关系的内涵，而是被作为对"人"的概念进行切片之后观察到的多种"活动"中的一种来看待。因此，如果说《1844年手稿》中的"劳动"、"生产"、"活动"等词汇是《德意志意识形态》与《国民经济学批判大纲》的话语混杂体应该也是实际情况，这些词汇还浮在社会关系的表象层面，还没有获得资本现代性批判视野的重塑，因而还称不上具有穿透性的批判力量。综合马克思此时对"生产"的理解来看，对艺术作为生产的"一种特殊的方式"这一表述，显然还不能以后来处于资本现代性批判视域中马克思主义文学批评所达到的高度和深度来揣度，因而也不能随意地与作为一个历史范畴的"艺术生产"做同等观照。

在《1844年手稿》所营造的"生产"语境中的艺术，与"宗教、家庭、国家、法、道德、科学"等等一起被看作是异化劳动的特殊方式，进而被放在应被"积极的扬弃"的地位上，等待进入下一阶段"向自己的**人的**即**社会的**存在的复归"①。"积极的扬弃"这种表述方式也又一次印证了黑格尔精神现象学对于此时正在《1844年手稿》中思考着的马克思而言具有的深刻影响力。既然马克思此时将艺术与宗教等异化劳动划分在同一个领域，那么"宗教的异化……是发生在人内心深处的**意识**领域中"②的特质也顺势为艺术所有，即"艺术的异化"也是发生在人内心深处的意识领域中，与"经济的异化则是**现实生活**的异化"③形成鲜明对照。艺术与经济，意识与现实，这两组关系在《1844年手稿》中分属于两个不同的领域，它们之间通过"异化劳动"或"生产"等字眼联系在一起，但由于对劳动价值论的否定态度，这种联系不是有机的，而是脆弱乃至微弱的。

① 《马克思恩格斯全集》第42卷，人民出版社1979年版，第121页。原文是"因此，**私有财产**的积极的扬弃，作为对**人的**生命的占有，是一切异化的积极的扬弃，从而是人从宗教、家庭、国家等等向自己的**人的**即**社会的**存在的复归"。

② 《马克思恩格斯全集》第42卷，人民出版社1979年版，第121页。

③ 《马克思恩格斯全集》第42卷，人民出版社1979年版，第121页。

紧接着，马克思在《1844 年手稿》中写下了一段极富哲思的话：

> 只有音乐才能激起人的音乐感；对于没有音乐感的耳朵说来，最美的音乐也**毫无意义**，不是对象，因为我的对象只能是我的一种本质力量的确证，也就是说，它只能象我的本质力量作为一种主体能力自为地存在着那样对我存在，因为任何一个对象对我的意义（它只是对那个与它相适应的感觉说来才有意义）都以**我的**感觉所及的程度为限。所以社会的人的**感觉不同于**非社会的人的感觉。只是由于人的本质的客观地展开的丰富性，主体的、**人的**感性的丰富性，如有音乐感的耳朵、能感受形式美的眼睛，总之，那些能成为人的享受的感觉，即确证自己是**人的**本质力量的**感觉**，才一部分发展起来，一部分产生出来。因为，不仅五官感觉，而且所谓精神感觉、实践感觉（意志、爱等等），一句话，**人的**感觉、感觉的人性，都只是由于**它的**对象的存在，由于**人化的**自然界，才产生出来的。五官感觉的**形成**是以往全部世界历史的产物。囿于粗陋的实际需要的**感觉只具有有限的**意义。①

由于这段话直接以艺术门类（音乐）为例展开阐发，与文学批评的对象——文学——在现代学科分类体系中有着天然的亲近关系，因此这段话也成为对马克思主义文学批评具有相当启发性的参考。但需要注意的是，马克思在此例举音乐，他的着眼点一方面在于通过音乐来说明"人的感觉"或"感觉的人性"的丰富性，另一方面他也意在强调感性的人较之"囿于粗陋的实际需要的感觉"的人更接近于人的本质，而不是本质的异化，后者因为被诸如私有财产这类实际需要所吞噬而处于异化境况。在这段文字表述中不难发现费尔巴哈高举的感性的人的影踪。因此"五官感觉的形成是以往全部世界历史的产物"这一判断的确睿智通透，但其内涵在这个文本上下文所提供的语境背景上看起来至少不那么充实和完备，它不能被简单地纳入历史唯物主

---

① 《马克思恩格斯全集》第 42 卷，人民出版社 1979 年版，第 125—126 页。引文中的加粗字体为原文所有。

义的视野加以拔高，因为此时的"全部世界历史"还只是站在由"直接同别人交往的活动等等"①构成的社会关系的层面上去理解的——"活动"这一字眼再次出现，"人的感觉"既然只面向表象的社会活动敞开，因而也只能被理解为社会活动的表象；同时，这一判断也不宜被直接援引作马克思主义文学批评的指导原则，因为文学此时是被当作"具有抽象普遍本质的"②活动来看待的，处于"人的感觉"或"感觉的人性"的对立面，这或许与马克思此前所沉浸于其中的浪漫主义文学思潮造成的印象有关。

没有得到正视的劳动价值论影响了马克思此时对劳动的价值判断，在哲学意义上和经济学意义上都是如此。文学艺术除了"异化劳动"之外的价值，还有待从真正的社会现实层面而不仅仅是哲学层面去发掘。

二、摇摆在政治经济学框架内的思考：作为私有财产构成要素的资本？

《1844年手稿》是由三个笔记本构成的。在第二笔记本中马克思着重对资本与劳动的关系展开了论述，在这个目前仅存4页内容的笔记本中，"资本"的形象开始显现出努力挣脱国民经济学的迹象。

其实马克思在写作《1844年手稿》的第一笔记本时就已经对国民经济学的三个研究对象工资、资本利润、地租分别做了研究，但这一部分的笔记确实侧重于"笔记"，留下了大量关于国民经济学著作的摘录，其中属于马克思自己的声音多散见于这些摘录的间隙中。从第一笔记本的尾声（手稿原标注页码第XXII页到第XXVII页）到第二笔记本，才出现连续性的马克思的独立论述，这部分内容主要围绕异化劳动和资本的关系展开。其中，对"资本"的理解埋伏着一根虽不那么明显但却着实透露着由实转虚迹象的线索。

在第一笔记本中"资本"是这样被注入内涵的：

资本是对劳动及其产品的**支配权**。资本家拥有这种权力并不是

---

① 《马克思恩格斯全集》第42卷，人民出版社1979年版，第125页。
② 《马克思恩格斯全集》第42卷，人民出版社1979年版，第127页。

由于他的个人的或人的特性，而只是由于他是资本的**所有者**。他的权力就是他的资本的那种不可抗拒的**购买**的权力。①

资本就是**积累的劳动**。②

而在第二笔记本中，"资本"是这样被谈论的：

资本是完全失去自身的人这种情况在工人身上主观地存在着，正象劳动是失去自身的人这种情况在资本身上客观地存在着一样。但是**工人**不幸而成为一种**活的**、因而是**贫困的**资本，只要一瞬间不劳动便失去自己的利息，从而也失去自己的生存。③

与资本不同，**地产**是还带有**地方的**和政治的偏见的私有财产、资本，是还没有完全摆脱周围世界的纠缠而回到自身的资本，即还**没有完成的**资本。资本必然要在它的**世界发展**过程中达到它的抽象的即**纯粹的**表现。④

对比两个笔记本中关于资本的论述，可以发现："资本"在第一笔记本中被马克思从资本家的角度看作"支配权"，以及被从"历史"的角度看作"积累的劳动"，这里马克思选择在国民经济学的学科框架（具体来讲是对萨伊和斯密的认同）内看待"资本"——之所以作出这样的判断，是因为在第一笔记本的尾声［异化劳动］中，马克思放开对工资、资本利润和地租的摘录式思考，尤其几乎不再提及"资本"这个概念，而是着意于从"异化劳动"的角度为国民经济学挖掘墓道。"资本"只是被当作"异化劳动"的积累而成为马克思在第一笔记本中批判性思考的零部件之一，距离达到他在第二笔记本中对"资本"一定程度上的抽象认识还有一段距离。而在第二笔记本中，"资本"最初（这里不考虑第二笔记本原稿页码严重缺失的情况）被夹杂在与工资的关系中加以论述，得出"工资是资本和资本家的必要**费用**之一，并

---

① 《马克思恩格斯全集》第42卷，人民出版社1979年版，第62页。
② 《马克思恩格斯全集》第42卷，人民出版社1979年版，第62页。
③ 《马克思恩格斯全集》第42卷，人民出版社1979年版，第104页。
④ 《马克思恩格斯全集》第42卷，人民出版社1979年版，第110页。

且不得超出这个必要的界限"① 的结论，很显然，马克思做这一步分析的意义在于指向对第二笔记本的标题［私有财产的关系］的论述。而后他通过对工资与资本利润之间反比例关系的解说，一方面继续回应自己在第一笔记本尾声提出的［异化劳动］才是人的不公平处境的根源，另一方面使资本的优势地位得以凸显，得出这样一个阶段性的结论："私有财产的关系潜在地包含着作为**劳动**的私有财产的关系和作为**资本**的私有财产的关系，以及这两种表现的相互**关系**。"②"资本"和"劳动"于是成为私有财产关系的两种构成要素，二者之间初步构成紧张的对立关系。

而"资本必然要在它的世界发展过程中达到它的抽象的即纯粹的表现"这一判断在第二笔记本乃至整个《1844 年手稿》中犹如神来之笔，后来在《〈政治经济学批判〉导言》中将"资本"称作"普照的光"的判断几乎呼之欲出。当然，这里刻画"资本"的神来之笔是在异化劳动的纸面上书写的，它出现在马克思如实描绘资本家与土地所有者之间斗争过程的小结处，因而可以说它为"资本"所展望的"达到抽象的即纯粹的表现"的未来，是相对于"资本"与"地产"两种斗争的最终结果所做的预言，它比国民经济学稍进一步抵达了私有财产关系的历史真实，但还不够抵达资本主义生产关系的历史真实。

精彩的部分在于论证"资本必然要在它的世界发展过程中达到它的抽象的即纯粹的表现"这一判断的展开过程。马克思一旦触及社会现实层面，而不只是在费尔巴哈背景的人本主义的唯物主义框架中打转，就马上显示出透辟的观察力。下面这段话足以当作一段以土地所有者和资本家为主角的剧本旁白来欣赏，或者放到一篇研究 17—19 世纪欧洲文学的社会历史背景的批评文章中，也不会显得突兀：

> 土地所有者炫耀他的财产的贵族渊源、封建的往昔、怀旧、他的诗意的回忆、他的幻想气质、他的政治上的重要性等等，而如果他用国民经济学的语言来表达，那么他就会说：**只有农业才是生产**

---

① 《马克思恩格斯全集》第 42 卷，人民出版社 1979 年版，第 105 页。
② 《马克思恩格斯全集》第 42 卷，人民出版社 1979 年版，第 106 页。

的。同时，他把自己的对手描绘为狡猾的、钻营的、拉人下水的骗子，利欲熏心的出卖灵魂的人；图谋不轨的、没有心肝和丧尽天良的、离经叛道和肆意出卖社会利益的投机贩子、高利贷者、牵线人、奴才；花言巧语的马屁精；冷酷无情地制造、培养和鼓吹竞争、贫困和犯罪的，败坏一切社会纲纪的，没有廉耻、没有原则、没有诗意、没有实体、心灵空虚的**金钱拐骗者**……动产也显示工业和运动的奇迹，它是现代之子，现代的嫡子；它可怜自己的对手是一个**不理解**自己本质（而这是完全对的），想用粗野的、不道德的暴力和农奴制来代替道德的资本和自由的劳动的蠢人；它把他描绘成用**正直、诚实、为公共利益服务、坚贞不渝**这些假面具来掩盖其缺乏活动能力、贪得无厌的享乐欲、自私自利、斤斤计较和居心不良的唐·吉诃德。它宣布它的对手是诡计多端的**垄断者**；它用揭底和嘲讽的口气历数他的以罗曼蒂克的城堡为温床的下流、残忍、挥霍、淫佚、寡廉鲜耻、无法无天和大逆不道，来给他的怀旧、他的诗意、他的幻想浇冷水。①

谁又能说这段话中所描述的不是 17—19 世纪欧洲文学作品中经常出现的两种让人倍感熟悉的人物形象呢？从两者与欧洲现代化进程的亲疏关系来看，土地所有者是没有完全资本化的资本家，而资本家则是"现代的嫡子"，是现代社会得以延续的血脉所系。马克思巧妙地将土地所有者和资本家的性格特征编织进两者紧张的社会关系中加以阐释，使他们纠缠于道德层面的相互指责降落为现实的经济利益博弈，同时也让他们各自引以为傲的精神气质泛出争夺意识形态领导权的底色（比如两者争论是道德的生产还是道德的资本）。这段点评不仅犀利，而且富于历史的形象感，更为可贵的地方在于它短暂地冲破了此前在第一笔记本中受限于财产构成要素定位的"资本"，在《1844 年手稿》中提供了一条让这个概念从具象上升为抽象的通道。

遗憾的是，《1844 年手稿》中马克思有关资本的见解短暂地与社会现实层面汇合之后，重新采用了哲学的表述方式。其中一个重要的原因不得不提

① 《马克思恩格斯全集》第 42 卷，人民出版社 1979 年版，第 108—109 页。

到当时的马克思对"劳动"与"劳动力"两个概念及其之间关系的理解上，准确地说是当时的马克思还未能意识到配合"资本"在现代社会历史上实现扭转乾坤的概念实际上是成为商品的"劳动力"而不是"劳动"，后二者在指涉范围上有差异："劳动"在国民经济学中具有"抽象劳动"的意味，被作为生产和分配的计量单位，保持着中立的地位。在"劳动"的比衬下，国民经济学家认为，向分配环节提出道德上的要求才是缓解贫富差距，解决社会矛盾的关键所在——"劳动"因此缺乏对社会历史加以批判的穿透力。当时的马克思在"劳动"的问题上并没有能够超出国民经济学所提供的知识背景，不仅在"劳动"与"生产"的概念使用上没有更为细致的区分，而且在对"劳动"与"资本"的关系的理解上，马克思也有将二者简单对立之嫌。而一旦做简单的对立关系的处理，"资本"在思考的滤布上也就失去了渗透到"劳动"的肌理里去的机会，只剩两个有着光滑边缘的概念在思考的真空里博弈，难免透露出黑格尔哲学的底蕴。

三、自觉自由的劳动与美的规律

在《1844 年手稿》的第三笔记本中，有大量对第二笔记本的补充，但由于第二笔记本目前仅存 4 页，无法实现与所"补充"内容的文本对接，故在本文中将第三笔记本单独看待。

在对［私有财产和劳动］以及［私有财产和共产主义］进行了补充论述后，马克思做出了这样一个关于包括艺术在内的各种生产方式的论断：

> 宗教、家庭、国家、法、道德、科学、艺术等等，都不过是生产的一些**特殊的**方式，并且受生产的普遍规律的支配。①

这里的"生产"，与前面所提到的"劳动"，在《1844 年手稿》中没有被注入具体的社会历史内容，因而更多的还是游离于具体历史现象之上的抽象概念。"生产"此时不是作为资本主义社会的生产关系被考虑，而是作

---

① 《马克思恩格斯文集》第 1 卷，人民出版社 2009 年版，第 186 页。

为"整个革命运动"的表征的私有财产的运动形式之一，用以指示"异化了的人"的存在。在这里，"整个革命运动"指的是历史朝向非"异化了的人"的方向运动，也即朝向"人"的本质存在的方向运动，是朝着一个概念规定的方向运动，而"私有财产"正是这种运动中的一个阶段。这一阶段的历史被赋予"经济的运动"①的地位，但这一地位除了用来证明当时的"共产主义"理论是其来有自且为不彻底的理论空想之外，也没有提供更为丰富的历史关系的描述。所以，"历史"在这里不是有深度有回响的历史，"人"不是处于具体社会历史阶段、处于特定生产关系中的人，"生产"不是人与社会间形成的具有基础性地位的特定关系——它们都只不过是"私有财产"在各个侧面的翻版。当时的马克思对此有明确表述：

> 这种**物质的、直接感性的**私有财产，是**异化了的人**的生命的物质的、感性的表现。私有财产的运动——生产和消费——是迄今为止全部生产的运动的**感性**展现，就是说，是人的实现或人的现实。②

因此，在这里被提及的作为"生产的一些特殊的方式"的"艺术等等"，还不能被从后来马克思在《〈政治经济学批判〉序言》中所论述的那种"生产关系"的高度来理解，即还不能从"人们在自己生活的社会生产中发生一定的、必然的、不以他们的意志为转移的关系，即同他们的物质生产力的一定发展阶段相适合的生产关系"③中的"生产关系"的高度来理解。很显然，1844 年的"生产"与 1859 年的"生产"在对待"人"的问题上有着历史观的差别。

也由此可见，在对待"艺术等等"的理解上，1844 年的马克思虽有历史唯物主义的倾向，但仍保有较为浓烈的浪漫主义人本主义色彩。当他在第三笔记本后面再次提到"对**私有财产**的积极的扬弃，作为对**人的**生命的占有，

---

① 《马克思恩格斯文集》第 1 卷，人民出版社 2009 年版，第 186 页。原文为："不难看到，整个革命运动必然在**私有财产**的运动中，即在经济的运动中，为自己既找到经验的基础，也找到理论的基础。"

② 《马克思恩格斯文集》第 1 卷，人民出版社 2009 年版，第 186 页。

③ 《马克思恩格斯文集》第 2 卷，人民出版社 2009 年版，第 591 页。

是对一切异化的积极的扬弃，从而是人从宗教、家庭、国家等等向自己的**人的**存在即**社会的**存在的复归"这句话时，其中虽未直接提到"艺术"，但这句话中"宗教、家庭、国家等等"的表述，与此前他提到生产的一些特殊的方式的时候在列举顺序上保持了一致性，"等等"中顺势包括"艺术"的推断可以成立。艺术在这里可被理解为异化了的人性，而艺术努力的目标是"向自己的**人的**存在即**社会的**存在的复归"。艺术之于生产，并不是后来在历史唯物主义语境中被以"上层建筑"和"现实基础"①看待的那种关系，而是多种生产方式中的一种，即《1844年手稿》中的马克思还没有给经济结构或现实基础以主导性地位。只是与人性复归相关联的艺术，其在资本主义生产关系中的样貌与在非资本主义生产关系中的样貌到底区别何在，这在《1844年手稿》中得不到彻底的解释。所以，此时的"资本"依旧被理解为"为我们所拥有的"②对象，**坦呈**作为物的属性，它和"劳动"、"生产"一样，在"人性"的映衬之下，批判力度不在同一个水平线上。

在随后展开的关于物、对象化与人性关系的进一步思辨过程中，出现了大段混合了费尔巴哈式的观点与黑格尔式的思路的论述：

> 每一种本质力量的独特性，恰好就是这种本质力量的**独特的本质**，因而也是它的对象化的独特方式，是它的**对象性的**、**现实的**、活生生的**存在**的独特方式。因此，人不仅通过思维，而且以**全部感觉**在对象世界中肯定自己。③
>
> 五官感觉的**形成**是迄今为止全部世界历史的产物。囿于粗陋的实际需要的**感觉**，也只具有**有限的意义**。④

---

① 这里采用《马克思恩格斯文集》第2卷的译文，原文为："这些生产关系的总和构成社会的经济结构，即有法律的和政治的上层建筑竖立其上并有一定的社会意识形式与之相适应的现实基础"（第591页）。

② 《马克思恩格斯文集》第1卷，人民出版社2009年版，第189页。原文为："私有制使我们变得如此愚蠢而片面，以致一个对象，只有当它为我们所拥有的时候，就是说，当它对我们来说作为资本而存在，或者它被我们直接占有，被我们吃、喝、穿、住等等的时候，简言之，在它被我们**使用**的时候，才是**我们的**。"

③ 《马克思恩格斯文集》第1卷，人民出版社2009年版，第191页。

④ 《马克思恩格斯文集》第1卷，人民出版社2009年版，第191页。

　　……**工业的历史和工业的已经生成的对象性的存在，是一本打开了的关于人的本质力量的书，是感性地摆在我们面前的人的心理学**；对这种心理学人们至今还没有从它同人的**本质**的联系，而总是仅仅从外在的有用性这种关系来理解，因为在异化范围内活动的人们仅仅把人的普遍存在，宗教，或者具有抽象普遍本质的历史，如政治、艺术和文学等等，理解为人的本质力量的现实性和**人的类活动**。①

　　这些论述因为以感觉、五官、文学为例佐证马克思此时的观点，因而也往往被视为马克思主义文论的重要文献材料。马克思在此讨论的内容关系到他对人的感性活动与人的本质之间关系的看法：很显然，感觉（感官）的形成是历史性的，是人的本质力量不断历史化的产物，而人的本质力量越来越表现为在社会中遍布着的对象性的现实，因此，感觉（感官）也就表现为在社会中遍布着的对象性的现实，资本主义工业的历史是后者（很重要）的一部分。而艺术和文学，在这里很出人意料地被划归到"具有抽象普遍本质的历史"中，而非"摆在我们面前的"感性对象行列。这里可做一个小小的推测，马克思此处针对的应该是流行于17、18乃至19世纪的浪漫主义艺术观、文学观，这些艺术观、文学观可能遵循着被当时的道德、神学、美学等思想领域广为接受的主导思想，即"超越时空的人性"，而这种思维方法依赖于假设"人的本性，无论是热情、感受性还是理智，无论在什么地方，根本上总是一致的……人类共有的观点和情感构成了审美规范最可靠的准则"②。华兹华斯是这种观念的重要代表③，而他著名的《〈抒情歌谣集〉序言》恰好发表在19世纪元年，马克思所处的19世纪依旧弥漫着以这类美学思想为底蕴

---

① 《马克思恩格斯文集》第 1 卷，人民出版社 2009 年版，第 192 页。
② ［美］M. H. 艾布拉姆斯：《镜与灯：浪漫主义文论及批评传统》，郦稚牛、张照进、童庆生译，北京大学出版社 1989 年版，第 160—161 页。
③ 在《镜与灯：浪漫主义文论及批评传统》中，还录入了一些华兹华斯及 18 世纪文学批评界的关于文学与人性关系的意见，比如："这种观点在十八世纪有一个常见的变通说法，人类的天性和各种产物中那些基本的、始终如一的——因而也是正常的——方面，不仅见于'纪年意义上的'原始人，也见于'文化意义上的'原始人"（第 161—162 页）。

的艺术观、文学观。1844 年的马克思对当时的这种浪漫主义文学观显然并不持有正面意见，他认为这是"在异化范围内活动的人们"对艺术和文学作出的理解，这种判断与他当时对艺术必须朝着复归人性的方向发展的意见是吻合的。

循着 18、19 世纪的文学批评界在人性维度上讨论审美规范的惯例，马克思在《1844 年手稿》的理论语境中思考与审美相关的问题时，就很有可能与他对艺术观和文学观问题的思考联系在一起。回到《1844 年手稿》第一笔记本中颇为引人注目的这段论述：

> 动物只是按照它所属的那个种的尺度和需要来构造，而人却懂得按照任何一个种的尺度来进行生产，并且懂得处处都把固有的尺度运用于对象；因此，人也按照美的规律来构造。[1]

在这段文字中，马克思强调了人的劳动所具有的自觉自由特质，并将这种特质指向"美的规律"。"劳动"、"生产"、"人"这些概念此时依然烙有人本主义哲学印记，"美的规律"因而也须携带着这个印记作出解读。受到费尔巴哈的影响，"美的规律"是在"人"作为一个类概念的意义上对人与动物从"生产"的角度作出的本质区分，这是马克思较前人高明的地方。[2] 但马克思在这里提出的"生产"还只是初步显露出历史唯物主义的萌芽状态，因而需要有所保留地看待这一"高明"之处。"美的规律"无疑赞叹了人类在量和质上都能较为丰富地掌握物种的规律，并恰当地运用这些规律，同时

---

[1] 《马克思恩格斯文集》第 1 卷，人民出版社 2009 年版，第 163 页。

[2] 陆梅林：《〈巴黎手稿〉美学思想探微——美的规律篇》，《文艺研究》1997 年第 1 期。在这篇文章中，就蜜蜂、海狸、蚂蚁建造精巧的巢穴何以会被马克思拿来与人的生产活动相比较，陆梅林先生比较详细地引证了前人关于类似问题的讨论，其中包括拉法格在《唯心史观和唯物史观》中提到过的古罗马名医泽尔思，写过《论动物的艺术本能》的 18 世纪德国启蒙学派的莱玛鲁斯，还有写作《巴黎圣母院》的雨果，以及提出生物进化论的达尔文。陆梅林先生比较后的判断是："马克思和他们不同，他从人的物质生产实践上，不但指出人和动物的本质区别，而且明确指出人对客观世界具有审美意识，对客观世界发生审美关系，而动物则没有这种审美能力，因而也不发生这种审美关系。这也是人和动物的本质区别之所在。"

在对象身上能反观规律被掌握和运用到这种量、质齐高且恰当的水平时的自身，从而标志出人类在呈现"人性"的努力中所能达到的理想状态。这里矗立着一个超越社会历史的"人"的概念，其中本应具有的历史（时间）维度被用来做平行比较的动物的自然属性所抹平，也即马克思后来在批判费尔巴哈哲学时才提到的历史与自然的对立。所以，在《1844 年手稿》中被视为人与动物的本质区别的"生产"概念以及由此推导出的"美的规律"其实还没能完全站在历史之中，更多地还是在主客体关系的思维路径中捏合人的感性经验和理性认识，被"德意志意识形态"干扰着。

第三节 人本主义美学底色的"实践"

"实践"是《1844 年手稿》中出现的一个重要范畴，也成为中国马克思主义文学批评在 20 世纪 80 年代后发展的重要路径之一。这一范畴在《1844 年手稿》中初步获得经济学和哲学双重语境的阐释，在不久之后马克思的"布鲁塞尔时期"的著述中得到进一步阐发。作为马克思在思想转变时期倚借的一个相当重要的理论支点，"实践"范畴与马克思主义文学批评的关系应当得到充分论证。

一、在类关系中"实践"

在《1844 年手稿》之前的《〈黑格尔法哲学批判〉导言》（1843 年）中，"实践"就已经出场了：

> 对思辨的法哲学的批判既然是对**德国**迄今为止政治意识形式的坚决反抗，它就不会专注于自身，而会专注于**课题**，这种课题只有一个解决办法：**实践**。①

---

① 《马克思恩格斯文集》第 1 卷，人民出版社 2009 年版，第 11 页。

这时的"实践"是作为"思辨"的对立面出场的。"思辨"在这里指的是"抽象而不切实际的**思维**"①。马克思在这篇文章的结尾处饱蘸激情地写道："**德国人的解放就是人的解放**。这个解放的**头脑是哲学**，它**的心脏是无产阶级**。"②"实践"的具体内容是无产阶级革命，革命的方式是哲学批判，因而"实践"指的是德国无产阶级以"宣布人是人的最高本质**这个**理论为立足点的解放"③。可以说，"实践"是理论对理论的革命。

在《1844 年手稿》中，"实践"范畴依旧被使用着。④ 以下第三笔记本中的这段话与上述《〈黑格尔法哲学批判〉导言》中的那段话在话题上有些近似：

> **理论的**对立本身的解决，**只有通过实践**方式，只有借助于人的实践力量，才是可能的；因此，这种对立的解决绝对不只是认识的任务，而是**现实生活**的任务，而**哲学**未能解决这个任务，正是因为哲学把这**仅仅**看做理论的任务。⑤

这段话谈论的主题依旧是理论与实践的差别。应该说，在对"实践"范畴的对立面的选择上，从 1843 年的马克思到 1844 年的马克思保持了一定的连贯性。但也有差异，"现实生活"是新出现的，与《〈黑格尔法哲学批判〉导言》中从"由于自己遭受普通苦难而具有普遍性质的领域"认识无产阶级的革命动力相比，"现实生活"是与对私有财产的观察联系在一起，在历史唯物主义的语境中沉潜得更深一些，与"认识"共同承担解决理论对立的任务。这就表明，在 1844 年的马克思这里，与理论对立的范畴内部既包括理论层面的认识，还包括现实层面的力量，二者合在一起是"实践的方式"。"实践"超越了尽在理论层面进行革命的界限，伸出朝向现实的立足点。更能证明这一点的是，紧随这一段话之后的"工业的历史和工业的已经生成**对象**

---

① 《马克思恩格斯文集》第 1 卷，人民出版社 2009 年版，第 11 页。

② 《马克思恩格斯文集》第 1 卷，人民出版社 2009 年版，第 18 页。

③ 《马克思恩格斯文集》第 1 卷，人民出版社 2009 年版，第 18 页。

④ 据张一兵先生的统计，"马克思在此文中已经 28 次使用 praktisch 一词"（《回到马克思——经济学语境中的哲学话语》，第 276 页）。

⑤ 《马克思恩格斯文集》第 1 卷，人民出版社 2009 年版，第 192 页。

性的存在"那段论述，这让我们看到了"实践"在第三笔记本中指向的现实层面有了比较切实的社会历史内容。

这里有一个问题，《1844 年手稿》的第一笔记本中也使用过"实践"一词，是这样表述的：

> 通过实践创造**对象世界**，**改造无机界**，人证明自己是有意识的类存在物，就是说是这样一种存在物，它把类看做自己的本质，或者说把自身看做类存在物。①

> 在实践的、现实的世界中，自我异化只有通过对他人的实践的、现实的关系才能表现出来。异化借以实现的手段本身就是**实践的**。②

那么，第一笔记本中的"实践"与第三笔记本中的"实践"有区别吗？之所以提出这个问题，是因为有学者提出，《1844 年手稿》在写作时经历了"两个阶段"，即马克思在完成第一笔记本的写作之后，有一个对李嘉图和穆勒的经济学著作的摘录学习过程，这个过程与第二、三笔记本的写作贯穿在一起，直至手稿写作结束③。第一笔记本的写作多涉及恩格斯、蒲鲁东、萨伊、斯卡尔培克、斯密等人的经济学著作，第二、三笔记本则多涉及李嘉图、穆勒、麦克库洛赫、恩格斯等人的经济学著作。在所汲取的经济学视野的深广度上，第一笔记本和第二、三笔记本存在差异。其中，李嘉图被马克思在《政治经济学批判》中看作"古典政治经济学的完成者"④，而穆勒则被马克思在《剩余价值理论》（第三册）中称为"第一个系统地阐述李嘉图理论的人"⑤，对这

---

① 《马克思恩格斯文集》第 1 卷，人民出版社 2009 年版，第 162 页。

② 《马克思恩格斯文集》第 1 卷，人民出版社 2009 年版，第 165 页。

③ 《1844 年手稿》写作的"两个阶段"说，出自苏联学者拉宾的《对马克思〈经济学哲学手稿〉中收入三个源泉的对比分析》一文。相关详切信息可参见韩立新先生的《〈巴黎手稿〉研究》第四章"《巴黎手稿》的文献学研究及其意义"，这一章中还列举了对《巴黎手稿》写作过程进行阶段划分的其他一些意见。本书不对这些阶段划分意见作出评价，但认为《1844 年手稿》在写作过程中，随着对经济学了解的不断深入，视野的不断融合，马克思对"实践"范畴的理解逐渐变化也是合乎理论生产规律的。

④ 《马克思恩格斯全集》第 13 卷，人民出版社 1962 年版，第 51 页。

⑤ 《马克思恩格斯全集》第 26 卷第 3 册，人民出版社 1974 年版，第 87 页。

两位经济学家的著作的研读（虽然在当时马克思并没有完全接受这两位经济学家的劳动价值论），为马克思在第二、三笔记本中有可能提供对当时的"现实生活"更深入了解的视角，因而也有可能为在《1844 年手稿》中使用的"实践"范畴提供更为丰厚的内涵。这里且不论马克思对李嘉图、穆勒研习的经济学笔记究竟是在"两个阶段"的后段，还是将经济学知识思想的吸收当作一个总体过程看待，这一时期的马克思，将经济学笔记的摘录、思考和评述与手稿的写作融为一体是毋庸置疑的，这一过程本身为"实践"范畴在《1844年手稿》中的语义变化创造了更为丰富的语境层次。

具体来讲，"实践"在第一笔记本中出现时的语境多向社会唯物主义倾斜，而在第二、三笔记本中出现时的语境则多向历史唯物主义倾斜。在第一笔记本中，马克思借助费尔巴哈的类概念的人，将私有财产和异化劳动的生成放在由异化的人结成的社会关系中来看待，当然这里的社会关系还没有达到对社会历史形态的认识深度，"实践"在这里主要担当使主客体之间的对象化关系（虚假的外化，实为异化）得以生成的"手段"的职能。马克思在这种语境中使用"实践"，意在强调私有财产和异化劳动均事实性地呈现在"人同自己的劳动产品、自己的生命活动、自己的类本质……**人同人相异化**"①的社会关系中，"实践"不只是作为哲学概念的主客体之间关系的异化，更是坐落在社会关系中的主客体关系的异化。而在第二、三笔记本中出现的"实践"，其语境中汇入了"工业"、"动产"、"货币"这样的词汇，这意味着马克思的思考不仅止于发现私有财产和异化劳动这一社会现象，而是为了探究这一社会现象出现的原因，在借助经济学的探头想把"现实生活"的表象掰开来分析："工业"是异化劳动在当时的社会生产关系中区别于前代异化劳动的典型形态，"动产"是私有财产在当时的社会生产关系中区别于前代私有财产的典型形态，"货币"作为在当时社会生产关系中人的交往关系的异化区别于前代作为人与人之间交往媒介的货币。第二、三笔记本中的"实践"正是处于这样一种"具体的"②历史语境中，在第一笔记本对"实践"

① 《马克思恩格斯文集》第 1 卷，人民出版社 2009 年版，第 163 页。

② 这里说"具体的"历史语境，其实还不是后来马克思在资本主义生产关系的意义上确认的"一定的"历史语境，但较之《1844 年手稿》第一笔记本中"现实生活"这样比较笼统的指称，"工业"、"动产"、"货币"已经"具体"得多。

理解的基础上，获得了与历史唯物主义视野共同生长的契机。

从上述意义来说，马克思在《1844年手稿》中理解"实践"范畴时经历了语境侧重点上的调节，这实际上暗示了这个范畴对于理解马克思致思路径上的变化有着关键意义，对于理解经典马克思主义及其文学批评的要义有着关键意义。站在此时的"实践"立场上，生产劳动之于推动社会历史发展的基础性地位将是历史唯物主义的题中应有之义，而主客体关系结构中的主体性问题则有可能获得进一步的阐释空间。

二、"实践"在《神圣家族》和《评李斯特》中的印证与成长

从《1844年手稿》到被恩格斯称为"包含着新世界观的天才萌芽的第一个文献"①《关于费尔巴哈的提纲》之间，"实践"范畴在马克思的思考语境中还经历了几次比较关键的亮相，其中比较完整的文献是《神圣家族，或对批判的批判所做的批判》和《评弗里德里希·李斯特的著作〈政治经济学的国民体系〉》。当然，"实践"范畴之于马克思主义的相对关系和重要程度并不止于此，而是向马克思主义的成长过程延伸下去。在马克思主义文学批评以"实践"为支点辨别文学艺术在社会历史中的位置时，要考虑到这个支点实际上一直在发生位移。

《神圣家族》是一部为"现实人道主义"破敌突围的"论战性的著作"②，恩格斯和马克思为它定下的基调是从哲学学说和社会学说两个角度同时展开论述，也因此这部合著中同时呈现了此前在《1844年手稿》中此起彼伏的人本主义批判思路和唯物主义立场。在第四章针对蒲鲁东的"批判性的评注1"中，马克思恩格斯直接指出国民经济学想当然的理论前提"把私有财产关系当做合乎人性的和合理的关系"③是未经论证的学理漏洞，使国民经济学陷入窘境。而蒲鲁东对国民经济学有"进步意义"的贡献恰恰在于他"对

---

① 《马克思恩格斯文集》第4卷，人民出版社2009年版，第266页。

② 《马克思恩格斯文集》第1卷，人民出版社2009年版，第254页。恩格斯和马克思在《神圣家族》的序言中说："我们先发表这部论战性的著作，然后再写几部独立的著作……正面阐述自己……对现代哲学学说和社会学说的态度"（第254页）。

③ 《马克思恩格斯文集》第1卷，人民出版社2009年版，第256页。

国民经济学的基础即**私有财产**作了批判的考察，而且是第一次具有决定意义的、无所顾忌的和科学的考察"①。值得注意的是，马克思恩格斯在这里对蒲鲁东有保留的肯定是真诚的，三年后马克思在《哲学的贫困》（1847 年）中对蒲鲁东彻底的批判也是真诚的。两次真诚的评价，但评价结果不一，除去蒲鲁东本人从《什么是财产？或关于法和权力的原理的研究?》到《贫困的哲学》这两部著作之间理论水准的倒退之外，更多原因在于马克思本人对于国民经济学反思程度的递进，以及在此期间他的批判视野所发生的重大结构性调整。"新世界观的天才萌芽"之前一定有一个培土播种的时期，而马克思得以同时超越费尔巴哈人本主义唯物主义视野和国民经济学视野的发力点之一在于对"实践"范畴的观察及其理解的变化。

在《神圣家族》中"实践"及其相关词汇出现的频率较高②，比如出现在"批判性的评注 3"中对哲学与实践之间关系的论述：

> 正因为哲学过去只是事物现状的超验的、抽象的表现，正由于它自己的这种超验性和抽象性，由于它**在想象中不同于**世界，它必定会以为事物的现状和现实的人是远远低于它自己的；另一方面，因为哲学过去并不是**在实际上**与世界有所不同，所以它也就未能对世界作出任何**实际的判断**，未能表现出对世界有任何现实的识别力，也就是说，未能**通过实践**来干预事物的进程，而至多只是不得不满足于抽象形式的实践。所谓哲学曾经是超实践的，这只是说哲学曾经飘浮在实践之上。③

马克思恩格斯用强调的字体突出了"想象"与"实际"、"实践"之间

---

① 《马克思恩格斯文集》第 1 卷，人民出版社 2009 年版，第 256 页。

② 据张一兵在《回到马克思——经济学语境中的哲学话语》中的统计，"马克思和恩格斯在此书（指《神圣家族》——引者注）中共 20 次使用 Praxis 及其相关词"（第 319 页），"马克思和恩格斯在全书中共 49 次使用 praktisch 及其相关词"（第 320 页）。在德语中，Praxis 是名词，表"实际、实践、实践经验"等义，praktisch 是形容词，表"实践的、现实的、具体的、能干的"等义。

③ 《马克思恩格斯文集》第 1 卷，人民出版社 2009 年版，第 264—265 页。

的语义对比，并且以"通过实践"这种口吻表明了他此时对哲学（超验的抽象的理论）与"事物"、"世界"之间存在着中介环节这一事实的确认，用"只是……飘浮在……之上"的句式消解了哲学与实践之间地位的悬殊。这也意味着在《神圣家族》中，马克思恩格斯还没有能够完全跳脱出主客二分的局限去看待"实践"范畴。但这里有一个微妙的变化，"异化"的思路在马克思恩格斯此时的表述中淡去，"表现"却凸显出来。"哲学过去只是……的表现"这种表述方式透露出理论（"哲学"）与现实（"事物现状"）在马克思恩格斯此时批判视野中位序的排列情况，带有历史唯物主义的致思路径即将浮现于地平线的前兆意味。

继而在"批判性的评注4"中，马克思恩格斯在批判"旧国民经济学"①时，用到了"新国民经济学"的奠基者亚当·斯密的"劳动时间"这一概念，并且将这一概念嫁接到人本主义的批判视野中，不仅承认了劳动时间在物质生产领域对于人性发展的重要性，还论及精神生产。

在直接的物质生产领域，确定某物品是否应当生产，即确定这种物品的价值，这主要取决于生产该物品所需要的劳动时间。因为社会是否有时间来合乎人性的发展，就取决于时间。

> 甚至精神生产也是如此。如果我想合理地行动，在确定某种精神作品的规模、结构和计划时，难道我不必考虑生产该作品所必需的时间吗？如果不考虑时间，我至少会遇到一种危险，即我思想中的物品永远不会变为现实中的物品，因而它也就只能获得想象中的物品的价值，也就是想象的价值。②

尽管马克思恩格斯在这段论述的后面再次强调上述思路只是"以国民经

---

① 《马克思恩格斯文集》第1卷，人民出版社2009年版，第270页。马克思恩格斯提到了新、旧国民经济学的对比："……旧国民经济学中却是资本和地产的物质力量起决定作用……新国民经济学的奠基者亚当·斯密在其著作《国民财富的性质和原因的研究》的开头部分就阐发了这样的见解：在私有制确立以前，也就是在不存在私有财产的条件下，劳动时间曾经是工资以及与工资尚无区别的劳动产品的价值的尺度。"
② 《马克思恩格斯文集》第1卷，人民出版社2009年版，第270页。

济学的观点对国民经济学所进行的批判"①，言下之意是说这种批判具有局限性，但从中可以看出的是"精神生产"被看作一种具有社会现实性的"人的劳动"，这是对包括文学艺术在内的"精神生产"的社会现实性的指认。而且马克思恩格斯在这里说的是"人的活动"、"人的劳动"的"异化的、外化的形式"，而不是直接说"异化劳动"，语气间不再一味将概念上的"人的劳动"视为应然、将现实中的劳动一律斥为"异化劳动"，而是保留了对一般劳动价值的承认。所以，在《神圣家族》中，马克思恩格斯实际上已经察觉到哲学层面的人性概念和现实层面的人的劳动之间必不可免地存在距离，这种距离被他们表述为"异化的、外化的形式"，也就是在人的类本质（概念）和人的社会劳动（现实）之间存在着本质和表现形式的距离，这种察觉在后来的《资本论》第三卷中被明确表述出来："如果事物的表现形式和事物的本质会直接合而为一，一切科学就都成为多余的了"②。当然，《神圣家族》中的这层觉察还没有到达《资本论》中这个表述的具体程度，但"实践"作为引发事物的本质与表现形式之间那段距离的原因（尤其是从主体维度上引发的原因），成为后来一段时间内马克思孜孜以求的批判目标。

于是，在《神圣家族》的第六章中，"实践"范畴中的主体要素明显出场了：

思想永远不能超出旧世界秩序的范围，在任何情况下，思想所能超出的只是旧世界秩序的思想范围。思想本身根本**不能实现什么东西**。思想要得到实现，就要有使用实践力量的人。③

以及在第七章中出现的：

法国人和英国人的批判并不是什么在人类之外的、抽象的、彼

---

① 《马克思恩格斯文集》第1卷，人民出版社2009年版，第270页。完整的原文为："以国民经济学的观点对国民经济学所进行的批判，承认人的活动的一切本质规定，但只是在异化的、外化的形式中来承认。例如在这里，这种批判把时间对**人的劳动**的意义变为时间对**工资**、对雇佣劳动的意义"（第270—271页）。
② 《马克思恩格斯文集》第7卷，人民出版社2009年版，第925页。
③ 《马克思恩格斯文集》第1卷，人民出版社2009年版，第320页。

> 岸的人格化的东西，这种批判是那些作为社会积极成员的个人所进行的**现实的人的活动**，这些个人作为人也有痛苦，有感情，有思想，有行动。因此，他们的批判同时也是实践的……①

这正是夹杂在多重语境中的"实践"范畴在此时所携带的复杂信息。从这个角度看待《神圣家族》对欧仁·苏的小说《巴黎的秘密》的批判，如果说第八章对小说中的人物形象"玛丽花"命运变化的分析，还比较多的针对的是宗教对人性异化的批判，因而更多的呈现的是人本主义的理论语境的话，那么在同一章的"被揭露了的有关'观点'的秘密"这一节里，马克思恩格斯以文学批评的形式再次回应了他们所理解的"实践"范畴中理论与现实的位序问题：

> 批判的批判的主要秘密之一，就是"观点"和用观点来评判**观点**。在它的眼中，每一个人跟每一种精神产品一样，都变成了观点。②
>
> 鲍威尔的这种勇气的秘密就在于**黑格尔的《现象学》**。……在黑格尔的《现象学》中，人的自我意识的各种异化形式所具有的**物质的、感性的、对象性的基础被置之不理**，而全部破坏性工作的结果就是**最保守的哲学**。③

"批判的批判"评价《巴黎的秘密》中的人物形象鲁道夫是"上升为**自我意识的普遍性**的人"④，很显然，马克思恩格斯不能认同这种评价，因为在马克思恩格斯看来产生这种评价的原因在于鲍威尔等人仍然深陷于黑格尔的哲学思想不能自拔，因而只能将人性理解为纯思维的自我意识，导致对人性的理解缺乏物质的、感觉的、事物的基础，即不能将对人性的理解与"实践"联系起来。在这里，马克思恩格斯很显然站在"实践"的立场上讽刺了黑格

① 《马克思恩格斯文集》第 1 卷，人民出版社 2009 年版，第 355 页。
② 《马克思恩格斯文集》第 1 卷，人民出版社 2009 年版，第 356 页。
③ 《马克思恩格斯文集》第 1 卷，人民出版社 2009 年版，第 357 页。
④ 《马克思恩格斯文集》第 1 卷，人民出版社 2009 年版，第 357 页。

尔哲学的抽象思辨性，称之为"纯思维的以太"，不过当马克思后来经过对经济学的进一步深入，在更高的层面上发现黑格尔哲学的纯思辨性实际上恰恰折射的是"资本"作为结构性的社会关系如"以太"般无处不在的特性。

《评李斯特》是一部专门就经济学问题写作的手稿，虽没有涉及文学批评的段落，但我们可以从中领略到马克思对现存社会制度与人的"劳动"、"活动"之间关系的进一步强调，这流露出他的思想轨迹正在离人性异化论的语境渐行渐远：

> 因此，李斯特先生应该看到，把物质财富变为交换价值是现存社会制度的结果，是发达的私有制社会的结果。[1]
>
> 如果要给私有财产以致命的打击，那就不仅必须把它当作**物质状态**，而且也必须把它当作**活动**，当作**劳动**来攻击。谈论自由的、人的、社会的劳动，谈论没有私有财产的劳动，是一种最大的误解。"劳动"，按其本质来说，是非自由的、非人的、非社会的、被私有财产所决定的并且创造私有财产的活动。[2]

"现存社会制度"和"发达的私有制社会"虽然指的正是马克思当时所处的资本主义社会，但距离马克思明确地称其为资本主义社会还差着对"资本"更透彻的观察和理解。不过此时的马克思透过李斯特略微触摸到了这种社会关系中的交换价值领域，这让从异化劳动到私有财产之间的链条补上了一个关键的环节，即劳动所创造的"物质财富"通过化身为"交换价值"，成为"创造私有财产的活动"，而不是异化劳动直接导致私有财产的诞生。所以，马克思才在这里重新看待"劳动"，这个打上引号的"劳动"应该指的是一般劳动在私有制社会中的具体表现形态，即此前马克思所说的"异化劳动"，但马克思在这里放弃了"异化劳动"的表述方式，他的思想走到人本主义语境边缘的信号已经释放得非常清晰了。

---

① 《马克思恩格斯全集》第 42 卷，人民出版社 1979 年版，第 254 页。

② 《马克思恩格斯全集》第 42 卷，人民出版社 1979 年版，第 254—255 页。

第二章 《德意志意识形态》前后历史唯物主义视野的确立与对文学的重新定位

　　《德意志意识形态》在马克思主义思想发展史上的地位因为得到马克思本人在《〈政治经济学批判〉序言》中的认可，说在这部书稿里"把我们从前的哲学信仰清算一下"[1]，因而一直颇受重视。但《德意志意识形态》在马克思主义思想史上被勘定为"清算"的地位显然不是空穴来风，聚集在这个文本左右的另外一些文本，与其一起构成了我们理解马克思在历史唯物主义视野建构期时的文本群。在这个文本群里，马克思恩格斯挣脱费尔巴哈人本主义哲学思想语境的束缚，重新看待国民经济学和黑格尔哲学的价值，建构起对社会历史进展到资本主义生产关系阶段的历史唯物主义批判视野。"资本"在这一视野中既是社会历史进展的顶点，也是各种社会关系不可调和的矛盾顶点。

---

[1]　《马克思恩格斯文集》第2卷，人民出版社2009年版，第593页。根据参与MEGA^{2}编纂工作且专门负责《德意志意识形态》文本考证工作的英格·陶伯特考证，《德意志意识形态》的作者除了马克思恩格斯，还有莫泽斯·赫斯，因此这里的"我们"可能还包括赫斯。关于赫斯与《德意志意识形态》的写作关系问题，可参见聂锦芳著《批判与建构：〈德意志意识形态〉文本学研究》（人民出版社2012年版）中第三章"思想的参与者——赫斯'问题'"和第四章第五节"MEGA^{2}的编排设想以及编排顺序"等相关内容。此外，国内外学者对马克思恩格斯与赫斯在学术思想发展过程中的关系问题也有讨论，相关评述可参见韩立新著《〈巴黎手稿〉研究》中第三章"我们是否真的需要'回到赫斯'——赫斯与马克思《巴黎手稿》的关系"的相关内容。

第一节　从《关于费尔巴哈的提纲》
望向历史唯物主义

《关于费尔巴哈的提纲》（以下简称《提纲》）写于 1845 年春。在《提纲》中，"实践"延续《1844 年手稿》、《神圣家族》、《评李斯特》等著述中的思路，是一个不折不扣的关键词①。在《提纲》中，费尔巴哈的人本主义语境正式退场，国民经济学和黑格尔哲学赖以生发的现实基础继续受到批判，马克思本人的"新世界观"萌芽。《提纲》只是提纲，没有展开具体的论述，但文学批评仍旧可以从中嗅到"新世界观"的新鲜空气。

一、文学是感性活动还是感性存在？

从《提纲》的第一条说起：

> 从前的一切唯物主义（包括费尔巴哈的唯物主义）的主要缺点是：对对象、现实、感性，只是从**客体的或者直观的**形式去理解，而不是把它们当做**感性的人的活动**，当做**实践**去理解，不是从主体方面去理解。因此，和唯物主义相反，唯心主义却把**能动的**方面抽象地发展了，当然，唯心主义是不知道现实的、感性的活动本身的。费尔巴哈想要研究跟思想客体确实不同的感性客体，但是他没有把人的活动本身理解为**对象性的** [gegenständliche] 活动。因此，他在《基督教的本质》中仅仅把理论的活动看做是真正人的活动，而对于实践则只是从它的卑污的犹太人的表现形式去理解和确定。因此，他不了解"革命的"、"实践批判的"活动的意义。②

---

① 《关于费尔巴哈的提纲》共 11 条，除了第 6、7、10、11 条没有在字面直接出现"实践"及其相关词汇外，其余 7 条均见"实践"及其相关词汇。

② 《马克思恩格斯文集》第 1 卷，人民出版社 2009 年版，第 499 页。

既然这一条是《提纲》的第一条，也是其中文字最多的一条，按照行文思路的常理来推测，这一条应该是要说明马克思要划清与费尔巴哈哲学思想之间界限的最根本的原因。马克思把这条界限划到了"感性的人的活动"和"实践"上。从语言表述上来看，最直观的表现在于《提纲》直接批判了费尔巴哈哲学思想的局限性，这既是马克思此前的思考走到人本主义语境边缘后的顺势而为，也是他的思考发生质变的起点。

在《提纲》的第一条中，"感性的人的活动"与"感性客体"被做了明确划分。"感性的人的活动"泛指一切人的对象性的活动，当然也包括栖息在"精神生产"领域的文学艺术活动（在《神圣家族》中"精神生产"已经被看作一种具有社会现实性的"人的劳动"）。马克思在这里强调了"感性的人"的"活动"两个层面，是将新唯物主义放在与"从前的一切唯物主义的主要缺点"相比较的语境中而言的，即"感性的人"这一层面主要凸显的是超出旧唯物主义局限于"感性对象"的维度，"活动"这一层面则旨在与包含着"客体"、"直观"的主客二分思维模式拉开距离。既然《提纲》针对的是费尔巴哈的哲学思想，那么理解"感性的人的活动"也首先需要回溯到费尔巴哈《未来哲学原理》的原始语境中：

> 具有现实性的现实事物或作为现实的东西的现实事物，乃是作为感性对象的现实事物，乃是感性事物。真理性、现实性、感性的意义是相同的。只有一个感性的实体，才是一个真正的，现实的实体。只有通过感觉，一个对象才能在真实的意义之下存在——并不是通过思维本身。与思维共存的或与思维同一的对象，只是思想。①

> 作为存在的对象的那个存在——只有这个存在才配称为存在——就是感性的存在，直观的存在，感觉的存在，爱的存在。因此存在是一个直观的秘密，感觉的秘密，爱的秘密。②

---

① [德] 路德维希·费尔巴哈：《费尔巴哈哲学著作选集》上卷，荣震华、李金山等译，商务印书馆1984年版，第166页。

② [德] 路德维希·费尔巴哈：《费尔巴哈哲学著作选集》上卷，荣震华、李金山等译，商务印书馆1984年版，第167页。

很显然，在费尔巴哈的论述中饱含着大量对"感性"的强调——感性对象、感性的实体、感性的存在，这些"感性的存在"是"通过感觉"落脚在"作为现实的东西的现实事物"上，这实际上仍旧是感性、理性二分以及主客体二分的思维模式，是通过反转黑格尔哲学中理性和感性以及主客体的位序，达成对黑格尔哲学思想的"批判"。马克思在《提纲》之前一直对费尔巴哈的唯物主义持有肯定意见①，可是他在《提纲》中批判费尔巴哈的根本原因却正是费尔巴哈反转黑格尔哲学不够彻底的思维模式，这标志着马克思从费尔巴哈哲学思想中挣脱出来得以反观其弊的阶段已经出现。考虑到《提纲》是为不久之后的《德意志意识形态》的写作所做的准备工作，这种彻底的挣脱应该正对应着《〈政治经济学批判〉序言》中马克思所说的"把我们从前的哲学信仰清算一下"的决心。所以，《提纲》之所以被恩格斯称为"天才萌芽"，其中第一条显示的与费尔巴哈哲学思想的决裂是根本原因。

马克思在《提纲》第一条中所言之旨在批判旧唯物主义没有将现实"当做感性的人的活动"去理解。从这一条的句式安排上来看，"当做实践"是"当做感性的人的活动"的同位语，因此在这里可以暂且将"感性的人的活动"理解为"实践"。而结合在此前著述中马克思恩格斯对"实践"范畴的理解程度，这里的"感性的人的活动"并不能简单地理解为与费尔巴哈或黑格尔哲学中所对应的抽象概念意义上的"感性"的人的活动的含义。问题的关键在于了解《提纲》中的"实践"与此前著述中的"实践"相比较而言的重合度。但由于《提纲》本身在论述展开程度上比较有限，根据《提纲》本身对"实践"的阐发厚度还不足以判断这个关键范畴是否有比此前著述（包括《1844年手稿》、《神圣家族》、《评李斯特》）精进的地方，但可以肯定的是，《提纲》中的"实践"至少顺承了此前著述对其内涵的认识水平，是马克思与费尔巴哈分道扬镳的临界点，由于没

---

① 1844年8月11日，马克思在写给费尔巴哈的信中说道："您的两部著作《未来哲学》和《信仰的本质》（也译作《宗教的本质》——引者注）尽管篇幅不大，但它们的意义，却无论如何要超过目前德国的全部著作"（《马克思恩格斯全集》第27卷，人民出版社1972年版，第450页），很显然，从马克思的语气来看，在撰写《提纲》（写于1845年春）的大半年前，马克思对费尔巴哈哲学思想的认同度还是相当高的。

有更充分的文本信息说明"实践"被注入了足够的具体的历史规定性①，这个印证只能留待《德意志意识形态》中解决。虽然"实践"这个关键范畴的认识水平是否有精进在《提纲》中难以分辨清楚，但"感性的人的活动"这一范畴却为马克思主义文学批评提供了进入历史唯物主义视野的路标。

在对《提纲》第一条的意义有了初步了解的基础上，再来看《提纲》能够为文学批评带来的启示就会比较明显了。此外，恩格斯1888年在《路德维希·费尔巴哈和德国古典哲学的终结》（以下简称《终结》）单行本发行之际，从马克思的旧笔记本中找到并作为附录发表了《提纲》。在《终结》序言结尾处，恩格斯说了一段非常重要的话：

> 在这篇稿子送去付印以前，我又把1845—1846年的旧稿找出来看了一遍。其中关于费尔巴哈的一章没有写完。已写好的部分是阐述唯物主义历史观的；这种阐述只是表明当时我们在经济史方面的知识还多么不够。旧稿中缺少对费尔巴哈学说本身的批判；所以，旧稿对现在这一目的是不适用的。可是我在马克思的一本旧笔记中找到了十一条关于费尔巴哈的提纲，现在作为本书附录刊印出来。这是匆匆写成的供以后研究用的笔记，根本没有打算付印。但是它作为包含着新世界观的天才萌芽的第一个文

① 关于《提纲》中马克思对"实践"范畴的认识水平问题，本书认为应从此前著述来看待。关于这个问题，唐正东先生在《从斯密到马克思：经济哲学方法的历史性诠释》（江苏人民出版社2009年版）的第四章第三节《关于费尔巴哈的提纲》中的方法论焦虑"中有相关论述，其结论为"……实践的观点、革命的观点（即哲学的关键在于改变世界的观点）等则是对以前已经具有的思想的一种总结和阐发"（第323页）。张一兵先生在《回到马克思——经济学语境中的哲学话语》中的意见是："以我的看法，马克思《关于费尔巴哈的提纲》中的实践规定，并不是对哲学语境中上溯康德、费希特和黑格尔，下至切实考夫斯基的实践、赫斯的行动哲学的简单指认，而是马克思自己在经济学研究中对社会物质活动的肯定，具体地说，就是从狭义的经济学语义上特殊的'工业'（在《评李斯特》中那种特设性的正在创造现代世界历史进程的资产阶级社会的物质生产方式）向一般的'社会的物质活动'的总体——实践——的过渡"，"我以为，具有具体的、历史的和现实的社会物质发展基础的现代实践，才是马克思新世界观的真正逻辑起点"（第362—363页）。

献，是非常宝贵的。①

恩格斯在这段话里提到了一个对比：虽然在《德意志意识形态》写作过程中马克思恩格斯对经济学理论的了解"还多么不够"（只是不够了解，而不是完全没有了解），但《提纲》中却包含了新世界观的萌芽（给予新世界观的萌芽这一地位，应该是认为在其中包含了历史唯物主义最基本的核心要素）。从这种比较的语境中可以推测作为精神生产的文学艺术被重新定位的关系网络。

费尔巴哈在《未来哲学原理》中论证"感性"的重要性时，顺便提及了艺术与感性之间的关系，他说"'艺术在感性事物中表现真理'这句话正确地理解和表达出来，就是说：艺术表现感性事物的真理"②。如果联系到黑格尔在《美学》的"全书序论"中，把艺术和一切行为和知识的根本和必然的起源归结为"人的自由理性"③，并且认为"艺术的任务在于用感性形象来表现理念，以供直接观照"④ 的话，那么费尔巴哈与黑格尔在对感性和理性的理解上的同质性立即呈现出来，而马克思与这两位之间在艺术观念上的差异也可以推测出来：文学艺术绝不只是在感性事物中表现真理（或理念）以提供直接观照，而是文学艺术本身就是"感性的人的活动"，是"实践"，这种活动或实践深嵌于由诸如工业、动产、货币等结构而成的社会关系中具有历史规定性的意义。

二、理解现实的新起点：社会关系

将"社会关系"作为新世界观"萌芽"的支点，这是《提纲》从《1844

---

① 《马克思恩格斯文集》第 4 卷，人民出版社 2009 年版，第 266 页。"这篇稿子"指的就是《终结》，"旧稿"指马克思和恩格斯《德意志意识形态》手稿。此外，在《马克思恩格斯文集》第 1 卷收录的作为附录发表的《提纲》译文中，《提纲》（1845 年的稿本）中的"感性的人的活动"被译作"人的感性活动"。

② ［德］路德维希·费尔巴哈：《费尔巴哈哲学著作选集》上卷，荣震华、李金山等译，商务印书馆 1984 年版，第 171 页。

③ ［德］黑格尔：《美学》第 1 卷，朱光潜译，商务印书馆 1981 年版，第 42 页。

④ ［德］黑格尔：《美学》第 1 卷，朱光潜译，商务印书馆 1981 年版，第 97 页。

年手稿》等著述中的思考向《德意志意识形态》过渡的枢纽。与"实践"类似，"社会关系"的内涵在《提纲》文本内部的阐发机会不够充分，对这个概念的理解在勾连上下文语境的同时还需要借助前后期的文本寻找线索来定位。首先需要疏通《提纲》十一条的内部逻辑关系，第三条是一个稍显"突兀"的线索：

> 关于环境和教育起改变作用的唯物主义学说忘记了：环境是由人来改变的，而教育者本人一定是受教育的。因此，这种学说必然会把社会分成两部分，其中一部分凌驾于社会之上。
>
> 环境的改变和人的活动或自我改变的一致，只能被看做是并合理地理解为**革命的实践**。①

马克思在第一、二条批判了思辨哲学（包括费尔巴哈在内的旧唯物主义）后，第三条突然转向对环境与人的关系的批判，第四条再次转向对费尔巴哈宗教批判的批判——思维发生了"跳跃"，因而对第三条出现在这里的思维路径和思考层次的分析就显得必要了。第三条的批判对象很显然是"关于环境和教育起改变作用的唯物主义学说"，这很自然地可以与《神圣家族》第六章中"对法国唯物主义的批判的战斗"一节联系起来。在这一节中马克思恩格斯谈到了法国唯物主义与人性、工业以及共产主义和社会主义之间的关系：

> 并不需要多么敏锐的洞察力就可以看出，唯物主义关于人性本善和人们天资平等，关于经验、习惯、教育的万能，关于外部环境对人的影响，关于工业的重大意义，关于享乐的合理性等等学说，同共产主义和社会主义有着必然的联系。既然人是从感性世界和感性世界中的经验中获得一切知识、感觉等等的，那就必须这样安排经验的世界，使人在其中能体验到真正合乎人性的东西，使他常常体验到自己是人。②

---

① 《马克思恩格斯文集》第 1 卷，人民出版社 2009 年版，第 500 页。
② 《马克思恩格斯文集》第 1 卷，人民出版社 2009 年版，第 334—335 页。

马克思恩格斯在《神圣家族》中对经由法国唯物主义通向共产主义的"必然性"持肯定意见，认为**"法国唯物主义**……是反对 **17 世纪的形而上学**和反对**一切形而上学**……的**公开的、旗帜鲜明的斗争"**①。需要注意的是，这里的肯定意见具有马克思恩格斯当时的视野局限性，即在他们当时对"形而上学"的认识中并没有将费尔巴哈的思想包括在内，反而将"真正合乎人性的东西"视为共产主义发展的"应然"，其中潜藏着立足于抽象概念的"人性"去设定历史发展趋势的思路。基于对法国唯物主义的有限认知，马克思恩格斯对由洛克、爱尔维修、欧文②等人发展起来的环境和教育决定论的思想在同等意义上也持有肯定意见，认为"经验、习惯、教育"以及"外部环境对人的影响"是"感性世界和感性世界中的经验"的直观表现，并将其纳入到对共产主义和社会主义合理性的论证依据中。随着 1845 年春马克思思维语境的变革，《提纲》第三条很快对 1844 年 9—11 月马克思恩格斯自身的思想水平提出了否定意见。所以，《提纲》第三条实际上也是在批判旧唯物主义，它与第一、二条乃至整个《提纲》的重点批判对象"旧唯物主义"具有逻辑上的连贯性和视野上的整体性。

《提纲》的第六条和第十条是除了强调"实践"之外，能够印证"新世界观的天才萌芽"的另外两个落脚点，也是理解立足于这一阶段的马克思思想进路的文学批评需要倚借的关键平台。

首先看第十条：

> 旧唯物主义的立脚点是市民社会，新唯物主义的立脚点则是人类社会或社会的人类。③

马克思在这里强调了"人类社会"或"社会的人类"概念。当然，"社会"

---

① 《马克思恩格斯文集》第 1 卷，人民出版社 2009 年版，第 327 页。

② 在恩格斯《路德维希·费尔巴哈和德国古典哲学的终结》的附录中刊发的《马克思论费尔巴哈》（1888 年）中，第三条提到了欧文，"因此，这种学说必然把社会分成两部分，其中一部分凌驾于社会之上（例如，在罗伯特·欧文那里就是如此。）"（《马克思恩格斯文集》第 1 卷，第 504 页）。

③ 《马克思恩格斯文集》第 1 卷，人民出版社 2009 年版，第 502 页。

这个概念并不是在《提纲》中才出现，而是在马克思理解费尔巴哈哲学思想时就已经触及了。费尔巴哈在《未来哲学原理》（1843 年）中说："孤立的，个别的人，不管是作为道德实体或作为思维实体，都未具备人的本质。人的本质只是包含在团体之中，包含在人与人的统一之中，但是这个统一只是建立在'自我'和'你'的区别的实在性上面的。"① 费尔巴哈说到了"团体"，但"团体"并不是"社会"而是"人与人的统一"，也就是在实在性基础上承认的类本质的统一。只不过当时马克思将费尔巴哈的人类概念误读为"社会"概念，很明显地带有《1844 年手稿》中他本人思考的印记②。而此刻马克思则站在了从"人类社会"或"社会的人类"的立场上批判费尔巴哈的哲学。"人类"与"社会"并提，在这里不应看作费尔巴哈的人类概念与马克思自己理解的社会概念的叠加，而应将其视为一个整体。从"误读"费尔巴哈哲学中包含有"社会"范畴，到批判费尔巴哈哲学的立脚点是市民社会，这中间暗含了马克思对"社会"或"社会范畴"理解的视野发生了变化③。这种变化落到实处，很显然是"市民社会"与"人类社会或社会的人类"的差异，而后者的含义要到《提纲》的第六条中寻找解释：

费尔巴哈把宗教的本质归结于**人的本质**。但是，人的本质不

---

① [德] 路德维希·费尔巴哈：《费尔巴哈哲学著作选集》上卷，荣震华、李金山等译，商务印书馆 1984 年版，第 185 页。侯才在《青年黑格尔派与马克思思想关系研究——对马克思哲学内蕴的一种描述》（中共中央党校 1990 年博士学位论文）中对费尔巴哈的"类关系"有这样的评价："费尔巴哈所谈到'类关系'，主要是人们在爱情、友谊、法律、道德和科学中所表现出来的关系，或者说，只具有爱情、友谊、法律、道德和科学等形式的'类关系'。简言之，是精神性的关系，而非物质性的关系。……他的类似'人的本质只是包含在团体之中，包含在人与人的统一之中'这样的天才思想，也始终滞留在待发的萌芽状态中"（第 68 页）。这个评价是中肯的。

② 在 1844 年 8 月 11 日写给费尔巴哈的邮件中，马克思说："建立在人们的现实差别基础上的人与人的统一，从抽象的天上下降到现实的地上的人类概念，——如果不是**社会**的概念，那是什么呢！"（《马克思恩格斯全集》第 27 卷，人民出版社 1972 年版，第 450 页）。

③ 对于发生这种变化的原因，有学者根据文献资料考证，是马克思受到了赫斯的影响。《1844 年手稿》之后到《德意志意识形态》写作之前，马克思读到了赫斯的《论德国的社会主义运动》和《晚近的哲学家》两篇文章，而在这两篇文章里赫斯批判了费尔巴哈唯物主义的不彻底性。相关考证可参见鲁克俭：《〈关于费尔巴哈的提纲〉的写作原因及其再评价》，《马克思主义与现实（双月刊）》2008 年第 5 期。

是单个人所固有的抽象物，在其现实性上，它是一切社会关系的
总和。①

在这一条中，马克思说"市民社会"中的人是由"一种内在的、无声的、
把许多个人自然地**联系起来**的普遍性"作为内涵的类概念，而他此时所理解
的人并不是一个类概念，而是以处于"一切社会关系的总和"中的"现实性"
作为内涵的。在这种对比中，可以很明显地触摸到马克思的思考正在与此前
的语境发生的剥离，即马克思恩格斯在以往的著述中主要是从非现实性的角
度批判国民经济学，却一直未对这一学科的立足点"市民社会"做动及根本
的审视，究其原因，恩格斯所说的当时他们对经济史方面的知识了解不够的
确是关键所在。正因为如此，马克思在《神圣家族》中才会有保留地认可蒲
鲁东的国民经济学研究价值在于"对国民经济学的基础即私有财产作了批判
的考察"，当时因对"私有财产"的批判直接指向了"异化劳动"和"异化
的人"，而没有导向对作为国民经济学的立足点的"市民社会"的批判，致
使马克思恩格斯在《提纲》之前对费尔巴哈乃至黑格尔的批判是不彻底的。
而《提纲》此处对"市民社会"的直接批判，不仅是对国民经济学局限性的
揭示，也是对此前一切唯物主义和唯心主义哲学的局限性的揭示。《提纲》
中提出的"社会关系"，其主旨在于反抗作为国民经济学和旧唯物主义哲学
根基的"市民社会"中的原子式的抽象人，但"社会关系"概念本身还没
有足够的文本证据证明具有了具体的历史规定性。

其实，在《提纲》的思考语境中，马克思绝大部分时候面对的不只是旧
唯物主义或国民经济学，还有不久之前给予过费尔巴哈以"极崇高的敬意和
爱戴"②的自己。1845 年春的马克思要在哲学视野上超越 1844 年 8 月 11 日
的马克思，赖以发力的正是在"感性的人的活动"与"人类社会或社会的人
类"相互映衬的意义上共同生发的"新世界观"：所谓人的本质"在其现实
性上，它是一切社会关系的总和"，这里的"人"指的是"感性的人的活动"，
这些感性的人的活动建构起"社会关系的总和"，它区别于"内在的、无声的、

---

① 《马克思恩格斯文集》第 1 卷，人民出版社 2009 年版，第 501 页。
② 《马克思恩格斯全集》第 27 卷，人民出版社 1972 年版，第 450 页。

把许多个人纯粹自然地联系起来的普遍性"的类概念，当然也区别于超越了现实和历史的抽象哲学。所以，马克思在《提纲》的最后一条，铿锵有力地说出"哲学家们只是用不同的方式**解释**世界，而问题在于**改变**世界"① 这句话时，他是在用实际行动回应乃至回击费尔巴哈在《未来哲学原理》的最后一条中所说的"一种真正的新哲学，即适合于人类和未来的需要的，独立的哲学，其不可缺少的条件在于它在本质上与旧哲学不同"② 的宣言。

《提纲》无论在哪一条都没有提及文学艺术，但并不代表《提纲》对马克思主义文学批评没有启示。可以合理地推测，在"新世界观天才的萌芽"的关键时机，艺术、宗教、哲学或科学等"感性的人的活动"都将会因为被置于"社会关系"的视野中而发生相互之间关系的转变。在《提纲》中被马克思当作主要批判对象的费尔巴哈说："艺术，宗教，哲学或科学，只是真正的人的本质的现象或显示。人，完善的，真正的人，只是具有美学的或艺术的，宗教的或道德的，哲学的或科学的官能的人"③。而可以根据《提纲》的主旨推测的是，或许在此时的马克思看来：艺术、宗教、哲学或科学，只是社会关系中的感性的人的活动。人只是在社会关系中发生美学的或艺术的、宗教的或道德的、哲学的或科学的活动。

第二节 《德意志意识形态》中初建的历史
唯物主义哲学视野

在《神圣家族》中没有彻底批判的唯心主义哲学，在《提纲》中没有来得及展开的国民经济学批判和旧唯物主义批判，到了《德意志意识形态》（以下简称《形态》）的写作阶段（1845 年秋—1846 年 5 月）时，终于有机会做

---

① 《马克思恩格斯文集》第 1 卷，人民出版社 2009 年版，第 506 页。

② ［德］路德维希·费尔巴哈：《费尔巴哈哲学著作选集》上卷，荣震华、李金山等译，商务印书馆 1984 年版，第 186 页。

③ ［德］路德维希·费尔巴哈：《费尔巴哈哲学著作选集》上卷，荣震华、李金山等译，商务印书馆 1984 年版，第 184 页。

一次"清算"。而随着马克思和恩格斯对以李嘉图为代表的社会主义经济学的逐步了解，以及受到来自施蒂纳对费尔巴哈哲学批判的启发①，他们正式与形形色色的德意志意识形态层层剥离，在这部合著中初步建构起历史唯物主义的哲学视野。

一、"社会关系"是历史的起点

《提纲》中已经破壳而出的"社会关系"在《形态》中得到了更为充分的阐发，甚至成为这一阶段的马克思和恩格斯将他们的历史观与德意志意识形态的历史观相区别的重要凭证。

先来看看这段重要的论述：

> "精神"从一开始就很倒霉，受到物质的"纠缠"，物质在这里表现为振动着的空气层、声音，简言之，即语言。语言和意识具有同样长久的历史；语言是一种实践的、既为别人存在因而也为我自身而存在的、现实的意识。语言也和意识一样，只是由于需要，由于和他人交往的迫切需要才产生的。凡是有某种关系存在的地方，

① 《形态》中汇入了大量来自经济学的术语，诸如"生产力"、"上层建筑"等，这一表述上的特点在《提纲》中是没有的。术语的选择牵涉视野的改变，因而从《提纲》到《形态》之间马克思和恩格斯留下的文献，即他们在此期间的学习、思考和批判，就成了解释这一特点赖以发生的历史依据。张一兵教授在《回到马克思——经济学语境中的哲学话语》第3版中做了相关考察："(1845年)5—7月，马克思在布鲁塞尔又继续从事他的政治经济学研究，写下了《布鲁塞尔笔记》B。7—8月，马克思与恩格斯一起首次访问资产阶级的工业王国——英国。在此期间，马克思在曼彻斯特还写下一批经济学摘录笔记，即《曼彻斯特笔记》(*Manchester-Hefte*，第九册)"(第374页)；"1844年德国思想界还发生了一起重要的学术事件，那就是施蒂纳《唯一者及其所有物》(*Der Einzige und sein Eigentum*, Leipzig: Otto Wigand, 1845)的发表。……在我看来，这本书尤其对马克思彻底摆脱人本主义，走向历史唯物主义科学革命有着直接的负促动作用。马克思和恩格斯在《德意志意识形态》一书中以7/10的篇幅来反驳此书，可想而知它的反面地位"(第406页)。张一兵教授将《布鲁塞尔笔记》B和《曼彻斯特笔记》以及施蒂纳《唯一者及其所有物》这几组文本作为《形态》得以"创作的重要理论逻辑背景"(第373页)，笔者认同这一考察和判断。

> 这种关系都是为我而存在的；动物不对什么东西发生"**关系**"，而且根本没有"**关系**"；对于动物来说，它对他物的关系不是作为关系存在的。因而，意识一开始就是社会的产物，而且只要人们存在着，它就仍然是这种产物。当然，意识起初只是对**直接的**可感知的环境的一种意识，是对处于开始意识到自身的个人之外的其他人和其他物的狭隘联系的一种意识。①

这段话是马克思恩格斯考察了"原初的历史的关系的四个因素、四个方面"②之后对"意识"所做的阐发。在这段话中，"关系"和"联系"被做了严格的区分："联系"是刚刚从没有"关系"可言的动物界迈出的第一步，动物与他物之间没有形成"为我而存在"的关系，也不会产生相应的意识，换而言之，"联系"是还没有达到历史中的"关系"境界的一种初级阶段。而"关系"是"既为别人存在因而也为我自身而存在"的"意识"得以出现的历史根基，"意识"因而是一种在各种历史阶段因"我"而生指向"别人"的同时又汇聚于"我"的"关系"的折射。这段话谈论"关系"，但由此引申出两条线索：一条是"与此同时"③即与意识同时发生的"分工"，这条线索促成了历史发展阶段上的人们不同的交往形式的发生，另一条则是落脚于对"市民社会"的批判，因为"市民社会"是以抽象的人与人之间的"联系"来看待"共同体"得以成立的根基的，而现实的、实践的社会历史或历史的社会应该是由人们之间的"关系"建构起来的，它在不同的历史阶段因不同的"关系"而表现为不同的社会形式。

沿着与意识同时发生的"分工"这条线索，马克思恩格斯在"关系"的视野中把古往今来的历史进程做了一番宏观的阶段性划分。以只有在人类社会中才可能发生的物质劳动和精神劳动的分离(这被马克思恩格斯看作是"真正的分工")为起点，分工最初促成了城乡分离即资本与地产的分离④，并在后续历史进程中呈现为愈来愈细致和广泛的交往形式，促成了等级资本—商

---

① 《马克思恩格斯文集》第 1 卷，人民出版社 2009 年版，第 533—534 页。
② 《马克思恩格斯文集》第 1 卷，人民出版社 2009 年版，第 533 页。
③ 《马克思恩格斯文集》第 1 卷，人民出版社 2009 年版，第 534 页。
④ 参见《马克思恩格斯文集》第 1 卷，人民出版社 2009 年版，第 556—558 页。

业资本—工业资本的渐次过渡。无疑，这种具有巨大历史感的"分工"线索，在批判国民经济学的分寸感上超越了《1844 年手稿》中的异化劳动思路，落实了《提纲》中的"感性的人的活动"的历史面貌，历史唯物主义的地平线在此已呼之欲出，这其中还裹挟着三条重要思路的开端：活动的资本、意识与经验的不同步性以及共产主义的经济性质。

马克思恩格斯对"分工"的描述旨在揭示生产力和交往形式之间的矛盾，并且将这种不可避免的矛盾视为共产主义运动发生的必然性所在，这一思路很明确地延续了《提纲》第十一条"改变世界"的指向。较《提纲》有推进的部分在于，马克思恩格斯凭借生产力和交往形式之间矛盾关系的视角，发现了共产主义运动的"经济的性质"[①]，这一发现在原有的旧唯物主义和新唯物主义立足点的区分上前进了一大步，预示着借助经济学视角理解"人类社会或社会的人类"将成为马克思主义发展的下一个进路。这一进路意味着全部感性的人的活动（包括文学艺术）都将浸润在有着经济学底色的历史唯物主义语境中。

而在对"分工"的讨论过程中，马克思恩格斯不经意但又必然地触及了意识与经验的不同步性现象。他们从生产力和交往形式之间矛盾的必然性推导出这种矛盾在空间（不同民族、国家、地区、劳动部门等）和时间（"各种不同的阶段和利益从来没有被完全克服，而只是屈从于获得胜利的利益，并在许多世纪中和后者一起延续下去"[②]）分布上的不对等关系，观察到"意识有时似乎可以超过同时代的经验关系，以致人们在以后某个时代的斗争中可以依靠先前时代理论家的威望"[③]这一现象。这一现象在《形态》中只是

---

① 对于生产力和交往形式之间矛盾的论述与对共产主义运动必然性的论述，在《形态》手稿排列顺序上并不是前后相继的，两段论述之间隔着对人类概念和阶级问题的探讨，这种探讨可以看作马克思恩格斯在理解他们所处的现时代矛盾时所持的正反立场。对于共产主义运动的必然性，马克思恩格斯是这样论述的："共产主义和所有过去的运动不同的地方在于：它推翻一切旧的生产关系和交往关系的基础，并且第一次自觉地把一切自发形成的前提看做是前人的创造，消除这些前提的自发性，使这些前提受联合起来的个人的支配。因此，建立共产主义实质上具有经济的性质"（《马克思恩格斯文集》第 1 卷，第 574 页）。

② 《马克思恩格斯文集》第 1 卷，人民出版社 2009 年版，第 576 页。

③ 《马克思恩格斯文集》第 1 卷，人民出版社 2009 年版，第 576 页。

提及并未展开，但后来在《〈政治经济学批判〉导言》（1857 年）中被具体化为"**物质生产的发展例如同艺术发展的不平衡关系**"①，在《〈政治经济学批判〉序言》（1859 年）中被概括为"**全部庞大的上层建筑也或慢或快地发生变革**"②——从思想成熟时期回望《形态》中的这一观察，不得不说这是历史唯物主义视野建构初期的一次相当敏锐的识别。鉴于这一发现关系到马克思主义对文学艺术在社会关系中的定位，更不得不说这是经典马克思主义文学批评文艺观念史上的一次相当重要的发现。

在对"资本"的理解上，《形态》中的"资本"虽仍旧有"积累起来的劳动"③之嫌，这一表述与《1844 年手稿》中的表述几乎没有差别，但由于向"分工"视角的倾斜而产生了"活动资本"的思路却是新颖的：

> 随着摆脱了行会束缚的工场手工业的出现，所有制关系也立即发生了变化。越过自然形成的等级资本而向前迈出的第一步，是由商人的出现所促成的，商人的资本一开始就是活动的，如果针对当时的情况来讲，可以说是现代意义上的资本。第二步是随着工场手工业的出现而迈出的，工场手工业又运用了大量自然形成的资本，并且同自然形成的资本的数量比较起来，一般是增加了活动资本的数量。④

这段话里出现了"活动的"和"活动资本"的专指，与自然资本形成对照，而且这种资本具有现代意义，是现代社会关系中逐渐产生的现象。至此，"资本"开始摆脱"积累起来的劳动"的物化印象，开辟出一条参与社会关系变革的历史路径，直到《资本论》中借韦克菲尔德发现"资本不是一种物，而是一种以物为中介的人和人之间的社会关系"⑤。沿着这条思路，现

---

① 《马克思恩格斯文集》第 8 卷，人民出版社 2009 年版，第 34 页。
② 《马克思恩格斯文集》第 2 卷，人民出版社 2009 年版，第 592 页。
③ 《马克思恩格斯文集》第 1 卷，人民出版社 2009 年版，第 555 页。完整的引文为"而在后一种情况下，则表现为劳动的统治，特别是积累起来的劳动即资本的统治"，其中"后一种情况"具体为何，由于《形态》在此缺四页手稿，没有确切的文本说明，但"积累起来的劳动即资本"这层意思是表述完整的。
④ 《马克思恩格斯文集》第 1 卷，人民出版社 2009 年版，第 561 页。
⑤ 《马克思恩格斯文集》第 5 卷，人民出版社 2009 年版，第 877—878 页。

代社会中的文学艺术也理应被深深地编织进资本的关系之中。

"市民社会"批判这一条线索是对此前《提纲》中曾经涉及的思想的又一次突破。在《提纲》第六条和第十条中，马克思强调了从"感性的人的活动"来看待"市民社会"的内部构成，以区别于孤立的、内在的、无声的人类概念。但对于新唯物主义的立脚点"人类社会或社会的人类"其实没有做更为充分的论述。而在《形态》中，借助经济学视野的拓展，马克思恩格斯对旧唯物主义批判的剑锋指向了以"市民社会"为基础的历史观，这种历史观"从直接生活的物质生产出发阐述现实的生产过程，把同这种生产方式相联系的、它所产生的交往形式即各个不同阶段上的市民社会理解为整个历史的基础"①。这其实是一种拘囿于社会现象而不是深入到现象以下的"本质"去思考问题的肤浅的历史观，被马克思恩格斯嗤笑为"既承认现存的东西同时又不了解现存的东西"②的哲学思辨。这种历史观看不到社会现象发生变化的深层动因，因而担不起历史革命的、实践的重任。马克思恩格斯在《形态》中用"真正的市民社会"③这样一个短语来指代他们正身处其中的资产阶级占据主导性交往形式的社会历史阶段，承认这一个市民社会是"市民社会"的具体形式。同时他们也没有完全否认"市民社会"的一般性，"市民社会这一名称始终标志着直接从生产和交往中发展起来的社会组织，这种社会组织在一切时代都构成国家的基础以及任何其他的观念的上层建筑的基础"④。在这里，马克思恩格斯兼顾了"市民社会"的具体形式和抽象意义，而不是像《提纲》中那样对这个概念做完全的否定批判。这流露出马克思恩格斯此

---

① 《马克思恩格斯文集》第 1 卷，人民出版社 2009 年版，第 544 页。

② 《马克思恩格斯文集》第 1 卷，人民出版社 2009 年版，第 549 页。马克思恩格斯还基于此时对"市民社会"的理解，对费尔巴哈做了更为深入的批判："费尔巴哈关于人与人之间的关系的全部推论无非是要证明：人们是互相需要的，而且**过去一直**是互相**需要**的。他希望确立对这一事实的理解，也就是说，和其他的理论家一样，他只是希望确立对**现存的**事实的正确理解，然而一个真正的共产主义者的任务却在于推翻这种现存的东西"（第 548—549 页）。这种批判将马克思恩格斯的思路由经济学、哲学批判导向对共产主义运动必然性的预测上。

③ 《马克思恩格斯文集》第 1 卷第 582 页的注释②对"真正的市民社会"做了这样的解释："'市民社会'的原文是 'bürgerliche Gesellschaft'，这个术语也有'资产阶级社会'的意思。"

④ 《马克思恩格斯文集》第 1 卷，人民出版社 2009 年版，第 583 页。

时至少对"市民社会"的观察和理解已经具有立足于社会现实的历史感，他们在"清算"此前的哲学信仰（无历史感的旧唯物主义，和耽于以"自我意识"的革命取代现实意义上的革命的青年黑格尔派）的过程中，挣脱德意志意识形态的思辨窠臼，使他们的批判语言开始呈现他们自身理论视野的开阔性和辩证性的特质。而且，在对市民社会一般的论述中，出现了"上层建筑"这一表述，这让人无法不联想到《〈政治经济学批判〉序言》中的关于经济基础和上层建筑的社会结构思路是否在此处已初现端倪。

二、历史分工中的文学艺术

《形态》的成稿过程是一个不断调整论述重点和文本内部结构的过程。在这个过程中，有一些思路没有来得及展开，还保留着观点的形态。

马克思恩格斯在《形态》中除了论及意识与经验的不同步性之外，还在第一卷第一章的末尾略微提及"没有艺术史"[1]的观点，这涉及艺术与具体的社会关系相匹配的问题，并涉及对德意志意识形态中抽象的艺术观念的批判，但很遗憾的是，这一观点没有展开。不过，联系这一章开篇不久后提到的意识形态没有历史的观点，两者之间在逻辑上应该是有密切关联的。这段关于意识形态没有历史的话是这样说的：

> 我们的出发点是从事实际活动的人，而且从他们的现实生活过程中还可以描绘出这一生活过程在意识形态上的反射和反响的发展。甚至人们头脑中的模糊幻象也是他们的可以通过经验来确认的、与物质前提相联系的物质生活过程的必然升华物。因此，道德、宗教、形而上学和其他意识形态，以及与它们相适应的意识形式便不再保留独立性的外观了。它们没有历史，没有发展，而发展着自己的物质生产和物质交往的人们，在改变自己的这个现实的同

---

[1] 《马克思恩格斯文集》第 1 卷，人民出版社 2009 年版，第 586 页。完整的引文为"没有政治史、法律史、科学史等等，艺术史、宗教史等等"，并且马克思在此加了边注"同表现为古典古代国家、封建制度、专制君主制的'共同体'相适应的，同这种联系相适应的，尤其是宗教观念"。

时也改变着自己的思维和思维的产物。不是意识决定生活，而是生活决定意识。①

这段话中明确提到了"道德、宗教、形而上学和其他意识形态"和"与它们相适应的意识形式"没有历史，没有发展。对意识形态和意识形式没有历史的批判针对的是"从天国降到人间"②的德国哲学，后者的特点是在出发点上就对"处在现实的、可以通过经验观察到的、在一定条件下进行的发展过程中的人"③置若罔闻，转而将历史看作"一些僵死的事实的汇集"或是"想象的主体的想象活动"④。历史，在德国哲学的眼中是与他们的思辨哲学相符合的历史，哲学的结构就是历史的结构，哲学的边界就是历史的边界。在这个意义上，德国哲学没有历史，意识形态和意识形式也没有历史。文学艺术不在意识形态之列，但在意识形式之列，从语言表述的逻辑来看，也应当是没有历史、没有发展的，这与马克思恩格斯所说的"没有艺术史"的判断保持一致。

但除了对德国哲学的出发点的批判之外，马克思恩格斯还在"发展着自己的物质生产和物质交往的人们"的意义上丰富了历史唯物主义的起点——从《提纲》中的"感性的人的活动"和处在"一切社会关系的总和"的人，到《形态》中现实的人、在一定条件下进行的发展过程中的人，这一过程中变得更为丰富的层次正在这里。借助《布鲁塞尔笔记》B和《曼彻斯特笔记》在经济学领域了解的深入，物质生产和物质交往在历史进程中的始基性开始渗透到马克思恩格斯对德国哲学的批判中。所以，说德国的意识形态和相应的意识形式没有历史，除了批判它们没有看到现实的人以外，还在批判它们没有将自己置于由物质生产和物质交往形式奠定的历史过程中，因而置身真正的历史之外。与德国意识形态相呼应的文学观艺术观与历史的关系也大抵如此。因此，在"没有政治史、法律史、科学史等等，艺术史、宗教史等等"的这个观点之下，马克思恩格斯实际上应该是想要批判涉及精神生产各个方

① 《马克思恩格斯文集》第 1 卷，人民出版社 2009 年版，第 525 页。
② 《马克思恩格斯文集》第 1 卷，人民出版社 2009 年版，第 525 页。
③ 《马克思恩格斯文集》第 1 卷，人民出版社 2009 年版，第 525 页。
④ 《马克思恩格斯文集》第 1 卷，人民出版社 2009 年版，第 526 页。

面的德意志意识形态的，结合他们曾经触及的意识与经验的不同步性这一发现，如果能够展开"没有艺术史"的观点，势必会将文学艺术史还原到物质生产和物质交往的基础上，论证它们之间复杂的"社会关系"。

　　"社会关系"的内部是复杂的，这种复杂性不只是一个内部结构层次丰富的问题，更重要的是它涉及虚幻和现实的颠倒。分工在历时形态上表现为以物质劳动和精神劳动的区分为起点，在共时形态上则表现为"以家庭中自然形成的分工和以社会分裂为单个的、互相对立的家庭这一点为基础"①。历时形态的分工导致社会关系发生或快或慢前后相继的变化，共时形态的分工则带来"单个人的利益或单个家庭的利益与所有互相交往的个人的共同利益之间的矛盾"②。这种矛盾导致共同利益趋向于采取"虚幻的共同体的形式"去缓和特殊利益与共同利益之间的紧张关系，但两者之间的分裂并不可能真正弥合。在分裂关系中受到限制的感性的人的活动表现为"任何人都有自己一定的特殊的活动范围"③，比如猎人、渔夫、牧人或批判的批判者等职业身份。由于感到受到限制，这种感性的人的活动"对人来说就成为一种异己的、同他对立的力量"④，于是被哲学家称为"异化"。按照这样的逻辑，文学创作者（作家）也是处于特殊利益与共同利益分裂关系中受到限制的一种职业身份，是一种"异化"的人的活动。

　　但消灭"异化"却不是哲学领域能够完成的任务，而是真实的历史运动，需要以"生产力的巨大增长和高度发展为前提"⑤，也即由越来越细化的分工和越来越世界化的分工所激发的"成倍增长的生产力"⑥。在这种日益复杂的交往形式中，"个人在精神上的现实丰富性完全取决于他的现实关系的丰富性"⑦，很显然，马克思恩格斯从分工的视角看到了世界市场形成的必然性同时也是革命性所在。反过来，对于这句话的理解可以是：从分工的视角

---

① 《马克思恩格斯文集》第 1 卷，人民出版社 2009 年版，第 535—536 页。
② 《马克思恩格斯文集》第 1 卷，人民出版社 2009 年版，第 536 页。
③ 《马克思恩格斯文集》第 1 卷，人民出版社 2009 年版，第 537 页。
④ 《马克思恩格斯文集》第 1 卷，人民出版社 2009 年版，第 537 页。
⑤ 《马克思恩格斯文集》第 1 卷，人民出版社 2009 年版，第 538 页。
⑥ 《马克思恩格斯文集》第 1 卷，人民出版社 2009 年版，第 538 页。
⑦ 《马克思恩格斯文集》第 1 卷，人民出版社 2009 年版，第 541 页。

可大致判断个人在精神上的现实丰富性与他所处的现实关系的丰富性的匹配程度。正因为循着这一思路，马克思恩格斯才会在《形态》中说：

> 桑乔以为，拉斐尔的绘画跟罗马当时的分工无关。如果桑乔把拉斐尔同列奥纳多·达·芬奇和提戚安诺比较一下，他就会发现，拉斐尔的艺术作品在很大程度上同当时在佛罗伦萨影响下形成的罗马繁荣有关，而列奥纳多的作品则受到佛罗伦萨的环境的影响很深，提戚安诺的作品则受到全然不同的威尼斯的发展情况的影响很深。和其他任何一个艺术家一样，拉斐尔也受到他以前的艺术所达到的技术成就、社会组织、当地的分工以及与当地有交往的世界各国的分工等条件的制约。像拉斐尔这样的个人是否能顺利地发展他的天才，这就完全取决于需要，而这种需要又取决于分工以及由分工产生的人们所受教育的条件。①

马克思恩格斯在这段话里列举了拉斐尔、达·芬奇、提戚安诺三位文艺复兴时期的绘画大师，从分工的角度解释三位艺术家在创作成就上的差异，以批判施蒂纳将艺术天才出现的原因仅仅归结为"唯一者"的狂妄论调。但我们从马克思恩格斯的分析中能够感受到一种有别于从抽象概念或先验标准出发去叙述文学艺术史的眼光，说这种眼光探测到了文学艺术的发生学也不为过。《1844年手稿》中马克思说"人也按照美的规律来构造"，《形态》中马克思恩格斯说艺术家的创作"受到他以前的艺术所达到的技术成就、社会组织、当地的分工以及与当地有交往的世界各国分工条件的制约"，两相比较，人本主义视野中难免失之抽象的"美的规律"如果被历史唯物主义视野中的分工及交往形式填充，那么"美的规律"就不是简单地将动物的尺度与人的尺度叠加，而是不同历史阶段中的分工及交往形式与置身于其中的感性的人的活动在意识形态层面的折射，"美的规律"未尝不可以被理解为在历史中继承和变化着的"个人在精神上的现实丰富性"。

除了从历史分工的角度探寻文学艺术的发生依据之外，马克思恩格斯

---

① 《马克思恩格斯全集》第3卷，人民出版社1960年版，第459页。

在《形态》中还对阶级社会分工中观念体系的生产发表了意见。他们多次用"意识形态家"（Ideologe）① 这一称谓来指称那些沉湎于纯粹思辨的德国哲学家们，并从"分工"的角度分析这种"职业"出现的历史原因及其阶级属性：

> （在统治阶级内部——引者注）一部分人是作为该阶级的思想家出现的，他们是这一阶级的积极的、有概括能力的意识形态家，他们把编造这一阶级关于自身的幻想当做主要的谋生之道……在这一阶级内部，这种分裂甚至可以发展成为这两部分人之间的某种程度的对立和敌视。②

从这段话中可以看出，马克思恩格斯对"意识形态家"所从事的"职业"并没有太多好感，而且沿袭历史上对"意识形态家"这一称谓赋予的"模糊不清的形而上学"③ 之意，马克思恩格斯对其有意生产"这一阶级关于自身的幻想"的意图很显然心存芥蒂。不过他们眼光的独到之处彼不在此，此前他们已经论证过历史上真正的分工是从物质劳动和精神劳动的分工开始的，因而此处所说的统治阶级中"意识形态家"的出现不过是延续并细化了历史分工这一传统，其实马克思恩格斯发现的统治阶级内部的"分裂"以及"两部分人之间的某种程度的对立和敌视"才是这段论述的精彩所在，"统治阶级"和"隶属于这个阶级"的划分与《1844 年手稿》中类概念的人、《提纲》中人类的社会或社会的人类、《神圣家族》中实践的人，甚至《形态》中现实的人相比较而言，阶级的人在社会关系中的沉浸程度要深邃许多。之前被放在同一个时代同一种社会关系中笼统论述的人，在"分工"的目光注视下被辨认出不同的阶级归属，人被以阶级属性来看待。统治阶级同时支配着物质资

---

① 根据《马克思恩格斯文集》第 1 卷第 512 页的注释①，马克思和恩格斯把"以纯思想批判代替反对现存制度的实际斗争"的哲学称为"德意志意识形态"，把鼓吹这种哲学的人称为"德意志意识形态家"。

② 《马克思恩格斯文集》第 1 卷，人民出版社 2009 年版，第 551 页。

③ [英] 雷蒙·威廉斯：《关键词：文化与社会的词汇》，刘建基译，生活·读书·新知三联书店 2005 年版，第 217—218 页。

料生产和精神资料生产，但由于阶级内部分工造成的交往关系进一步的复杂化，使负责为这个阶级生产精神资料的"意识形态家"似乎在阶级身份上产生了令人迷惑的幻象：分裂、对立、敌视。这种幻象中包括了每一个特定历史阶段流传下来的统治阶级的文学艺术创作成果和文学艺术观念，它们因为占据着支配地位于是仿佛代表了那一整个时代全部的文学艺术成就，更令人迷惑的是它们因为会流露出与当时的统治阶级相分裂、对立、敌视的情绪而被渲染上"革命的"色调，只不过这种色调在整个统治阶级利益受到威胁时便趋于消失了。马克思恩格斯在这里揭示了一个秘密，既关系到文学艺术是否真的能够"代表"整个时代的精神面貌，又关系到文学艺术是否真的能够参与对现存社会现实的革命中去，足可见两者之间的关系是相当复杂的，统治阶级精神资料的生产百转千回地系于物质资料生产的地基之上。如果联系到 1847 年恩格斯在《诗歌和散文中的德国社会主义》中对歌德的评价恰好是从"天才诗人和法兰克福市议员的谨慎的儿子、可敬的魏玛的枢密顾问"的双重身份进行的话，那么《形态》对文学艺术与特定历史阶段统治阶级利益之间复杂关系的揭示就更显得一脉千里了。

第三节 《哲学的贫困》等对历史唯物主义和"资本"的进一步理解

《哲学的贫困》是马克思专门针对蒲鲁东的著作《贫困的哲学》所做的批驳，这种为了批驳一个人的思想而写就一部专著的情况在马克思的一生中几乎是唯一的。①1846 年 12 月以前，也就是刚与恩格斯一起完成《形态》

---

① 姜海波在《马克思〈哲学的贫困〉研究读本》（中央编译出版社 2013 年版）中说"蒲鲁东的经济学和社会主义思想为马克思提供了一个难得的理论坐标……并在随后与蒲鲁东主义的斗争中不断发展自己的理论"（第 38 页）。从《资本论》在经济学语境中自然而然地呈现出历史唯物主义的深刻性来看，马克思是选择了完全不同于蒲鲁东"用哲学的观点为经济学提供一个内在的理论结构"（同前，第 37 页）的研究思路，因而蒲鲁东作为马克思"几乎是唯一的"以专著的形式展开批驳的对象是有其道理的。

不久，马克思就已经留意到蒲鲁东的这部刚刚出版的著作①。1847年上半年，距离《形态》的写作时间仅一年的时间，马克思就出版了《哲学的贫困》，一方面批判蒲鲁东的"政治经济学的形而上学"②，另一方面也延续《形态》中的"社会关系"的思路并将其做了进一步推进③。

而《共产党宣言》（以下简称《宣言》）作为经典马克思主义的经典文献之一，从表述方式上来说带有很强烈的"宣言"特质，铿锵有力的论断和情感饱满的鼓舞较多。出于对以无产阶级为主体发动起来的共产主义运动必胜的信念，《宣言》在阶级斗争的历史性层面着力较多。《宣言》是这一阶段马克思和恩格斯初步建立起历史唯物主义视野后第一次与"改变世界"的革命实践联系在一起的机会，可以被看作这一阶段上的历史唯物主义视野的一次思想小结。

一、物质生产而非物质生活："蒸汽磨"产生资本主义社会关系

马克思在1846年12月28日写给安年柯夫的信中对蒲鲁东的《贫困的哲学》一书有很直接的批评，他认为这本书"整个说来是一本坏书，是一本很坏的书"④，原因是蒲鲁东虽然借用了经济学的某些概念、范畴批判现存社会的不合理，但实际上他不仅对经济学只有肤浅的了解，对社会历史规律的概括更是退回到黑格尔的唯心主义阵营。蒲鲁东在法国工人中有很大很坏的影响，这让马克思不能容忍，所以《哲学的贫困》直接用法文写作，"以便直接对法国工人起到作用，把他们从蒲鲁东的影响下解救出来"⑤。

---

① 《马克思恩格斯全集》第27卷，人民出版社1972年版，第84页。在恩格斯写给马克思的这封信的末尾，恩格斯说："如果你在写书时想要用蒲鲁东的那本书（这本书很坏），我可以把我的十分详细的摘要寄给你。这本书不值书价所要的十五法郎。"

② 《马克思恩格斯文集》第1卷，人民出版社2009年版，第598页。

③ 唐正东教授在《从斯密到马克思：经济哲学方法的历史性诠释》中有类似的观点："《哲学的贫困》在内容上几乎都是围绕着社会关系概念来展开的……如果把这一著作与《形态》联系起来的话，那么，我以为，我们完全可以把《哲学的贫困》看成是《形态》的一种思想继续"（第354页）。

④ 《马克思恩格斯全集》第27卷，人民出版社1972年版，第476页。

⑤ ［德］瓦·图赫舍雷尔：《马克思对李嘉图劳动价值论的承认和这一理论在〈哲学的贫困〉中的运用》，选自姜海波：《马克思〈哲学的贫困〉研究读本》，中央编译出版社2013年版，第322页。

《哲学的贫困》分为两章，第一章"科学的发现"和第二章"政治经济学的形而上学"。第一章主要集中火力批判蒲鲁东对政治经济学概念、范畴的滥用，使蒲鲁东的具有"经济矛盾体系的基石"地位的**"构成价值"**的虚妄性一览无余①。第二章是马克思对蒲鲁东政治经济学中的德意志意识形态的批判，继《形态》之后，这是马克思第一次在公开出版物上正面阐发自己的历史唯物主义世界观。第一章相对侧重知识性的批判，第二章相对侧重理论视野的建构，可以将第一章看作第二章的磨刀石。不过，也有学者认为这部著作将经济学批判与历史唯物主义世界观的阐发列为两章分别论述的结构，表明马克思此时从事"科学研究的准备工作尚未完成：哲学历史观尚有待于具体化为科学方法论，经济学材料尚须进一步搜集，特别是要从新获得的历史观角度重新审视和扩展"②。对比后来 1857—1858 年马克思在经济学领域研究取得的突破，这种对《哲学的贫困》理论价值的定位是有道理的。

从与《形态》的延续性来讲，《哲学的贫困》推进了以"生产关系"为基础来看待"社会关系"的认识深度；从对《共产党宣言》的启发意义来讲，《哲学的贫困》强化了阶级存在的历史必然性，为《宣言》从阶级斗争的角度叙述历史准备了思想武器。《哲学的贫困》在以上两层意义上成为历史唯物主义视野建构阶段承上启下的一个关键文本。

马克思在《哲学的贫困》中将魁奈医生视为"法国资产阶级即将取得必然胜利"③的经济学家代表，将蒲鲁东类比作政治经济学的形而上学方面的代表。于是，他在第二章第一节中模仿魁奈医生《经济表》这部著作的"七个重要说明"体例，在批判蒲鲁东的政治经济学的形而上学同时也阐发自己的历史唯物主义世界观开列了七个说明。第一个说明一针见血地指出蒲鲁东与黑格尔主义之间的关系，而第二个说明就将"社会关系"放置在了正面阐发历史唯物主义世界观的位置上：

经济学家蒲鲁东先生非常明白，人们是在一定的生产关系中制

---

① 《马克思恩格斯全集》第 4 卷，人民出版社 1958 年版，第 88 页。

② 黄楠森、庄福龄、林利主编：《马克思主义哲学史（修订本）》第 2 卷，北京出版社 2005 年版，第 124 页。

③ 《马克思恩格斯文集》第 1 卷，人民出版社 2009 年版，第 597 页。

造呢绒、麻布和丝织品的。但是他不明白，这些一定的社会关系同麻布、亚麻等一样，也是人们生产出来的。社会关系和生产力密切相联。随着新生产力的获得，人们改变自己的生产方式，随着生产方式即谋生方式的改变，人们也就会改变自己的一切社会关系。手推磨产生的是封建主的社会，蒸汽磨产生的是工业资本家的社会。

人们按照自己的物质生产率建立相应的社会关系，正是这些人又按照自己的社会关系创造了相应的原理、观念和范畴。

所以，这些观念、范畴也同它们所表现的关系一样，不是永恒的。它们是**历史的、暂时的产物**。①

《形态》中的"社会关系"更偏重于阐发与分工的关系，与物质生产和交往形式的关系，虽然也认为日益精细的分工带来了"成倍增长的生产力"，且这是消灭"异化"的前提，但生产力与社会关系之间始终有"分工"作为观察物质生产的视窗，仍留有比较清晰的政治经济学印记。但当《哲学的贫困》中说到"社会关系"时，明显更强调了与"生产力"之间的密切联系。不是从家庭内部的分工引出社会分工，从而得出生产力倍增的结论，而是发现生产力是社会历史的起点，导致生产方式的变化，进而影响到社会关系的变更，继而在精神生产层面产生与之相应的原理、观念和范畴。分工的确是社会历史的事实，是社会历史的现象，但还达不到社会历史本质的深度。两相比较，《哲学的贫困》显然在历史唯物主义的立足之境上站得更踏实。也正因为如此，马克思才会在论述"社会关系"的时候，不是简单地说社会关系，而是说"一定的社会关系"，这个"一定的"落实为手推磨产生的封建主的社会和蒸汽磨产生的工业资本家的社会。"手推磨"和"蒸汽磨"是机器，这是对生产力水平的一种借代修辞格表述——马克思在《哲学的贫困》的第二章第二节专门谈论了分工和机器，其中对机器的定位是这样的："机器只是一种生产力。以应用机器为基础的现代工厂才是社会生产关系，才是经济范畴"②。由此可见，"一定的社会关系"比"社会关系"的进步之处在于与"一

---

① 《马克思恩格斯文集》第 1 卷，人民出版社 2009 年版，第 602—603 页。
② 《马克思恩格斯文集》第 1 卷，人民出版社 2009 年版，第 622 页。

定的"生产力水平相匹配的历史观，具体的历史观。

随着《哲学的贫困》对蒲鲁东的政治经济学形而上学的批判逐层深入，在语言表述上，"社会关系"从最初与"生产关系"混用，到两者区分，到侧重从"生产关系"出发论述历史发展进程，循着这一线索可以看到历史唯物主义视野在政治经济学批判的助力下愈辩愈明的生长过程。在"第三个说明"中，"生产关系"和"社会关系"有了不太明显的层级区分，马克思说"每一个社会中的生产关系都形成一个统一的整体"，又说蒲鲁东用经济学范畴叙说社会历史的前后相继关系时"不能不靠所有其他社会关系来说明，可是当时这些社会关系尚未被他用辩证运动产生出来"①。在这两段评述中，"生产关系"与"每一个社会"有具体的对应关系，处于统摄全部社会关系的"统一的整体"的地位，而"社会关系"却没有取得这种统一整体的地位，相反是分散于社会中的"这些"。而且由于蒲鲁东在构建自己的"与观念顺序相一致的历史"时并不是不承认"社会关系"，只不过他是在用"政治经济学的范畴构筑某种意识形态体系的大厦"，他所说的"社会关系"是经他"辩证运动产生"出来的范畴与范畴之间的联系，而不是深入到现实的生产过程中的关系。在"第三个说明"之后，马克思就开始更多地使用"生产关系"来阐发社会历史的阶段性变革，在《宣言》乃至后续的研究中也延续了这种思路和表述习惯。不得不说对蒲鲁东的批判让马克思在历史唯物主义视野的清晰度上做了更细致的擦拭。在这个意义上，蒲鲁东用自己在政治经济学上的错误给马克思提供了启示，"这种启示就是必须要把对社会关系的理解具体化、本质化和历史化，使它真正成为一定的、具体的、历史的社会关系"②。

写到"第七个说明"时，"资产阶级生产关系"作为一个固定短语出现，资产阶级和无产阶级之间的对抗性被放在这种一定的、具体的、历史的生产关系中谈论。这时的马克思不仅不是从分工的角度谈论生产力的积累和极大发展，而且不是从一般社会关系谈论物质生产和精神生产，而是在可能到达"个人对普遍性的要求以及全面发展"③的那种生产关系之前的生产关

---

① 《马克思恩格斯文集》第 1 卷，人民出版社 2009 年版，第 603 页。

② 唐正东：《从斯密到马克思：经济哲学方法的历史性诠释》，江苏人民出版社 2009 年版，第 362 页。

③ 《马克思恩格斯文集》第 1 卷，人民出版社 2009 年版，第 630 页。

系（资产阶级生产关系）中谈论阶级斗争的历史必然性。马克思承认资产阶级生产关系的弊端，但不承认蒲鲁东所说的 **"灵魂被损害"** ① 源于 "分工的逻辑反题" ——机器。机器只是生产工具，而 "以应用机器为基础的现代工厂才是社会生产关系" ②，在这种具体的生产关系中的分工 "产生了特长和专业，同时也产生职业的痴呆" ③。这一连串的论述让人想起《形态》中提到过的 "任何人都有自己一定的特殊的活动范围"，就是那段马克思在其中畅想过 "随自己的兴趣今天干这事，明天干那事，上午打猎，下午捕鱼，傍晚从事畜牧，晚饭后从事批判" ④ 的不受分工制约的生活方式。在《哲学的贫困》里，由于马克思借由蒲鲁东的错误发现生产力和生产关系的矛盾推动了社会历史进程，所以他能辨认出那些貌似声讨现实，实则妥协于甚至声援现实的声音。

在《诗歌和散文中的德国社会主义》中恩格斯已经批判过德国文学中的 "庸人"，包括对歌德的评价也没有隐藏这位伟大作家向现实妥协的瑕疵。"庸人" 的 "庸俗气" 表现出来就是 "完全同意现存社会的**正面**，使它悲痛的是，除了正面外，还存在着**反面**——贫穷；这种庸俗气已和现代社会融为一体，而它的唯一的希望就是现代社会继续存在下去，但是**不要它存在的条件**" ⑤。而马克思在《道德化的批评和批评化的道德》（1847 年 10 月底）一文中，开篇就历数 "粗俗文学" 的多桩罪状，认为其 "为狭隘而僵化的概念所束缚，并在同样的程度上诉诸极微末的实践以对抗一切理论；既不满于反动，又反对进步；无力使敌手出丑，就滑稽地对他破口大骂；……幻想家和庸人，两者集于一身" ⑥，也是对 "庸人" 的批判。"庸人" 在政治经济学的形而上学中有蒲鲁东作为代表，在德国文学中不乏歌德这样的天才诗人位列其中，更不乏海因岑这样的 "德国燕子" 在其间穿梭飞舞。所以，当恩格斯说 "我们决不是从道德的、党派的观点来责备歌德，而只是从美学和历史的观点来责

---

① 《马克思恩格斯文集》第 1 卷，人民出版社 2009 年版，第 621 页。
② 《马克思恩格斯文集》第 1 卷，人民出版社 2009 年版，第 622 页。
③ 《马克思恩格斯文集》第 1 卷，人民出版社 2009 年版，第 629 页。
④ 《马克思恩格斯文集》第 1 卷，人民出版社 2009 年版，第 537 页。
⑤ 《马克思恩格斯全集》第 4 卷，人民出版社 1958 年版，第 239 页。
⑥ 《马克思恩格斯全集》第 4 卷，人民出版社 1958 年版，第 323 页。

备他"[1]时，他是在说即便像歌德这样的伟大作家也没有能够完全认清历史的实质，既"敌视"又"亲近"德国现实的作家们由于"厌恶周围环境的鄙俗气"而生成的审美判断，与由于认识不清历史进程的真正趋势而向生活环境妥协的历史判断之间表现为"两重性"。"美学和历史的观点"中的"美学"是源于对历史进程的实质有着敏锐感知而生成的美感，"美学和历史的观点"中的"历史"是对历史进程的实质有着清醒认识而作出的判断，两者之间的关系不是作为抽象范畴的感性和理性的拼凑，从评价作家的角度来看它们是基于《哲学的贫困》中的历史唯物主义视野建立起来的对于美感的历史性探讨。

二、《共产党宣言》：资产阶级生产关系与世界文学的可能性

《宣言》写于欧洲工人运动风起云涌的年代，为此马克思和恩格斯在其中特别强调了阶级斗争的历史必然性，"至今一切社会的历史都是阶级斗争的历史"[2]这句话被放在《宣言》的显著位置上，将历史的阶级性、政治性凸显出来。同时不容忽视的是，《宣言》除了是马克思恩格斯经《神圣家族》、《形态》、《提纲》（包括《哲学的贫困》）一路对自己的哲学信仰不断地开展自我清算的思想小结之外，还是在逐步了解政治经济学要义的过程中，以"宣言"的形式阐发他们对推动历史发展的动力的独特理解并将其付诸实践（"改变世界"）的特殊努力。

《宣言》第一、二部分，马克思恩格斯在论及社会形态的时候，大多使用"生产关系"而不是"社会关系"，即便使用"社会关系"，也是在"生产关系"的基础上谈论"社会关系"以及观念、观点和概念随着人们的社会存在条件发生变化这一规律，从中可以明显看到《哲学的贫困》中的思路和表述习惯的延续性。除了以精简的语言继续承认资产阶级在历史上"非常革命的作用"[3]之外，《宣言》更着意突出的是资产阶级生产关系的历史局限性，这与当时工人阶级推翻资产阶级统治的紧迫革命形势相匹配。在论述后者的

---

① 《马克思恩格斯全集》第4卷，人民出版社1958年版，第257页。

② 《马克思恩格斯文集》第2卷，人民出版社2009年版，第31页。

③ 《马克思恩格斯文集》第2卷，人民出版社2009年版，第33页。

过程中，马克思恩格斯观察到这样一个现象：

> 它把宗教虔诚、骑士热忱、小市民伤感这些情感的神圣发作，淹没在利己主义打算的冰水之中。它把人的尊严变成了交换价值，用一种没有良心的贸易自由代替了无数特许的和自力挣得的自由……
>
> 资产阶级抹去了一切向来受人尊崇和令人敬畏的职业的神圣光环。它把医生、律师、教士、诗人和学者变成了它出钱招雇的雇佣劳动者。①

这里谈到的"情感的神圣发作"和"诗人"是马克思恩格斯观察到但没有详细展开的部分，却是与文学批评紧密相关的部分。结合《宣言》之前他们在多处文献中提及的内容，"情感的神圣发作"是资产阶级生产关系占据主导地位之前的社会形态中的意识形式，是一些与当时的生产关系和交往形式相适应的精神生产的产品。对这些意识形式和精神产品的价值评价受到资产阶级生产关系的冲击，具体表现为评价标准被单一化为"交换价值"。交换价值对神圣价值的"抹去"，是一元价值体系对多元价值体系的替换，是资产阶级的"金钱关系"对过去时代所信奉的忠诚、坚贞等社会关系的整合。"诗人"的创作在资产阶级生产关系中无可幸免地沦为一种"雇佣劳动"，而"雇佣劳动"创造的是"资本"，"资本"在《宣言》中被理解为"不断产生出新的雇佣劳动来重新加以剥削"以求得"增殖的财产"②。此时马克思恩格斯对"资本"的理解已不限于"积累的劳动"，而是转向从"社会的力量"③的角度看待它，并延续《形态》中发现的"活动资本"的思路，谈论了它"运动起来"的特性，以及"增殖的财产"的属性。但他们对"资本"的理解此时还没有完全深入到生

---

① 《马克思恩格斯文集》第2卷，人民出版社2009年版，第34页。这里的"它"指的是资产阶级。
② 《马克思恩格斯文集》第2卷，人民出版社2009年版，第46页。
③ 《马克思恩格斯文集》第2卷，人民出版社2009年版，第46页。这句引文完整的表述是"资本不是一种个人力量，而是一种社会力量"。此外马克思恩格斯的相关论述还有"资本是集体的产物，它只有通过社会许多成员的共同活动"，"才能运动起来"（第46页）。

产关系中，从他们认为共产主义运动可以"把资本变为公共的、属于社会全体成员的财产"①的思路来看，资本所有权可以发生从一个阶级到另一个阶级的转移，但对于资本朝向增殖财产的逐利性有无可能随着掌握它的阶级的改变而发生改变，在这里还没有被考虑到。资本在资产阶级生产关系中表现为增殖的财产，这只是它的表象，而它裹挟全部生产力和交往形式围绕它的逐利性生成的资产阶级生产关系才是它的本质。如果还不了解这一点，只是在资本的表象层面看待"情感的神圣发作"被淹没和"诗人"职业的沦丧，那么，就有可能以为调转资本的阶级性质就能解救文学艺术于水火，这无疑是一种过于简单的看法。马克思恩格斯在这里对资产阶级生产关系中的文学艺术无暇着墨太多，与后来在《〈政治经济学批判〉序言》中所说的"借以意识到这个冲突并力求把它克服的那些法律的、政治的、宗教的、艺术的或哲学的，简言之，意识形态的形式"②一起，留下了马克思主义文学批评的逻辑歧义空间，尤其在"克服"的意义上，让意识形态的形式与经济基础的关系有被多种理解的可能，其中一种可能在西方马克思主义的意识形态批判中得到了比较充分的发掘。

资产阶级生产关系的显著特点是变动不居，而其他社会形态一般都是"原封不动地保持旧的生产方式"③，马克思恩格斯强调了资产阶级占据统治地位之后生产关系产生的这一明显变化。资产阶级的出现不是一个突然降临的历史事件，这个阶级的成员从中世纪起就开始萌发，"从中世纪的农奴中产生了初期城市的城关市民；从这个市民等级中发展出最初的资产阶级分子"④，作为被统治阶级的一分子，资产阶级最初只能在非资产阶级社会形态的局部范围内活动。随着资产阶级在历史进程中活动范围的扩大，这个追求变动不居的生产关系的阶级在历史的末端表现为"一个长期发展过程的产物，是生产方式和交换方式的一系列变革的产物"⑤，其中的显著标志之一是世界市场的生成，世界市场将会是资产阶级生产关系谋求更广大的产品销路和更密集的经济联系的空间形式。

---

① 《马克思恩格斯文集》第 2 卷，人民出版社 2009 年版，第 46 页。
② 《马克思恩格斯文集》第 2 卷，人民出版社 2009 年版，第 592 页。
③ 《马克思恩格斯文集》第 2 卷，人民出版社 2009 年版，第 34 页。
④ 《马克思恩格斯文集》第 2 卷，人民出版社 2009 年版，第 32 页。
⑤ 《马克思恩格斯文集》第 2 卷，人民出版社 2009 年版，第 33 页。

从马克思恩格斯关于"世界市场"形成原因的论述来看，资产阶级生产关系受其变动不居的特性的驱使，不可避免地走向空间扩张。延续《哲学的贫困》中逐渐生成的联动链条"生产关系—社会关系—观念、观点和概念"的这一思路，由生产关系的世界性扩张推动"世界文学"成为现实是历史唯物主义视野对精神生产走向的预测：

> 过去那种地方的和民族的自给自足和闭关自守状态，被各民族的各方面的互相往来和各方面的互相依赖所代替了。物质的生产是如此，精神的生产也是如此。各民族的精神产品成了公共的财产。民族的片面性和局限性日益成为不可能，于是由许多种民族的和地方的文学形成了一种世界的文学①。

马克思恩格斯关于"世界文学"的这一设想②，当然不是一味地支持"世界文学"消灭民族文学或地方文学。"世界文学"的现实基础是"世界市场"，后者的形成过程既可能包括各民族或各地方之间界限的日益模糊，还必然包括它们相互之间因对资产阶级生产关系程度越来越深的"依赖"而结成越来越密不可分的联系。既然"世界文学"的现实基础不是决然无民族无地方的世界，而是"一切国家的生产和消费都成为世界性的了"③的世界，那么"世界文学"的重点也就落在了对这种世界性关系的强调上，其中既包括对"民

---

① 《马克思恩格斯文集》第 2 卷，人民出版社 2009 年版，第 35 页。这一页的注释①对"世界的文学"做了说明："'文学'一词德文是'Literatur'，这里泛指科学、艺术、哲学、政治等等方面的著作。"

② 布罗代尔在《资本主义的动力》（杨起译，生活·读书·新知三联书店、牛津大学出版社 1997 年版）中说："资本主义是一小部分人的特权，然而，没有社会的积极协从，其存在是不可想象的。它必然是社会秩序的一种现实，甚至是政治秩序的一种现实，甚至是一种文化现实。因为，要做到这一点，全社会必须以某种方式，带着或多或少的清醒意识接受资本主义的价值……现代国家并没有造就资本主义，而是继承了资本主义，对资本主义时好时坏。时而允其扩展，时而断其生机"（第 43 页）。从布罗代尔认为文化现实与资本主义之间有"协从"关系来看，他与马克思恩格斯在"世界文学"的设想上有近似之处。但布罗代尔不承认资本主义覆盖了全部物质生活，即资本主义不是社会关系的结构性要素，不是"普照的光"，在这一点上他又与马克思恩格斯所认为的"世界文学"形成原因区别开来。

③ 《马克思恩格斯文集》第 2 卷，人民出版社 2009 年版，第 35 页。

族的片面性和局限性"的克服，又包括在交换价值越来越一元化的世界范围内各民族和各地方特性的蜕变，这是一个复杂的话题。"世界文学"与资产阶级生产关系如此紧密地联系在一起，这是《宣言》对精神生产与物质生产经由这种生产关系的变动不居的极大发展后所做的展望。在展望中，马克思恩格斯没有展开对"世界文学"具体样貌的描述，但"世界文学"的"生产和消费"势必也与资产阶级生产关系中的物质生产一样，是"世界性的"，这里潜藏着一个关于"世界文学"的生产和消费的话题。马克思恩格斯在《宣言》阶段一方面还没有能够在资本作为一种社会关系的深度上对生产和消费之间的关系展开更深入的思考，另一方面也还没有充分思考资产阶级生产关系在向时间和空间延展时可能发生的不同变化，也还有对世界范围内历史进程的各种具体性有更深入的思考，所以这里所触及的"世界文学"还更多地停留在话题层面。而这个话题在后马克思主义的"世界文学"观中得到了进一步的发挥①。

---

① 比如弗兰克·莫莱蒂《对世界文学的猜想》、帕斯卡尔·卡萨诺瓦《文字的世界共和国》、克里斯多夫·普伦德加斯特《协商中的世界文学》等，见张永清、马元龙主编：《后马克思主义读本·文学批评》，赵文、秦晓伟译，人民出版社 2011 年版。

第三章 从《伦敦笔记》到《1857—1858 年经济学手稿》：资本批判视野确立

马克思本人的哲学视野在 19 世纪 40 年代经历了剧烈的震荡，这种震荡深刻地与他（和恩格斯）对政治经济学领域持续的批判工作生长在一起。从《1844 年手稿》中的"异化劳动"批判，到《德意志意识形态》中的"市民社会"批判，到《哲学的贫困》中的"社会关系"批判，"生产关系"之于历史唯物主义视野建构的基础性地位最终呈现了马克思恩格斯的面前，并要求得到更为充分的论证。根据马克思在《〈政治经济学批判〉序言》（以下简称《序言》）中的自述，1848—1849 年他经历了一些颠沛奔波，后于 1850 年决定利用大英博物馆丰富的政治经济学史资料，并就资产阶级社会出现的新动向"从头开始"展开研究。① 八年的时间，继《伦敦笔记》的潜心研读后，历史唯物主义视野在《1857—1858 年经济学手稿》（包括《序言》）中变得具体起来。马克思恩格斯在这一阶段的研究中，对文学艺术处于资产阶级生产关系中的地位观察得更具体，更富有批判力度，更能展现出马克思主义文学批评深邃的历史眼光。

第一节 两篇《伦敦笔记》：劳动价值论的萌动

一个有趣的现象是，自《哲学的贫困》后，生产关系在马克思思考语境

---

① 《马克思恩格斯文集》第 2 卷，人民出版社 2009 年版，第 593 页。

94

中的地位逐渐抬升，但在 1857—1858 年阶段的经济学手稿中却再次重用"劳动"范畴，其间的奥秘在《伦敦笔记》中可略窥一斑：

> 在 1850—1853 年的研究过程的第一阶段——我们确定这一阶段至 1851 年 2 月止（至第 6 笔记本）——马克思在阐述自己的经济理论时能够取得的重要成果可概括为两项：
>
> 1. 他克服了货币数量论，并坚持在劳动价值理论的基础上科学地论证货币方面迈进了重要的一步。他较清楚地区分了货币的各种职能。这是第一步，此后在作进一步思考时还必须再一次对劳动价值理论本身的实质进行深入的思考。
>
> 2. ……①

1850—1853 年的经济学研究经历让马克思重新认识到政治经济学对劳动的关注有其合理性，想要揭示资产阶级生产关系在产品的流通和分配环节营造的公平交易等价分配的假象，就必须穿透货币表象，到达产品内部的劳动价值层面。《导言》中专门举例说明的"劳动"范畴为《1857—1858 年经济学手稿》(以下简称《1857—1858 年手稿》) 提供了资料储备和理论思路上的线索。

在 24 本《伦敦笔记》② 中，"有两份原稿，对于无论是在一般经济理论问题方面，尤其是在劳动价值理论方面弄清马克思当时所达到的理论成熟程度，是颇为有益的。我们指的是马克思第 7 本笔记中篇幅不大的手稿《反思》和他在大·李嘉图《政治经济学原理》一书摘要中所加的详细评注"③。由于这

---

① 《关于〈伦敦笔记〉第 I—VI 本的内容——〈马克思恩格斯全集〉国际版新版第 4 部分第 7 卷的序言》，收录于《马克思主义研究资料》第 3 卷，中央编译出版社 2013 年版，第 282—283 页。

② 张钟朴在《〈资本论〉创作史系列讲座之一——从〈克罗茨纳赫笔记〉到〈伦敦笔记〉》中对《伦敦笔记》的评述是："1850 年 9 月到 1853 年 8 月，马克思写成了 24 本笔记，被称为《伦敦笔记》。《伦敦笔记》一共 1250 页，100 多个印张，收录了 300 多部著作和报刊资料，马克思的经济学研究进入了一个崭新的阶段"(《马克思主义研究资料》第 4 卷，中央编译出版社 2013 年版，第 15 页)。

③ [苏] А.Г.瑟罗夫：《论 19 世纪 50 年代初期马克思与制定劳动价值理论有关的经济学研究》，收录于《马克思主义研究资料》第 4 卷，中央编译出版社 2013 年版，第 126 页。

两篇笔记中较为集中地保留着马克思当时的思考轨迹和部分思想成果，较《伦敦笔记》中其他以摘录文献为主的篇目而言，从这两篇笔记着手，更能直接观察到马克思当时的思想原貌。而对于从资本批判角度了解马克思主义文学批评的发展路径而言，这两篇笔记也能提供具有标志性的经济学批判路标。

一、交换价值是资产阶级生产的目的

先来看看马克思在 1850 年重新研究李嘉图并写下《关于大·李嘉图〈政治经济学和赋税原理〉》这篇笔记的时代背景：

> 《伦敦笔记》第一阶段着重研究货币、信用、流通问题。因为当时经济危机快要来了，经济学界吵得一塌糊涂，争论为什么会发生经济危机。英国银行界围绕着 1844 年银行法争得不可开交，一边是通货学派（货币流通学派），李嘉图的门徒，一边是银行学派。争论的焦点是李嘉图的货币数量论。①

在面对即将到来的经济危机时，资产阶级的意识形态家们不约而同地将焦点对准了货币政策，尤其是李嘉图的货币数量论，这是马克思着手这一阶段经济学研究的现实语境。从理论语境来看，货币作为资产阶级生产关系流通环节的媒介物，是资产阶级生产关系的重要表象，因为"资本主义世界矛盾的本质集中地反映在货币这个焦点上。简单货币形式是政治经济学的最抽象、最困难的部分。商品、价值、价格等范畴都同货币相联系，而理解这些范畴正是正确地和科学地考察其他所有经济范畴的必要前提。"②这一阶段的马克思虽然已经建立起历史唯物主义的视野，但从他对资本主义经济危机爆发周期较为简单的估计来看，他还没有能够对以货币流通问题为表象的资本主义生产关系有更直击核心要害的把握，因此这时的"马克思同意李嘉图的看法，货

① 张钟朴：《〈资本论〉创作史系列讲座之一——从〈克罗茨纳赫笔记〉到〈伦敦笔记〉》，收录于《马克思主义研究资料》第 4 卷，中央编译出版社 2013 年版，第 16 页。
② ［苏］阿·伊·马雷什：《马克思主义政治经济学的形成》，刘品大等译，四川人民出版社 1983 年版，第 237 页。

币是商品，但是它又不同于商品，他把货币理解为不寻常的商品。这个商品的特殊性和本质，无论李嘉图还是其他资产阶级经济学家，不仅不理解，也未研究过，而且也没给自己提出过这个问题。马克思需要对它们作出回答。"①

对于已将生产力和生产关系的矛盾确立为社会历史进程乃至革命的根本动力的马克思而言②，政治经济学研究已被置于历史唯物主义批判视野中，于是用历史唯物主义批判视野揭示资产阶级生产关系矛盾焦点——货币——的秘密，就成为此时马克思推进政治经济学研究迈出的关键一步。

通过对货币的关注，马克思发现资产阶级生产关系每每出现危机的根源并不在于货币数量的控制问题。货币是流通手段，而"流通取决于整个产业组织"，"商品的价格无论如何不取决于流通的货币的增加或减少"③。这意味着资本主义社会周期性爆发的经济危机发端于生产关系积累到一定程度的矛盾，流通作为生产—消费—分配—交换关系中以生产为起点受生产制约的一个因素，如果仅在这一因素的界限内寻求解决危机的方法，企图通过控制货币数量达到调节商品价格的目的从而抑制危机的加深，只能是本末倒置的做法。④ 很显然，马克思虽无意验证历史唯物主义政治经济学的对错与否，但

---

① ［苏］А.Г.瑟罗夫：《论 19 世纪 50 年代初期马克思与制定劳动价值理论有关的经济学研究》，收录于《马克思主义研究资料》第 4 卷，中央编译出版社 2013 年版，第 128 页。

② 马克思和恩格斯在《新莱茵报．政治经济评论》第 5—6 期的《1850 年 5 月至 10 月评论》中说："在资产阶级关系内一般来说可能达到的这个资产阶级社会生产力如此蓬勃发展的普遍繁荣时期，谈不上真正的革命。只有当**现代生产力**和资产阶级的生产形式这两个因素互相陷入矛盾冲突的时期，这样的革命才是可能的。……**一场新的革命只可能是新的危机的后果。但它也像新的危机一样是必然会发生的。**"(《马克思恩格斯全集》国际版新版第 1 部分第 10 卷，第 466—467 页)，转引自《马克思主义研究资料》第 3 卷，中央编译出版社 2013 年版，第 256—257 页。

③ 张钟朴：《从〈伦敦笔记〉到 1857—1858 年手稿的货币理论》，收录于《马克思主义研究资料》第 4 卷，中央编译出版社 2013 年版，第 240 页。这一页的注释③做了特别说明："《完整的货币体系》这一手稿中的引文，均转引自德文版《复辟与革命》一书（1980 年盖斯滕贝尔格出版社版）。"

④ 马克思在 1851 年 2 月 3 日写给恩格斯的信中谈到货币流通理论时说："第一，这样一来，从根本上推翻了整个的流通理论。第二，这证明，**信用制度**固然是危机的条件之一，但是危机的过程所以和**货币流通**有关系，那只是因为国家政权疯狂地干预调节货币流通的工作，从而更加加深了当前的危机，就象 1847 年的情况那样"(《马克思恩格斯全集》第 27 卷，人民出版社 1972 年版，第 193 页)。

在讨论货币流通问题时，却间接地说明了将生产作为生产关系的历史起点和逻辑起点的强大阐释力。

既然商品价格的变化不取决于货币流通量的增减，那么它势必与资产阶级生产关系的特殊性相关，在这种思路中，马克思正在接近后者的秘密：生产虽然是生产—消费—分配—交换的起点，但事实表明资产阶级生产关系追逐的主要目的不在刺激生产力的增长，而是将交换领域中的获利置于首要地位。因为"随着一定量劳动——一定数量的资本和劳动——的生产力的提高，产品的交换价值就会相应地降低，因而加倍的产量只有这个产量的一半从前具有的**价值**"①，资产阶级生产关系出于自身的特殊目的在提高生产力和提高交换价值方面选择了后者。这是很现实的考量，然而也是与生产关系的一般规律相违背的选择，这才是资产阶级生产关系不可调和的内在矛盾所在。马克思对这一矛盾的概括是：

> 商品生产的增长**从来**不是资产阶级生产的目的，**价值**生产的增长才是它的目的。生产力和商品生产的实际增长，是违背资产阶级生产的目的而进行的，**价值增长**在自己的运动中扬弃自己，转变为产品的增长，这种价值增长所产生的矛盾，是一切危机等等的基础。资产阶级的生产就是经常在这样的矛盾中打转的。②

在这里，马克思还没有触及剩余价值理论，但"价值增长"向内求诸产品生产、向外求诸产品交换的研究思路已具备初步讨论的可能。从资产阶级生产关系的主体意愿来看，交换价值的增长是其目的，但在"扬弃"的过程中交换价值的增长"转变"为生产的增长，也就是在客观上促进了生产的增长。对于产品生产而言，"'自然价格'是在与**市场价格**的关系中为自己开辟道路的"③，由对交换价值的追求主导的时代，即李嘉图所处的时代，因而也

---

① 《马克思恩格斯全集》第 44 卷，人民出版社 1982 年版，第 109—110 页。
② 《马克思恩格斯全集》第 44 卷，人民出版社 1982 年版，第 110 页。
③ 《马克思恩格斯全集》第 44 卷，人民出版社 1982 年版，第 112 页。"自然价格"是马克思借用李嘉图的术语，"由生产上所需劳动时间决定的各种商品的相应数量，即为交换某一商品需要支付的数量，就是该商品的**自然价格**"（《马克思恩格斯全集》第 44 卷，第 107 页）。

是"资产阶级生产的整个时代"①；对于产品交换而言，"一而再地以新价值交换新价值，再生产全部过程"，"使本来不具有任何价值的东西成为交换对象，赋予它以价值"②，资产阶级对交换价值的追逐，驱动这种生产关系将越来越多的东西纳入"交换价值"的扩张领域中，从而也纳入到资产阶级生产关系扩张的领域中。从交换价值的角度看，资产阶级生产关系将最终重塑以往全部生产关系的各个环节，并最终将在此基础上重塑全部社会关系直至经济生活的细枝末节。文学艺术作为精神生产的重要门类，也将不可避免地被纳入到以交换价值为目的的资产阶级生产关系中。而文学艺术在以往生产关系中，因没有完全进入交换领域而"不具有任何价值"的特性，也将在交换价值驱动的资产阶级生产关系中被赋予新的价值。这种价值将使得文学艺术生产有别于以往生产关系中的文学艺术的生产，所以，马克思在这里虽未点名艺术生产，但后来《导言》中的那一警句"当艺术生产一旦作为艺术生产出现，它们就再不能以那种在世界史上划时代的、古典的形式创造出来"③，在这里已经埋下了伏笔。

资产阶级的生产对交换价值的追逐，除了重塑这一个资产阶级社会内部的生产关系及社会关系之外，还会向外谋求价值增长的空间，导致世界市场的生成。马克思此前曾在《哲学的贫困》和《宣言》中都提到过"世界市场"，当时是以资产阶级生产关系具有变动不居的特性作为论点得出判断。而在这里，马克思进一步明确了资产阶级生产关系表现出变动不居这一特性的现实依据——追求交换价值的增长。因此，对于世界市场的生成过程，更加落实为与具体的生产关系相关联的描述：

> 正是市场——交换者——和资本之间的比例失调，某个国家生
> 产上的比例失调，把［资本］推向世界市场，也从一个市场推向另
> 一个市场。合乎比例的生产——自然是在资产阶级界限内的合乎比
> 例的生产——在现代产业的条件下，为了通过生产以引起对应的生

---

① 《马克思恩格斯全集》第 44 卷，人民出版社 1982 年版，第 115 页。
② 《马克思恩格斯全集》第 44 卷，人民出版社 1982 年版，第 118 页。
③ 《马克思恩格斯文集》第 8 卷，人民出版社 2009 年版，第 34 页。

产从而引起实际的需求，的确需要整个地球。①

是某个国家内部市场与资本之间的比例失调，即资产阶级生产关系内在矛盾的不可调和性，导致资本从某个国家向外流出，并继续本着交换价值至上的原则将参与交换的其他国家的生产关系裹挟其内，从而生成与新的交换价值相匹配的世界市场。这个市场同样不是以追求产品生产为主要目的，而是在刺激交换价值增长的目的下，在世界范围内促成能"引起实际的需求"的生产的联动效应，"整个地球"在由交换价值驱动的资本流动过程中越来越紧密地捆绑在一起。

世界市场与世界文学在《宣言》中以分属于物质生产和精神生产的方式被论及。在这里，马克思只提到了世界市场，但可以根据他对两者之间关系的基本看法讨论世界文学的可能性。在追求交换价值的世界市场中，《宣言》中曾说到过的"各民族的各方面的互相往来和各方面的互相依赖"具体化为随资本的逐利性而在世界范围内发生的物质生产和精神生产分工的迁徙。一方面，世界范围内的精神生产分工当然有助于打破"民族的片面性和局限性"，使"许多种民族的和地方的文学形成了一种世界的文学"；但另一方面，世界范围内的精神生产分工中不能及时转化为交换价值的那部分生产，则面临着在世界市场上失去立足之地的可能。从后一种意义上来讲，资本逻辑中的世界文学图景或许无法像《宣言》中所设想的那么单纯美好。

二、《反思》：平等交换表象下被掩盖的阶级关系

在《伦敦笔记》文本群中，《反思》手稿写作于 1851 年 3 月，即马克思定居伦敦约一年之后，其思想语境大致可以被描述为："当时，虽然欧洲的 1848—1849 年的资产阶级民主革命已告失败，然而马克思在 50 年代上半期为了迎接新的革命高潮的到来，一方面认真总结 1848—1849 年革命失败的经验教训，同时全力以赴地加紧研究他的政治经济学，以便判明形势的发展，观察和预测经济危机，探索经济危机与革命的关系。《反思》手稿就是

---

① 《马克思恩格斯全集》第 44 卷，人民出版社 1982 年版，第 143—144 页。

在这样的历史条件下写成的。"①

正因为有着这种具体的思想语境，《反思》将主要精力放在了对即将到来的资本主义社会经济危机根源的分析上，针对亚·斯密的两种贸易说和图克的两种货币说展开逐条批驳。马克思此时针对经济危机的政治经济学研究主要倚赖的是西斯蒙第的理论②，"西斯蒙第在政治经学史上最早考察了资本主义条件下的生产过剩危机。他把危机归因于生产与消费的不合比例，即在社会财富增长的同时，人民群众的消费或有支付能力的需求却没有相应地增长。"③ 所以在《反思》中谈论到两种贸易时，马克思说"[实业家和实业家之间的] 贸易"受到"实业家和消费者之间的贸易的限制"，"工人阶级构成消费者的最大部分，所以可以说，随着工人阶级收入的减少……就会造成生产和消费之间的不相适应，从而造成生产过剩"④。从西斯蒙第的理论视角反观《反思》，可以发现其中这里在谈论实业家与实业家之间的贸易"超出"

---

① 商德文：《评维戈茨基对〈反思〉手稿的错误估价》，《马克思主义研究资料》第4卷，中央编译出版社2013年版，第122页。

② 在如何看待《反思》手稿的研究对象和研究成果这个问题上，学界有不同意见。苏联学者维·维戈茨基在《关于马克思〈伦敦笔记〉中的〈反思〉手稿》这篇文章中认为"在《反思》中，马克思从斯密所发现的贸易分为两类出发，确切地说，从分为社会生产的两个部类出发，他分析了在斯密那里所缺乏的这两个部类之间的联系，并且得出结论：在这两个部类之间并不存在斯密所说的价值平衡。后来（在《剩余价值论》和《资本论》第3卷中）马克思指出，斯密的错误是由他的教条造成的，按照这种教条，社会总产品的价值与收入总额相一致"（《马克思主义研究资料》第4卷，中央编译出版社2013年版，第105页）；我国学者沈志求在《关于马克思〈反思〉手稿和斯密两种贸易规模相等命题的探讨》一文中，则提出"由于马克思在当时还没有制定出自己的理论，所以在阐述危机问题时事实上以西斯蒙第的理论为依据"（同前，第85页），"马克思在《反思》手稿中引述斯密和图克的两种贸易、两种货币的命题所考察的是生产过剩危机，以及在商品交换中所产生的平等假象问题"（同前，第90页）；我国学者商德文在《评维戈茨基对〈反思〉手稿的错误估价》一文中，也认为"《反思》手稿的主要研究对象是经济危机问题"，"《反思》手稿中经济危机理论与其他经济理论的关系并不是像维戈茨基所讲的是一种平列的关系，而是表现为主从关系"（同前，第122页），"《反思》手稿属于马克思的政治经济学形成时期的历史文献，其中的许多思想和观点具有过渡性、易逝性和不稳定性的特点"（同前，第124页）。本书从沈、商二文的观点。

③ 沈志求：《关于马克思〈反思〉手稿和斯密两种贸易规模相等命题的探讨》，《马克思主义研究资料》第4卷，中央编译出版社2013年版，第85页。

④ 《马克思恩格斯全集》第44卷，人民出版社1982年版，第155页。

实业家与消费者之间的贸易界限时，马克思其实是在认同西斯蒙第的"生产过剩"导致经济危机说。此前，在《关于大·李嘉图〈政治经济学和赋税原理〉》中，马克思已经揭示了资产阶级生产关系的目的在于追逐交换价值，且主要是在与以工人阶级为主的消费者的交换过程中获得价值增长。而在《反思》中，马克思借助西斯蒙第的经济危机理论，认为当交换价值（消费资料的交换）的总和不及资产阶级内部的交换价值（生产资料的交换）时，危机就会爆发。

综合这两篇笔记的观点来看，资产阶级生产关系出现经济危机的原因实际上在于实业家与消费者之间，即资产阶级与工人阶级之间的交换所产生的交换价值不足。但是如果按照这一逻辑，解决资本主义社会经济危机的方法就显得过于简单：刺激工人阶级的消费，使实业家与消费者之间的贸易获得更多转化为交换价值的空间，维持生产资料的价值与消费产品的价值的平衡。可是如果现实生产关系的痼疾可以单纯从消费环节获得救治，那么这就与生产关系作为社会历史起点的历史唯物主义视野发现背离了。从这个角度来看，马克思在《反思》中从政治经济学角度思考资产阶级生产关系内在矛盾的路径还有待调整，这一调整将在1857年的《导言》中初露轮廓，即确认资产阶级生产关系的"过程总是从生产重新开始"①，从而使得游移于《反思》中的因消费不足而"生产过剩"的经济危机说显现出理论的不彻底性。

《反思》中对两种货币的论述延续了对两种贸易的论述思路："至于出现两种不同的贸易形式中的**货币**，即在真正贸易中的流通手段和在收入同商品即一部分资本想交换中的流通手段，那么，只确认它们之间的分离是不够的，问题在于它们的联系和相互作用。"② 两种货币作为流通手段对应两种贸易，虽然马克思在这里对货币的职能还没有做全面的发掘，但他对货币制度的生成原因却有比较深刻的理解。这是《反思》中理论穿透力较强的一部分内容：

> 显然，问题完全不在于商品，而在于代表商品的价值符号的兑现。商品不再是货币，它们不能再换成货币。当然，这种缺乏被归

① 《马克思恩格斯文集》第 8 卷，人民出版社 2009 年版，第 23 页。
② 《马克思恩格斯全集》第 44 卷，人民出版社 1982 年版，第 156 页。

咎于货币制度，归咎于货币制度的某种**特殊**形式。这是以货币制度的存在为基础的，同样，货币制度又以现有生产方式为基础。[1]

　　在货币制度的存在中不仅包含着［商品与货币］分离的可能性，而且已经存在着这种分离的现实性，并且这种情况证明，正是由于资本同货币相一致，资本不能实现其价值这一状况已经随着资本的存在，因而随着整个生产组织的存在而存在了。[2]

　　这两段话几乎直接从货币角度探明了资产阶级生产关系的内在矛盾：在商品与货币之间存在着由"多"到"一"的抽象，在货币与资本之间存在着价值和价值兑现的分离，货币制度只不过是在流通手段层面表征着现有生产方式的符号体系，因此经济危机的症结既不在于商品，也不在于货币制度，而在于"整个生产组织的存在"。应该来说，在对经济危机深层原因的认识上，马克思没有认同蒲鲁东之流开出的"劳动货币"等货币改革药方，这是他超出一般政治经济学家眼界的地方。

　　但马克思对货币制度认识的深刻之处不仅止于此，他从货币制度中看到了资产阶级社会关系中平等交换表象下被掩盖的阶级关系。货币制度作为一种符号体系，以交换关系为基础用抽象价值抹平了具体商品（产品）中蕴藏的多样价值；货币作为一种兑现资本所追求的交换价值的手段，实际上暗含着从实业家（资产阶级）向消费者（工人阶级）的产品流动，以及消费者（工人阶级）向实业家（资产阶级）的价值流动，所以马克思说"这就使财富具有资本的性质，并使资本和收入分开"[3]，其间现实对立着的阶级关系在无法显现出阶级属性的货币制度身上隐匿了。

　　另一方面，在货币制度充分发达的社会中，由此事实上造成了个人的实际的资产阶级平等——就他们拥有货币，而不管这种收入的来源而言。这里已经不是象古代社会那样，只有特权人物才能

---

① 《马克思恩格斯全集》第 44 卷，人民出版社 1982 年版，第 158 页。

② 《马克思恩格斯全集》第 44 卷，人民出版社 1982 年版，第 159 页。

③ 《马克思恩格斯全集》第 44 卷，人民出版社 1982 年版，第 161 页。

交换这个或那个，而是所有的人都能够获得一切，每个人都能够按照他的收入转化成的货币的数量来进行任何的物质变换。娼妓、科学、庇护权、勋章、地租、阿谀者，一切都完全象咖啡、糖、鲱鱼一样成为交换物。在等级的范围内，个人的享受，个人的物质变换，取决于个人所从属的一定的分工。在阶级的范围内，则只取决于个人所能占有的一般交换手段。在前一种情况下，个人作为受社会限制的主体，进入由他的社会地位所限制的交换。在后一种情况下，个人作为一般交换手段的所有者，进入同社会为万物的这一代表者所能提供的一切东西的交换。……这就产生了一种假象，即在这种买卖的行为中看到的不是阶级的个人，而是没有阶级性的单纯进行购买的个人。①

这段论述至少涉及了四个问题："资产阶级平等"、"一切都完全……成为交换物"、"等级"和"阶级"的差异以及"没有阶级性的单纯进行购买的个人"的"假象"。"资产阶级平等"从表述上来讲略显突兀，"平等"作为一种伴随着资产阶级革命提出的理念，这里面暗藏着马克思恩格斯早在《形态》中就已经发现的每一个新的统治阶级（包括资产阶级在内）的秘密："为了达到自己的目的不得不把自己的利益说成是社会全体成员的共同利益"，即"赋予自己的思想以普遍性的形式，把它们描绘成唯一合乎理性的、有普遍意义的思想"②。《形态》中对资产阶级统治时期占据统治地位的概念诸如"自由、平等，等等"是从历史唯物主义的宏观视野批判德意志意识形态，而《反思》中的"平等"则不再只是对概念的批判，而是在政治经济学语境的辅助下更进一步拥有了扎根于现实的土壤，即落实为以货币作为流通手段多层级伸展开去的资产阶级交换关系为经济基础的"资产阶级平等"。在这种从经济基础和概念（观念）两方面烘托出的"平等"氛围中，"一切都完全……成为交换物"在现实和逻辑上也就出现了。马克思在这里列举了几个分属于不同领域的现象，娼妓、科学、庇护权、勋章、地租、阿谀者等，文

---

① 《马克思恩格斯全集》第44卷，人民出版社1982年版，第161—162页。
② 《马克思恩格斯文集》第1卷，人民出版社2009年版，第552页。

学艺术虽未列入其中，但在"一切"之中，所以也被卷入"成为交换物"的
交换关系。以往的等级制度使文学艺术只能从属于封建领主以及宗教，而阶
级社会中的文学艺术则可以"平等"地与其他任何通过货币交换的对象自由
往来。后者用表象的"平等"掩盖了生产关系事实上的不平等，因而表现出
更多令人迷惑的"假象"。需要注意的是，虽然马克思在此处是从货币制度
的角度谈论"资产阶级平等"和交换关系的共生性，但文学艺术通过货币制
度成为商品之前，按照之前在《关于大·李嘉图〈政治经济学和赋税原理〉》
中发现的"商品生产的增长从来不是资产阶级生产的目的，价值生产的增长
才是它的目的"这一规律，文学艺术实际上在生产环节已经被追逐交换价值
的目的重构了。换句话说，自由的创作、平等的交换的文学艺术观念也是占
统治地位的资产阶级的意识形态。当然，进入交换关系的文学艺术这类精神
生产的产品也有可能被从革命的实践的意义上加以消费，即马克思乐观其成
的："工人阶级用他们超过必要生活资料的积蓄可以不去买肉和面包，而是
去买书籍以及请人讲演和召开群众大会。工人阶级有了更大的手段来占有象
精神力量这样的普遍社会力量。"① 可见，文学艺术的生产和消费虽被交换价
值裹挟进资产阶级生产关系中，但主体在其中仍可能拥有一定范围的选择
权，而这对精神生产尤为重要。

第二节　《导言》：资本是"普照的光"和笼罩于
其中的艺术生产

《导言》是马克思 1857 年在自己编号为 M 的笔记本上写下的手稿，是
一部没有完成且没有在他生前公开发表的作品。这部未完稿的开篇是从"生
产"开始的，马克思直截了当地说："摆在面前的对象，首先是**物质生产**"②。
这个开篇与十年后出版的《资本论》第一卷开篇何其相似，后者的第一册名

---

① 《马克思恩格斯全集》第 44 卷，人民出版社 1982 年版，第 162 页。
② 《马克思恩格斯文集》第 8 卷，人民出版社 2009 年版，第 5 页。

为"资本的生产过程",其第一篇第一章开头第一句是"资本主义生产方式占统治地位的社会的财富,表现为'庞大的商品堆积'"[1]。根据马克思在《〈政治经济学批判〉序言》(以下简称《序言》)中的自述,《导言》的内容是他在这一阶段内经过对政治经济学的集中研究和批判后"正要证明的结论"[2],由此可见,《导言》和《序言》在思路和理论成熟度上具有相当的连贯性。而整个《1857—1858 年经济学手稿》写作阶段,与《资本论》在思路和理论成熟度上也有一定的连贯性。这是看待《导言》在马克思思想发展历程中所处位置的必要前提。

未完成的《导言》目前来看呈现为三个主要部分,第一部分是"生产",第二部分是"生产与分配、交换、消费的一般关系",第三部分是"政治经济学的方法"。从写作的布局来看,马克思在《导言》的第一部分专门安排了关于"生产"的论述,将"生产"置于首要地位,用大量篇幅讨论了"生产"作为起点"既支配着与其他要素相对而言的生产自身,也支配着其他要素"[3]的生产一般。第二部分循政治经济学惯用的分析模式(生产、消费、分配、交换)逐层展开批驳,从论述的推进方式来看,《导言》是在对自己的批判对象发起靶向性攻击。而从论述的逻辑重点来看,《导言》是对《形态》中将生产关系置于历史唯物主义视野中心地位这一思路做进一步延伸,为后面和盘托出有别于前者的历史唯物主义政治经济学研究的方法论做准备工作。于是关键点就在于观察《导言》——经过 1850—1853 年集中地对政治经济学加以研究之后,马克思对生产以及生产关系的理解有无发生大的变化。第三部分是颇为精彩的一部分,在这一部分里马克思和盘托出了他的研究得以超越以往哲学及政治经济学研究的方法论创新,即"从抽象上升到具体"。

一、活跃在生产一般中的主体方面

《导言》在看待"生产"问题上的特点之一,是对作为范畴的"生产"

---

[1] 《马克思恩格斯文集》第 5 卷,人民出版社 2009 年版,第 47 页。

[2] 《马克思恩格斯文集》第 2 卷,人民出版社 2009 年版,第 588 页。

[3] 《马克思恩格斯文集》第 8 卷,人民出版社 2009 年版,第 23 页。

表现出更为辩证的理论态度。可以作为比照的是，在《提纲》中马克思曾决然与"市民社会"划分界限进而去强调社会关系，在《形态》中马克思恩格斯将社会关系纳入历史唯物主义视野的核心地带，在《哲学的贫困》中马克思渐次发现资产阶级生产关系对其他社会关系的主导作用——曾经的马克思（和恩格斯）在对待"生产"这个原本属于他们的批判对象的政治经济学范畴时，还没有深入探讨过"生产"中所包含的合理成分。而在《导言》中，这个问题被郑重其事地放在了第一部分来谈论：

> 生产的一切时代有某些共同标志，共同规定。**生产一般是一个抽象**，但是只要它真正把共同点提出来，定下来，免得我们重复，它就是一个合理的抽象。①

这里对"生产一般"的确认是一次有助于推进后续研究的重要思路调整。因为经过这样的调整后，发生在各个时代的一定的生产才有可能因"共同点"而进入历史性的比较序列中，才有可能在比较的过程中真正发现资产阶级生产关系的特殊所在。马克思说"如果没有生产一般，也就没有一般的生产"，这个"一般的生产"是指由"一个个**特殊的**生产部门——如农业、畜牧业、制造业等"② 集合而成的总体，它是政治经济学讨论生产范畴的逻辑起点。而按照马克思此时的思路来看，没有"生产一般"，即如果没有从每个时代都能见出共同点的"生产"作为比较基准，那么出现在资产阶级生产关系中的各种特殊的生产部门也就失去了可以称之为生产的可能性。换句话说，如果资产阶级生产关系中的意识形态家们想将"市民社会"中的各种生产部门名之为"生产"部门的话，那么不站在"生产一般"的抽象基础上是无从谈论的。所以，马克思实际上在"生产"范畴中也嵌入了历史的深度。

上述关于"生产一般"的讨论是为了给"在社会中进行生产的个人"提供关于"生产"的科学解释。马克思从《导言》的一开篇就把目光聚焦在从事生产的个人身上，不管是对斯密和李嘉图所理解的单个的孤立的人进行批

---

① 《马克思恩格斯文集》第 8 卷，人民出版社 2009 年版，第 9 页。

② 《马克思恩格斯文集》第 8 卷，人民出版社 2009 年版，第 9 页。

判，还是延续《提纲》和《形态》等著述中对"市民社会"进行批判，他关注的重点没有离开过人。这里释放出一个比较特别的讯号：在前一阶段的政治经济学批判中，马克思（和恩格斯）虽然也批判过旧唯物主义哲学将人看作是单个的孤立的人，而不是看作社会关系中的人，但他（们）更强有力的论述是放在对生产力和生产关系推动社会历史进程这一规律的发现上；而在《导言》中，"人"似乎获得了比此前更多的关注：生产关系不只是界划社会历史不同阶段的标志，更是人置身于其中进行生产的前提条件，并且同时也是由这些从事生产的人不断创造（生产）出来的结果。"人"作为生产的主体方面在《导言》中被更明显地指示出来。除了《导言》第一部分在生产一般中直接谈到人的主体方面，其余两部分也一直与对主体方面的观照结合在一起。

《导言》第二部分对政治经济学研究的"生产、分配、交换、消费"四大版块分别展开批判，主客体关系是马克思展开批判的着力点。在一开始概论四大版块间的关系时，马克思就说：

> 因而，生产表现为起点，消费表现为终点，分配和交换表现为中间环节，这中间环节又是二重的，分配被规定为从社会出发的要素，交换被规定为从个人出发的要素。在生产中，人客体化，在消费中，物主体化；在分配中，社会以一般的、占统治地位的规定的形式，担任生产和消费之间的中介；在交换中，生产和消费由个人的偶然的规定性来中介。①

在政治经济学承认的由生产和消费控制的社会关系中，"生产"环节发生主体（生产的人）的客体（产品）化转化，"消费"环节发生客体（产品）的主体（消费的人）化转化，而在"分配"和"交换"环节，则发生由社会和个人的需要共同规定的"生产"和"消费"的关系。政治经济学对生产、消费、分配和交换的认识水平不仅受限于他们对社会与个人之间关系的理解

---

① 《马克思恩格斯文集》第8卷，人民出版社2009年版，第13页。这一页的注释①对"在消费中，物主体化"中的"消费"二字做了注释："原手稿中是'人'。"

水平，还受限于他们对主客体关系的理解水平，前一种局限马克思（和恩格斯）已经就其"市民社会"这一立足点批判过了，而后一种局限则是马克思在此一阶段着重批判的。必须承认，马克思在《1844 年手稿》中就已经关注过"人"的主体方面，否则他不会说出"对于没有音乐感的耳朵说来，最美的音乐也毫无意义"这样的话，在《提纲》中也批判过旧唯物主义没有能够从主体方面将人的实践理解为"感性的人的活动"。但细致辨析主客体之间的关系对处于初建期的历史唯物主义视野而言，还需要对"实践"有更具体的了解之后才有可能做到。从生产关系主导各种社会关系的意义来看，在人的各种社会实践中经济生活是最为基础性的实践，因而明辨实践中的主客体关系只能发生在马克思恩格斯对政治经济学做了更透彻的了解和批判之后。

马克思在讨论生产和消费的关系时说"生产直接也是消费。双重的消费，主体的和客体的"①，这里的表述非常具有手稿中思考速记的特点，其中的逻辑思路是出于政治经济学将生产和消费认作是社会关系的起点和终点的考虑。马克思承认政治经济学家们在生产与消费直接合一的辩证关系上有所发现，即所谓"生产的消费"。但他很快发现政治经济学家们不承认消费中包含着生产，这无疑是一种简单机械地处理生产和消费关系的做法。马克思的目光则更为犀利，他在"生产直接也是消费"之后紧接着说"消费直接也是生产"②，并阐述了"消费的生产"的必然性。从马克思在后面的论述一直与"主体"关联在一起来看，他认为政治经济学之所以会无视生产消费的"合一"关系，关键问题是出在他们发现不了生产和消费中的主体方面，追根究底，是政治经济学家们将本来在生产关系中的人降低为市民社会中孤立无声的个人，在削平主体的历史性的同时也缩小了主体参与经济生活的范围。马克思从消费环节发起的攻击很有力：

> 但是消费也中介着生产，因为正是消费替产品创造了主体，产品对这个主体才是产品。产品在消费中才能得到最后完成。③

---

① 《马克思恩格斯文集》第 8 卷，人民出版社 2009 年版，第 14 页。
② 《马克思恩格斯文集》第 8 卷，人民出版社 2009 年版，第 14 页。
③ 《马克思恩格斯文集》第 8 卷，人民出版社 2009 年版，第 15 页。

虽然马克思是在生产完成的意义上谈论着消费的中介性，实际这里出现的"生产"和"消费"均为"生产一般"和"消费一般"，貌似仅在抽象的层面上谈论范畴之间的逻辑关系，但生产与消费间互为中介的判断已经是对政治经济学现有理论深度的超越。更何况还有一点可以证明，此时马克思的历史唯物主义视野绝不仅止于停留在从具体上升到抽象的阶段，他说"正是消费替产品创造了主体，产品对这个主体才是产品"，用到了"这个"一词来限定主体。"这个主体"显然不是抽象的主体范畴，而是具体的主体，不是抽象的人，而是一定的具体的人。马克思紧接着在概括"消费从两方面生产着生产"时谈道：

> 因为产品只是在消费中才成为现实的产品。……消费是在把产品消灭的时候才使产品最后完成，因为产品之所以是产品，不在于它是物化了的活动，而只是在于它是活动着的主体的对象。①

把产品看作是物化了的活动，与消费主体之间结成僵硬的、单一的"消费"关系，这是政治经济学对产品与消费主体之间关系的指认。但马克思不认为这种关系是对二者之间现实关系的指认，现实的情况是产品是"活动着的主体的对象"，它们之间的关系会因为这个"活动着的主体"处于不同的、具体的社会关系中而发生主客体之间关系的变化，因而即便是同一种产品也不会与不同的"这个主体"之间结成完全同质的消费关系。政治经济学这种将主客体之间关系简化处理的做法实际上是在逻辑起点上犯了"把社会当做一个单一的主体来考察"②的错误，错误的根源在于他们把社会中的个人理解为抽象同质的人类概念。所以，马克思措辞中的"这个主体"实际上透露出历史唯物主义视野溢出政治经济学和旧唯物主义哲学视野之外的深刻性，但由于在《导言》中没有来得及展开论述，这种深刻性很容易被夹杂在抽象层面的主客体关系探讨中而被忽略甚至被误解③。

---

① 《马克思恩格斯文集》第 8 卷，人民出版社 2009 年版，第 15 页。

② 《马克思恩格斯文集》第 8 卷，人民出版社 2009 年版，第 18 页。

③ 例如鲍德里亚在《符号政治经济学批判》中说："这种经验主义的假设是错误的。物远不仅是一种实用的东西，它具有一种符号的社会价值，正是这种符号的交换价值才是更为

在关注"这个主体"的生产—消费关系中，"艺术生产"就有了可以被这样理解的依据：

> 消费对于对象所感到的需要，是对于对象的知觉所创造的。艺术对象创造出懂得艺术和具有审美能力的大众，——任何其他产品也都是这样。因此，生产不仅为主体生产对象，而且也为对象生产主体。①

这一段论述与《1844 年手稿》中"只有音乐才激起人的音乐感……因为任何一个对象对我的意义（它只是对那个与它相适应的感觉来说才有意义）恰好都以我的感觉所及的程度为限"的论述之间，在主题上有明显的呼应关系，但论述的语境发生了根本性的调整：《1844 年手稿》是从人的本质进化史角度谈论艺术（音乐）与主体感性之间的关系，艺术与人之间能够达成的关系由预设的"人"的本质所实现的程度来决定；《导言》则是从生产和消费之间互为中介的角度谈论艺术对象（产品）与具有审美能力的主体之间的关系，审美主体生产艺术对象的同时艺术对象也生产审美主体，它们之间能够达成的关系不单方面由某个预设的概念决定，而是受到二者之间历史的现实的生产—消费关系的制约。马克思在论述"生产"生产着消费时是从三个层面展开的，他对艺术对象和审美主体之间关系的论述放在了"生产不仅为需要提供材料，而且它也为材料提供需要"这一层（第三层）里。而紧接着在后面论述生产和消费的"同一性"时，他也从三个层面展开，其中第三个层面是：

> 生产不仅直接是消费，消费不仅直接是生产；生产也不仅是消费的手段，消费也不仅是生产的目的，就是说，每一方都为对方提供对象，生产为消费提供外在的对象，消费为生产提供想象的对

根本的——使用价值常常只不过是一种对物的操持的保证（或者甚至是纯粹的和简单的合理化）"（第 2 页）。鲍德里亚的这个"发现"，其实马克思已经在论述产品与"活动着的主体"之间的关系时做过记号，不得不说鲍德里亚批判的"错误的"假设，应该更多的是源于对马克思主义理论的某种误解。

① 《马克思恩格斯文集》第 8 卷，人民出版社 2009 年版，第 16 页。

象；两者的每一方不仅直接就是对方，不仅中介着对方，而且，两者的每一方由于自己的实现才创造对方；每一方是把自己当做对方创造出来。①

这第三个层面的论述很显然涵盖了生产和消费关系的"直接的同一性"和互为中介的同一性这两个层面，是在前两个层面的同一性基础上看到的生产—消费更为深入对方、从而也是更为现实丰富的关系。艺术的生产和消费正是在第三个层面上具体化、现实化、历史化了原本仅作为哲学范畴被谈论的主客体审美关系，使得后者从思辨的、抽象的、无历史的哲学美学领域超拔出来，获得生产关系对其现实而丰富的多种规定。因此，"懂得艺术和具有审美能力的大众"并不能被看作是一群抽象的、孤立的审美个体的集合，仿佛他们只能服从于被艺术哲学或美学抽象出来并规定好的审美标准，艺术产品也不能被看作是为某种无关于现实的理念服务的感性形式，仿佛它只执行有关于"美"的使命——审美主体和审美对象现实关系须在现实的生产—消费关系中获得解释。但需要注意的是，《导言》是在一般性上谈论生产和消费的关系，并没有对艺术生产和消费有别于一般生产和消费的特殊性展开进一步说明，所以，这里的艺术生产观还只能作一般意义上的理解。

二、劳动一般和艺术精神的掌握

从文本结构上来看，马克思在批驳了已有的政治经济学对生产、消费、分配、交换四个要素所做的循环论证之后，就开始正面阐发自己在政治经济学研究方面的新方法。这种新方法正是他在《序言》中所提到的暂时"压下"《导言》不发表的重要原因：

　　我觉得预先说出正要证明的结论总是有妨害的，读者如果真想跟着我走，就要下定决心，从个别上升到一般。②

---

① 《马克思恩格斯文集》第8卷，人民出版社2009年版，第17页。
② 《马克思恩格斯文集》第2卷，人民出版社2009年版，第588页。

《导言》中与之相呼应的是：

> 后一种方法显然是科学上正确的方法。具体之所以具体，因为它是许多规定的综合，因而是多样性的统一。因此它在思维中表现为综合的过程，表现为结果，而不是表现为起点，虽然它是现实的起点，因而也是直观和表象的起点。在第一条道路上，完整的表象蒸发为抽象的规定；在第二条道路上，抽象的规定在思维行程中导致具体的再现。①

很显然，《导言》直接言说了"一般"，这既是"从个别上升到一般"的终点，又是"从抽象上升到具体"的起点。对于从未经历过第一上升阶段的读者而言，《导言》中直接言说的"一般"跳过了对"个别"的描述因而显得比较抽象，而对于还不了解历史唯物主义批判视野面貌的读者而言，《导言》中的"一般"作为这种批判视野的起点又不够展示出批判的价值所在。所以，马克思让《政治经济学批判》承担起带领读者"从个别上升到一般"的职责，在其《序言》里马克思公告了自己原本的写作计划，《政治经济学批判》一共分为六个部分，包括"资本、土地所有制、雇佣劳动；国家、对外贸易、世界市场"②，这六个部分的前三个是"研究现代资产阶级社会分成

---

① 《马克思恩格斯文集》第 8 卷，人民出版社 2009 年版，第 25 页。

② 《马克思恩格斯文集》第 2 卷，人民出版社 2009 年版，第 588 页。由于《政治经济学批判》出版联络工作与斐·拉萨尔密切相关，马克思在这一阶段写给拉萨尔的信中多次提及他关于《政治经济学》的写作计划及其理论价值，例如在 1858 年 2 月 22 日写给拉萨尔的信中，马克思提到"全部著作分成六个分册：(1) 资本（包括一些绪论性的章节）；(2) 地产；(3) 雇佣劳动；(4) 国家；(5) 国际贸易；(6) 世界市场"（《马克思恩格斯全集》第 29 卷，人民出版社 1972 年版，第 531 页）；在同年 3 月 11 日写给拉萨尔的信中他又提到"第一分册无论如何应当是一部比较完整的著作……这一分册包括：(1) 价值，(2) 货币，(3) 资本一般（资本的生产过程，资本的流通过程，两者的统一，或资本和利润、利息）"（同前，第 534 页）；在同年 11 月 12 日写给拉萨尔的信中，马克思说"1. 它是十五年的、即我一生的黄金时代的研究成果。2. 这部著作第一次科学地表述了对社会关系具有重大意义的观点"（同前，第 546 页）；在 1859 年 2 月 1 日马克思写给约·魏德迈的信中又提到《政治经济学批判》的写作计划："我把全部政治经济学分为六册：资本；地产；雇佣劳动；国家；对外贸易；世界市场。"（同前，第 553 页）；在同年 3 月 28 日写

的三大阶级的经济生活条件"①，这正是"从个别上升到一般"中的"个别"。但很显然，在实际的写作过程中，马克思调整了自己的写作重点，主要的一章"资本"并没有安排在《政治经济学批判》中，这表明在马克思的思考中"资本"的理论地位正在逐渐发生变化，从中透露出后来《资本论》单独成书的思路变化契机。

为了说明从抽象上升到具体在方法上的科学性，马克思例举"劳动"这个范畴来论证简单范畴和具体范畴之间的关系：

> 可见，比较简单的范畴，虽然在历史上可以在比较具体的范畴之前存在，但是，它在深度和广度上的充分发展恰恰只能属于一个复杂的社会形式，而比较具体的范畴在一个比较不发展的社会形式中有过比较充分的发展。②

"劳动"曾经是《1844年手稿》中的关键词，马克思当时从"异化劳动"的角度解释了资产阶级社会中私有财产的来源，批判了人的异化，并且在范畴的使用过程中未对生产和劳动做明显的区分。而从《导言》中对"劳动"范畴所做的历史规定来看，马克思此时的理解显然深刻了许多：

> 劳动似乎是一个十分简单的范畴。它在这种一般性上——作为劳动一般——的表象也是古老的。但是，在经济学上从这种简单性上来把握的"劳动"，和产生这个简单抽象的那些关系一样，是现代的范畴。③
>
> 对任何种类劳动的同样看待，以各种现实劳动组成的一个十分发达的总体为前提，在这些劳动中，任何一种劳动都不再是支配一

给拉萨尔的信中他说："你将看到，第一篇还不包括主要的一章，即第三章——资本。从政治上考虑，我认为这是适当的，因为真正的战斗正是从第三章开始，我认为一开始就使人感到害怕是不明智的"（同前，第568页）。

① 《马克思恩格斯文集》第2卷，人民出版社2009年版，第588页。
② 《马克思恩格斯文集》第8卷，人民出版社2009年版，第27页。
③ 《马克思恩格斯文集》第8卷，人民出版社2009年版，第27页。

切的劳动。所以，最一般的抽象总只是产生在最丰富的具体发展的场合，在那里，一种东西为许多东西所共有，为一切所共有。这样一来，它就不再只是在特殊形式上才能加以思考了。另一方面，劳动一般这个抽象，不仅仅是各种劳动组成的一个具体总体的精神结果。对任何种类劳动的同样看待，适合于这样一种社会形式，在这种社会形式中，个人很容易从一种劳动转到另一种劳动，一定种类的劳动对他们说来是偶然的，因而是无差别的。这里，劳动不仅在范畴上，而且在现实中都成了创造财富一般的手段，它不再是同具有某种特殊性的个人结合在一起的规定了。①

马克思首先确认了"劳动"被实质上当作"劳动一般"来理解的现实处境，"现代"指的是资产阶级生产关系主导各种社会关系的时代，也是历史唯物主义对"一定的"社会历史阶段的指认。这个社会历史阶段的特点是"劳动一般"不仅是理论范畴的抽象，还是"各种现实劳动组成的一个十分发达的总体"的现实存在，理论的抽象和现实的具体在"现代"社会里实现了同一。由此带来现实的各类劳动以创造财富为目的，相互之间进行无差别的交换，而劳动中的主体方面却被遗忘，即劳动"不再是同具有某种特殊性的个人结合在一起的规定"，劳动成为了不以主体为目的的劳动。马克思在这里并没有提及"劳动异化"，但又分明就是对《1844 年手稿》中"劳动异化"的回应，只不过言说"劳动"的语境发生了巨大的变化，指导批判的方法也发生了质性的飞跃。

在《导言》中，马克思既肯定了黑格尔哲学方法论"从抽象上升到具体"的合理性，同时也揭示了这种方法的错误在于把思维掌握具体并将其在精神上再现出来的方式等同于"具体本身的产生过程"②。这是马克思借对黑格尔的批判在对自己的思考路径做整理，也因此他会将以思想的方式掌握世界与以其他方式在精神层面掌握世界进行比较，于是牵涉到对于马克思主义文学批评而言非常重要的一段论述：

---

① 《马克思恩格斯文集》第 8 卷，人民出版社 2009 年版，第 28—29 页。
② 《马克思恩格斯文集》第 8 卷，人民出版社 2009 年版，第 25 页。

> 整体，当它在头脑中作为思想整体而出现时，是思维着的头脑的产物，这个头脑用它所专有的方式掌握世界，而这种方式是不同于对于世界的艺术精神的，宗教精神的，实践精神的掌握的。实在主体仍然是在头脑之外保持着它的独立性；只要这个头脑还仅仅是思辨地、理论地活动着。①

这里出现的几种掌握世界的方式由于理解的差异和译文的变动，当然最根本的原因是马克思除此之外再未对这些提法做进一步的阐发，导致在后来不同研究者的解读中出现歧义纷呈的局面。②

结合马克思在《导言》中侧重于从"活动着的主体"的角度谈论生产关系这一思路特点，在理解这里所说的掌握世界的方式时或有线索——当然，这是在承认《导言》的写作具有内在的思路连贯性的前提之下推导出的线索。如果循马克思在《导言》前两部分的思路来解读第三部分，那么，从作为一定的生产关系中的"这个主体"的角度看，它必然会因处于多样而具体的社会关系中而与客体形成难以数计的具体的关系，从而带来它在掌握世界方式上的多样性。这里的"掌握"主要是在主体对待客体的层面上来谈论的：从哲学领域来讲，主体是用思想整体掌握世界；从宗教领域来讲，主体是通过将世界二重化为宗教世界和世俗世界两个世界的方式③掌握世界；从实践领域来讲，主体是用参与物质生产和精神生产的感性的人的活动掌握世界；而从艺术领域来讲，主体是凭借特殊的个体所持有的"美学观点和史学观点"掌握世界。换个角度来看，"世界"的确因为被主体以不同方式来"掌

---

① 《马克思恩格斯文集》第8卷，人民出版社2009年版，第25—26页。

② 可参见卢铁澎:《"实践—精神的"掌握方式之异读歧见》，《首都师范大学学报（社会科学版）》2012年第2期，这篇文章比较精练地概括了目前学界对掌握世界的方式所做的几种主要的解读。

③ 《关于费尔巴哈的提纲》，《马克思恩格斯文集》第1卷，人民出版社2009年版，第500页。另外，费尔巴哈在《宗教的本质》中说:"宗教的整个本质表现并集中在献祭之中。献祭的根源便是依赖感——恐惧、怀疑、对后果的无把握、未来的不可知、对于所犯罪行的良心上的咎责，而献祭的结果、目的则是自我感——自信、满意、对后果的有把握、自由和幸福"（王太庆译，商务印书馆2010年版，第31—32页，着重号为原文所有——引者注），从费尔巴哈的角度看，宗教精神掌握世界的方式是主体凭借依赖感和自我感掌握世界。

握"而在主体意识层面上呈现为丰富的样貌，有政治经济学的，有哲学的，有历史唯物主义的，有文学艺术的等。此前初建的历史唯物主义批判视野偏重于从生产关系的角度看待历史进程，故而文学艺术这些精神生产领域的发展，也被看作是随着一定的生产关系的变革而发生变革；此时的《导言》对主体方面发起关注，是马克思在《形态》之后经过《伦敦笔记》对政治经济学的深度研究，结合生产关系的基础，重新调整历史唯物主义逻辑起点的尝试——由于主体方面的加入，从主体角度掌握世界的方式的多样性，将会带来精神产品与生产关系远为复杂丰富甚至扑朔迷离的互动关系，文学艺术置身于这种关系中将会获得更富弹性的阐释空间。从这个意义上来看，《导言》中提及的艺术精神掌握世界的方式，朝前无疑呼应了《形态》中发现的意识与经验的不同步性，向后又引申出《导言》文末处所说的"物质生产的发展例如同艺术发展的不平衡关系"，再更向后引申出《序言》中对随经济基础的变更发生"或快或慢"变化的意识形态的形式。而且，从强调主体方面的角度来看，《导言》此处也无疑向《提纲》第一条中的责问提交了答卷："从前的一切唯物主义（包括费尔巴哈的唯物主义）的主要缺点是：对对象、现实、感性，只是从**客体的或者直观**的形式去理解，而不是把它们当做**感性的人的活动**，当作**实践**去理解，不是从主体方面去理解。因此，和唯物主义相反，唯心主义却把**能动的**方面抽象地发展了"①。历史唯物主义给予了主体方面应有的关注和尊重。

第三节　《1857—1858年经济学手稿》中的思路调整：从货币到商品

马克思在1857年12月8日写给恩格斯的信中说："我现在发狂似地通宵总结我的经济学研究，为的是在洪水之前至少把一些基本问题搞清楚。"②

---

① 《马克思恩格斯文集》第1卷，人民出版社2009年版，第499页。
② 《马克思恩格斯全集》第29卷，人民出版社1972年版，第219页。

这一研究过程的重要痕迹就保存在《1857—1858 年经济学手稿》中。马克思在这部手稿中重新调整了自己在政治经济学研究方面的思路，将《伦敦笔记》中因探究经济危机的根源而重点关注过的货币制度这一思路，调整为从商品着眼展开对资产阶级生产关系内在秘密的论述。此后，《政治经济学批判》和《资本论》都是以对商品的论述开篇。

《1857—1858 年经济学手稿》是马克思"一生中的黄金时代的研究成果"[①]，但它正式出现在研究界视野中的时间比较晚，是在 1939—1941 年期间，"莫斯科第一次用德文原文出版，编者加的标题是《政治经济学批判大纲（草稿）（1857—1858）》，从此这部手稿就以《政治经济学批判大纲》闻名于世"[②]。从《1857—1858 年经济学手稿》（以下简称《大纲》）出现在世人面前，就一直被作为《资本论》的第一稿来看待，它的重要性不言而喻。[③]

一、延续的思路：交换价值中的货币和商品

《大纲》由七个笔记本组成，马克思用罗马数字 Ⅰ—Ⅶ 为这些笔记本编号。根据 MEGA^2 中的记载，在笔记本 Ⅰ 上马克思"用较大的字体为这一部分写了一个范围显著扩大了的标题：'Ⅱ.）**货币章**'，而且'**货币**'这个词用特别大而粗的字体写的；Ⅱ.）是后来补加的"[④]。而《大纲》的最后一章"价

---

① 《马克思恩格斯文集》第 10 卷，人民出版社 2009 年版，第 167 页。这是马克思 1858 年 11 月 12 日在写给斐·拉萨尔的信中对《1857—1858 年经济学手稿》的定位。

② 《马克思恩格斯文集》第 8 卷，人民出版社 2009 年版，第 600 页。

③ 关于《大纲》与《资本论》的关系，研究界至少存在两种意见：一种认为《大纲》是《资本论》的草稿，因而对《大纲》中的思想观点的阐释主要从《资本论》出发，关注二者之间的连续性；另一种是将《大纲》作为一个相对独立的文本看待，侧重发现《大纲》自身的理论创见。虽然两种意见在读取《大纲》思想内容的结论上有差异，但无论如何，《大纲》在马克思主义思想发展史上具有重要地位却是两种意见都不否认的。正如英国学者霍布斯鲍姆在《大纲》诞生 150 年时谈及这份手稿的意义时所说的："无论对其意义有何争议，1857—1858 手稿显然是为《资本论》所做的理论努力的一部分，特别是作为一位经济学家的马克思成熟时期的代表作"（《马克思主义研究资料》第 5 卷，中央编译出版社 2013 年版，第 218 页）。

④ 《马克思主义研究资料》第 5 卷，中央编译出版社 2013 年版，第 52 页。

值"① 前的编号为"Ⅰ."，并且马克思在这一章的开篇第一句就写道"这一篇应补充进去"②，即补充到"Ⅱ.) 货币章"之前。这表明，马克思在撰写这部并不打算发表的手稿时，批判的逻辑起点仍在不断调整，从货币调整到价值（商品）。

在"货币章"的开篇部分，马克思批判了达里蒙等蒲鲁东主义之流的流通理论之后，提出这样的质问：

> 在这里，我们涉及到基本问题……这个问题一般说来就是：是否能够通过改变流通工具——改变流通组织——而使现存的生产关系和与这些关系相适应的分配关系发生革命？进一步说就是：是否能够对流通进行这样的改造，而不触动现存的生产关系和建立在这些关系上的社会关系？③

这是对《反思》中提出的"货币制度又以现有生产方式为基础"这一观点的进一步追问。对此，马克思自问自答："只要货币仍然是重要的生产关系，那么，任何货币形式都不可能消除货币关系固有的矛盾，而只能在这种或那种形式上代表这些矛盾"④。《导言》中的马克思洞悉了生产—消费—分配—交换之间的关系之后，在《大纲》这里对货币制度改革之于生产关系内在矛盾的反哺功能保持了清醒的认识。可以说马克思在《大纲》中始终都是在生产作为起点的政治经济学研究深度上谈论货币的身份，也因而沿着对货币与交换价值之间关系的关注，延伸到对交换价值的承担者——商品——的关注上。

在"价值"章里，马克思专门谈论了商品价值的二重性问题，即商品的交换价值和使用价值。但实际上，"货币章"的论述中，马克思已经在谈论这个问题了，只不过在这一章中马克思是在通过谈论商品价值的二重性来谈

---

① 《马克思恩格斯全集》第 46 卷下册的注释 93 中说："这是马克思对自己的经济学著作的第一章的最初称呼，在这一草稿完成后不久又取名为《商品》"（第 563 页）。

② 《马克思恩格斯全集》第 46 卷下册，人民出版社 1980 年版，第 411 页。

③ 《马克思恩格斯全集》第 46 卷上册，人民出版社 1979 年版，第 63 页。

④ 《马克思恩格斯全集》第 46 卷上册，人民出版社 1979 年版，第 64 页。

论货币的属性。在马克思看来，商品的交换价值是使产品变身为商品的那种社会关系，在这个意义上，一切商品都具有与一般尺度货币进行交换的属性，因而从社会关系层面来看"商品是**货币**"①；作为失去了具体的质的规定性而只拥有一般性的商品，在与生产关系的对应关系中，它就只能"是生产关系的单纯符号，字母，是它自身价值的单纯符号"②；根据商品即货币的逻辑推论，货币也就是符号体系。于是货币的属性显现为：

> （1）商品交换的尺度；（2）交换手段；（3）商品的代表（因此作为契约上的东西）；（4）同特殊商品并存的一般商品。所有这些属性都单纯来自货币是同商品本身相分离的、物化的交换价值这一规定。（货币是和其他一切商品相对立的一般商品，是其他一切商品的交换价值的化身，——货币的这种属性，使货币同时成为资本的已实现的和始终可以实现的形式，成为资本的始终有效的表现形式……③

货币的属性不只是政治经济学家们在经济学表象上观察到的交换尺度和交换手段，还身负着"商品的代表"和"一般商品"的隐秘使命。"商品的代表"指的是"作为商品的商品的象征"，"**它代表劳动时间本身**"④，它可以是金银，也可以是纸币，是资产阶级生产关系中约定俗成的对商品的抽象性的认可；"一般商品"则是无差别地拥有交换价值共性的商品，其中没有部门，没有类别，抹平差异，它保证了商品能够在资产阶级生产关系的各个层级无障碍地交换——这两种使命直接与资产阶级生产关系对应。货币就这样同时剥离了生产关系中生产与交换的具体性，以生产关系的符号的身份使自己成为资本的可兑换形式。

货币以符号属性表征交换价值的身份使它成为资产阶级生产关系追逐的物化对象。《导言》中活跃在马克思思考语境中的主体方面在《大纲》中再

---

① 《马克思恩格斯全集》第 46 卷上册，人民出版社 1979 年版，第 85 页。

② 《马克思恩格斯全集》第 46 卷上册，人民出版社 1979 年版，第 85 页。

③ 《马克思恩格斯全集》第 46 卷上册，人民出版社 1979 年版，第 90 页。

④ 《马克思恩格斯全集》第 46 卷上册，人民出版社 1979 年版，第 89 页。

度跃出，这里出现了对交换关系是外在于生产者的权力的论断，并从"异己"的角度对资产阶级交换关系奴役生产者的现状提出了批判：

> 交换的需要和产品向纯交换价值的转化，是同分工，也就是同生产的社会性按同一程度发展的。但是，随着生产的社会性的发展，**货币**的权力也在同一程度上发展，也就是说，交换关系固定为一种对生产者来说是外在的、不依赖于生产者的权力。最初作为促进生产的手段出现的东西，成了一种对生产者来说是异己的关系。①

可以在这段论述中看到，此前曾在马克思不同时期的思考语境中出现过的分工、异己、生产、货币、交换这些范畴融汇在一起，在马克思对资产阶级生产关系的秘密有了比较清楚的把握之后，这些范畴按照它们在现实中的相对位置重新调整了它们在叙述中的相对关系，都在历史唯物主义政治经济学的批判视野中获得具体的所指。尤其"异己"这种表述方式，几乎重新进入到与马克思在《1844 年手稿》中以人本主义语调批判过的"异化劳动"或"人的异化"近似的思考角度，但这里的思考取道于对交换关系溢出资产阶级生产关系的政治经济学观察，并承认生产劳动的基础性地位，因而生产者被"异己"的权力控制这种现象就有了具体的现实的社会历史批判依据，而不再只是凭借抽象的人的类本质展开道德评价甚至指责。

进而马克思在思考"商品同货币并存，是否从一开始就掩盖了随着这种关系本身而产生的矛盾"这一问题时，发现了商品与自身的异化：

> 因为商品的可交换性是作为货币存在于商品之外，所以它就成为某种和商品不同的、对商品来说是异己的东西；商品还必须和这种东西等同，可见，商品最初是和这种东西不等同的；而等同本身取决于外部条件，也就是说，是偶然的。②

---

① 《马克思恩格斯全集》第 46 卷上册，人民出版社 1979 年版，第 91 页。

② 《马克思恩格斯全集》第 46 卷上册，人民出版社 1979 年版，第 93 页。

由生产者处于"异己"的交换关系中，追溯到交换关系的承载者——商品以及货币——内部的"异己"，这是马克思一步步接近资产阶级生产关系内在矛盾根源的轨迹。商品价值的二重性中继续包裹着交换价值的二重性，即买和卖在时间和空间上的分离，而这又造成了"脱离交换者的职能而独立化"的商业及商人阶层的生长，在流通与消费之间潜伏着由于两者"完全不同的规律和动机"而产生的"最大的矛盾"① 导致供求关系"完全颠倒"——这无疑又是另一个层面的"异己"，即生产关系的异化。

在"货币章"的最后一部分，马克思触及了"资产阶级社会条件下社会关系的物化"② 这一现象，而在交换关系中作为抵押品的货币正是这种物化关系的表征。对此，马克思顺着政治经济学们的观点追问：

> 在这种场合，经济学家自己就说，人们信赖的是物（货币），而不是作为人的自身。但为什么人们信赖物呢？显然，仅仅是因为这种物是人们互相间的**物化的关系**，是物化的交换价值，而交换价值无非是人们互相间生产活动的关系。③

随着交换关系与生产者的异化，到交换关系内部商品与货币的异化，再到生产关系的异化，到社会关系的异化，马克思在《大纲》中观察到了资产阶级生产关系中不同层面的异化现象，很显然，这一思路从《1844 年手稿》一直延伸至此连绵不绝。但与《1844 年手稿》在异化现象不太相同的态度是，马克思不是否认而是承认异化的历史必然性，因为异化是"全面发展的个人"得以实现的历史前提——再次呼应了曾在《导言》的最后一部分关于希腊神话和史诗魅力的讨论（这在本书引论部分已做论述）。

在因交换关系溢出生产关系的制约而产生最多异化现象的资本主义社会形式中，异化现象的存在具有历史必然性。在承认这一历史前提之后，货币不但不能被视为制造经济危机的罪魁祸首，反而应当被视为匹配资本驱动这

---

① 《马克思恩格斯全集》第 46 卷上册，人民出版社 1979 年版，第 94 页。
② 《马克思恩格斯全集》第 46 卷上册，人民出版社 1979 年版，第 106 页。
③ 《马克思恩格斯全集》第 46 卷上册，人民出版社 1979 年版，第 107 页。

个社会形式运转的力量。货币作为财富的物质代表的第三种规定性浮出货币历史的水平面，财富"这个总体作为想象的商品总汇存在于货币本身之中"①，货币于是成为"致富欲望的**唯一**对象"②：

> 这种欲望实质上就是万恶的求金欲。致富欲望本身是一种特殊形式的欲望，也就是说，它不同于追求特殊财富的欲望，例如追求服装、武器、首饰、女人、美酒等等的欲望，它只有在一般财富即财富本身个体化为一种特殊物品的时候，也就是说，只有在货币表现在它的第三种规定上的时候，才可能发生。③

在这个向往一般财富的社会中，由于一般财富的无止境，劳动为了获得无止境的财富的物质代表（货币）而勤劳不辍。所以，"求金欲"并不只是表现为交换关系中的主体方面，更是在生产关系的主体方面已经做了调整——雇佣劳动。雇佣劳动不是特殊形式的劳动，而是资产阶级社会一般形式的劳动，即一般性劳动与一般性的财富（货币）相匹配。这种劳动导致"任何生产都是个人的物化"④，人与人自身的异化在资产阶级社会的交换关系中毫不掩饰地袒露出来。

二、可能作为商品的文学艺术

《大纲》的"价值"章虽没有写完，但在目前仅见的这些文字中，能见出马克思在商品价值二重性的思考上所及的深度。这种深度一方面是源自马克思对政治经济学研究的持续推进，另一个很重要的原因是"价值"章作为《大纲》七个笔记本中最后写作的部分，虽然马克思后来认为在叙述线索上应当从"价值"章再到"货币章"，但实际上"价值"章中的思想深度却是经过"货币章"和"资本章"淬炼之后的结果。

---

① 《马克思恩格斯全集》第 46 卷上册，人民出版社 1979 年版，第 170 页。
② 《马克思恩格斯全集》第 46 卷上册，人民出版社 1979 年版，第 171 页。
③ 《马克思恩格斯全集》第 46 卷上册，人民出版社 1979 年版，第 171—172 页。
④ 《马克思恩格斯全集》第 46 卷上册，人民出版社 1979 年版，第 176 页。

"价值"章直接论述了商品价值的二重性：

> 表现资产阶级财富的第一个范畴是**商品**的范畴。商品本身表现为两种规定的统一。商品是**使用价值**，即满足人的某种需要的物。这是商品的物质的方面，这方面在极不相同的生产时期可以是共同的，因此不属于政治经济学的研究范围。使用价值一旦由于现代生产关系而发生形态变化，或者它本身影响现代生产关系并使之发生形态变化，它就属于政治经济学的范围了。……然而事实上，商品的使用价值是既定的前提，是某种特定的经济关系借以表现的物质基础。正是这种特定的关系给使用价值打上商品的印记。……
>
> ……使用价值和交换价值虽然在商品中直接结合在一起，同样它们又是直接分开的。交换价值不仅不是由使用价值决定，而且正好相反，商品之所以成为商品，实现为交换价值，只是因为它的所有者不把它当作使用价值来对待。只有通过商品的转让，通过商品同别的商品相交换，商品的所有者才能占有使用价值。通过转让而进行占有，这是这样一种社会生产制度的基本形式，这种社会生产制度的最简单、最抽象的表现就是交换价值。①

这一段重要论述的结论与《关于大·李嘉图〈政治经济学和赋税原理〉》中"商品生产的增长从来不是资产阶级生产的目的，价值生产的增长才是它的目的"的判断几乎是一致的，都将资产阶级生产关系的主要目的定位在交换价值或价值增长；不太一致的地方在于，在《关于大·李嘉图〈政治经济学和赋税原理〉》（还包括《反思》）中，货币制度被认为是资产阶级生产关系出现经济危机的原因，而在《大纲》的"价值"章中，很显然，交换价值只是商品价值二重性中的一重，在资本追逐交换价值并兑现为货币的过程中，货币制度出现在交换环节的末端，比货币更能隐匿资产阶级生产关系秘密的表象是商品，因为商品既是生产出来的产品用于追求交换价值之后的身份，又是与货币进行抽象价值交换的对象。商品连接了生产和交换，资产阶

---

① 《马克思恩格斯全集》第46卷下册，人民出版社1980年版，第411—412页。

级生产关系的秘密应该藏身于此，这也应是马克思在完成了"货币章"、"资本章"后又重新考虑将"价值"章排在开篇的原因所在。

"商品的使用价值是既定的前提，是某种特定的经济关系借以表现的物质基础。正是这种特定的关系给使用价值打上商品的印记"——这两句话，充分展现了历史唯物主义批判视野与政治经济学视野融合之后的思想魅力——"经济关系"和"物质基础"，一个属于政治经济学的范畴，一个源自哲学范畴，但在马克思的思考语境中，二者互为对方的表现形式。"特定的经济关系"具体地改变物与人之间的关系，从而使物在人这里显现为具体的使用价值。这意味着在物的使用价值中马克思也充分关注到了历史的和主体的维度，并没有拘泥于政治经济学对商品物质属性的机械处理，即"把资产阶级生产的各种社会形式从物质材料上剥离下来并竭力把它们作为独立的考察对象固定下来"①的做法。所以，按照这样的逻辑来看，马克思也会将处于资产阶级生产关系中的文学艺术产品的使用价值看作是"特定的关系"为其打上的"商品的印记"。换句话说，不是文学艺术天然地具有怎样固定不变的物质属性以及由此与主体形成怎样固定不变的或理应如此的关系，而是文学艺术会因所处的具体的社会关系的变化而与主体之间建构起具体的关系（比如审美关系）。资产阶级生产关系中的文学艺术被卷入对交换价值的追求中，不可避免地会被打上"商品的印记"，因而被德国古典美学抽象出的审美关系、艺术哲学概括出的审美价值也不可避免地会被置于文学艺术商品的使用价值地位，通过"转让"其使用价值而由资产阶级获取交换价值。当然，这里谈论的是依照马克思在"价值"章中的逻辑推论出来的文学艺术商品价值二重性的构成，实际上文学艺术如何成为商品比一般商品要更为复杂多因。

在观察了资产阶级社会中商品价值的二重性之后，马克思的思路很自然地延伸到现代私人交换制度的历史深处，他发现交换"是在共同体的尽头——在它们的边界上，在不同共同体的接触点上开始的"②，也就是说，私人交换制度表现为以往各种社会经济制度的历史结果：

---

① 《马克思恩格斯全集》第46卷下册，人民出版社1980年版，第411页。

② 《马克思恩格斯全集》第46卷下册，人民出版社1980年版，第412页。

不久前有人又发现公社所有制是斯拉夫族特有的一种奇异现象。事实上，印度为我们提供了这种经济共同体的各种各样形式的典型，它们虽然或多或少已经解体了，但仍然完全可以辨认出来；经过更仔细地研究历史，又发现这种共同体是一切文明民族的起点。以私人交换为基础的生产制度，最初就是这种原始共产主义在历史上解体的结果。不过，又有整整一系列的经济制度存在于交换价值控制了生产的全部深度和广度的现代世界和这样一些社会形态之间，这些社会形态的基础是这样一种公社所有制，它虽然已经解体，但是并未 [……] ①

马克思在这里很粗线条地勾勒出经济制度的发展历史：原始共产主义（公社所有制）——系列的经济制度—现代世界。由于手稿写到这里就中断了，这根粗线条的经济制度发展史线索必须对照此前写在"货币章"中的相关论述来看：

人的依赖关系（起初完全是自然发生的），是最初的社会形态，在这种形态下，人的生产能力只是在狭窄的范围内和孤立的地点上发展着。以**物的**依赖性为基础的人的独立性，是第二大形态，在这种形态下，才形成普遍的社会物质变换，全面的关系，多方面的需求以及全面的能力的体系。建立在个人全面发展和他们共同的社会生产能力成为他们的社会财富这一基础上的自由个性，是第三个阶段。第二个阶段为第三个阶段创造条件。因此，家长制的，古代的（以及封建的）状态随着商业、奢侈、**货币**、**交换价值**的发展而没落下去，现代社会则随着这些东西一道发展起来。②

这段论述涉及了人类社会的三种形态：人群共同体形态—物的依赖性形态—个人全面发展形态。这三种形态与上一段论述中粗线条勾勒的三阶段

---

① 《马克思恩格斯全集》第46卷下册，人民出版社1980年版，第412页。
② 《马克思恩格斯全集》第46卷上册，人民出版社1980年版，第104页。

的经济制度发展史有一定程度的对应关系：（1）人群共同体形态对应原始共产主义（公社所有制）和一系列以私人交换为基础的经济制度；（2）物的依赖性形态对应的是"交换价值控制了生产的全部深度和广度的现代世界"；（3）个人全面发展形态所对应的经济制度，在"价值"章中虽未明确提出，但按照马克思一贯的思路来看，与之相应的经济制度应该是以社会劳动获取社会财富的共产主义经济制度。

其中，物的依赖性形态是现代世界的特性，这个世界从人的依赖性形态发展而来，也从以私人交换为基础的经济制度发展而来。正如马克思在"价值"章最后未写完的那句话中所说，此前的世界"虽然已经解体，但是并未［……］"，并未从现代世界中完全抹去其痕迹，即在现代世界中"仍然完全可以辨认出来"。所以现代世界是一个在社会形态和经济制度上都夹杂着、包含着、残留着此前社会形态和经济制度痕迹（要素）的社会，这与在《形态》中提出的意识与经验的"不同步性"，在《导言》中提出的艺术精神掌握世界的特殊性以及物质生产与艺术生产的"不平衡性"有一定的呼应之意——更准确地说，前者为后者（"意识／经验"，或"艺术精神掌握世界"，或"艺术生产／物质生产"）从历史唯物主义的政治经济学史角度提供了有迹可循的事实支撑，帮助意识、艺术精神、艺术生产在经济制度史和社会形态史层面落实下来，为它们与经济基础之间呈现出的"不同步性"、"不平衡性"提供了历史维度的解释。现代世界之前的世界，它（们）的意识、艺术精神掌握世界以及艺术生产的痕迹都不可避免地会在现代世界中"仍然完全可以辨认出来"，夹杂、包含、残留在现代世界的意识、艺术精神掌握世界以及艺术生产中。所以，物的依赖性社会形态中的文学艺术及其观念并不一定直接显现为对这种物的依赖性的反映（认同），相反，有可能还会显现为对物的依赖性的质疑、否定以及批判。因为曾在人的依赖关系这种最初的社会形态中产生的"个人显得比较全面"的文学艺术成就及其观念，还会一直延续到现代世界，比如希腊神话和史诗，比如高贵的单纯与静穆的伟大，它们对现代世界中的文学艺术而言已成为"就某方面说来还是一种规范和高不可及的范本"，既是规范和典范，也是对现代世界的文学艺术无声的"批判"。

第四章 1857—1863 年之间：着眼于 "人"的资本批判视野

诚然，《大纲》的"货币章"、"资本章"和"价值"章是一个整体，不应该被割裂开来看待。但同样不可否认的是，《大纲》中的"资本章"又是手稿中无可争议的重中之重，这一章不仅在篇幅体量上所占份额最大，而且在直接开启《资本论》写作思路的轨迹上也清晰可见。《导言》中马克思就曾经预告过"资本是资产阶级社会的支配一切的经济权力"①，他在《大纲》中对资本的专门论述，是他对此前这一思路的进一步拓展和深化，与此后他揭示资产阶级社会的资本逻辑之间的关系也相当密切。因此，将《大纲》中的"资本章"放在马克思 1857—1859 年之间的经济学研究中，将它们看作一个整体，从中可以观察到《资本论》成文之前一个相对完整的思想创作阶段。这一阶段包括的主要文本有《大纲》、《〈政治经济学批判〉序言》、《政治经济学批判（第一分册)》、《剩余价值理论》等。

第一节 《1857—1858 年经济学手稿》 "资本章"中的资本

《大纲》中的"资本章"承接"货币章"而来，从货币到资本，从流通

---

① 《马克思恩格斯文集》第 8 卷，人民出版社 2009 年版，第 31—32 页。

领域／交换关系到生产领域／生产关系，这是马克思迈向资产阶级社会核心秘密的路径。"资本章"是从《大纲》七个笔记本的笔记本 Ⅱ 开始写作的，基本写作时间为 1857 年 11 月到 1858 年 5 月末①。

一、从货币走向深处：资产阶级社会的"平等和自由"

在《大纲》"资本章"的第一篇"资本的生产过程"中，有一段关于"平等和自由"观念的论述：

> 可见，平等和自由不仅在以交换价值为基础的交换中受到尊重，而且交换价值的交换是一切**平等**和**自由**的生产的、现实的基础。作为纯粹观念，平等和自由仅仅是交换价值的交换的一种理想化的表现；作为在法律的、政治的、社会的关系上发展了的东西，平等和自由不过是另一次方的这种基础而已。而这种情况也已为历史所证实。这种意义上的平等和自由恰好是古代的自由和平等的反面。古代的自由和平等恰恰不是以发展了的交换价值为基础，相反地是由于交换价值的发展而毁灭。②

马克思在这里把平等和自由这类资产阶级"纯粹观念"看作是"交换价值的交换的一种理想化的表现"，后者是前者产生的基础；这些"纯粹观念"同时又是在法律的、政治的、社会的关系上发展起来的。但不管是资产阶级的观念，还是法律的、政治的、社会的关系，二者都是对"交换价值的交换"这一现实基础的表现，区别在于表现的程度和方式，马克思用了"次方"这一形象的说法来区别二者。资产阶级的纯粹观念是现实基础的"另一次方"，所谓"理想化的表现"正是针对的"另一次方"中的"另"，言下之意则是说观念比法律的、政治的、社会的关系对现实基础的次方要更为高阶，观念

---

① 《大纲》"资本章"的写作时间依据来自《马克思恩格斯全集》历史考证版第 2 部分第 1 卷第 1 册副册和第 2 册的相关说明，见《马克思主义研究资料》第 5 卷，中央编译出版社 2013 年版，第 53—60 页。

② 《马克思恩格斯全集》第 46 卷上册，人民出版社 1979 年版，第 197 页。

与现实基础之间的联系所能涵盖的信息量要更为复杂。这一形象的说法与后来马克思在《序言》中用经济基础和上层建筑的关系来表述他的历史唯物主义政治经济学研究所得到的"总的结果"之间，在思路上有前后呼应关系。

"资本章"的开篇是"资本的生产过程"，但在第一节"货币转化为资本"的第一目"资产阶级社会生产关系体系中的简单商品流通。资产阶级的平等和资产阶级的自由"中却没有直接论述资本，而是从货币论述到资产阶级的平等和自由这类纯粹观念。也就是说，马克思在结束"货币章"即将进入对资本秘密的论述之前，荡开一笔专门为货币制度在精神生产领域内的化身"平等和自由"这些观念形态做了初步介绍，这里明显存在一个思考的旋流。从旋流分布的路径来看，资本、货币、观念三者之间的关系是以货币为中心延伸开去的，因为"货币是使资产阶级生产制度表现得非常明显的一种最引人注目、最矛盾、最尖锐的现象"①，资本是深藏在货币制度表象之下的驱动力量，观念则是对货币制度基本原则的抽象表述。而旋流出现的原因，一方面可以根据《大纲》的篇章顺序安排，将其理解为对"货币章"中已经论及的货币三大职能（1）价值尺度（2）流通手段（3）财富的物质代表中的（1）和（2）作出回应。此外当然也可以将这种安排看作是从《形态》开始建构至此的历史唯物主义哲学视野发出的回响，即立足于市民社会（现实的经济生活）的现实基础对各种意识形态的出现作出解释，从这个意义上说，"平等和自由"这类资产阶级的意识形态一直都在历史唯物主义的视野之内，虽然此前对意识形态的研究与对生产关系的研究相比，显得不够充分，但并不代表历史唯物主义忽略了这个领域，而是因为需要在对资产阶级生产关系有了坚实的理解之后才有可能对因这种生产关系而产生的意识形态展开切实的阐释。另外，从货币直接跳转到对资产阶级观念的探讨，出现这一思考旋流还有一个非常重要的可能性，即"平等和自由"不仅止于资产阶级的意识形态，不只是停留在理论体系层面的意识形态家们的"幻想"，而且还是被大部分参与到交换关系中的人所"感受"到的社会关系，就像都花3先令购买同样商品的工人和国王，"他们之间的一切差别都消失了"②。正因为这种感

① 《马克思恩格斯全集》第46卷上册，人民出版社1979年版，第192页。

② 《马克思恩格斯全集》第46卷上册，人民出版社1979年版，第199页。

受无所不在地包围着工人或国王，成为他们日常生活中的社会关系的"事实"，所以"平等和自由"才愈具有不可不加以批判的必要性。后来马克思在《序言》中对这一现象作出了更清晰的描述：

> 人和人之间的社会关系可以说是颠倒地表现出来的，就是说，表现为物和物之间的社会关系。……如果交换价值是人和人之间的关系这种说法正确的话，那末必须补充说：它是隐蔽在物的外壳之下的关系。①
>
> 一种社会关系采取了一种物的形式，以致人和人在他们的劳动中的关系倒表现为物与物彼此之间的和物与人的关系，这种现象只是由于在日常生活中看惯了，才认为是平凡的、不言自明的事情。②

《形态》中曾经指认德意志意识形态对意识与现实之间的关系作了颠倒的表述，《大纲》中说以交换价值为基础的交换关系使人们安于"平等和自由"的资产阶级纯粹观念中，《序言》中再次论及"颠倒"的社会关系。《大纲》里的纯粹观念以及《序言》中的"颠倒"，比《形态》中说"生活决定意识"具有更深刻的经济生活基础。资产阶级社会给予人们的这种颠倒的感受与货币制度一起构成人们日常沉浸于其中的"现实"，国民经济学家和资产阶级的意识形态家们承认并努力为这种"现实"作出辩护。因此马克思面临的任务是同时戳穿源自货币制度和社会关系两个层面的"现实"幻象，才能直抵资产阶级生产关系的核心机密。

对资产阶级的平等和自由观念的批判是从对简单商品流通过程的还原开始的。在简单的商品流通过程中可以直观"关系的主体即交换者"、"交换的对象，交换价值，**等价物**"以及"交换行为本身即媒介作用"③ 三种要素。不可否认，这种简单的商品流通是现实的经济活动，是社会关系呈现在人们

---

① 《马克思恩格斯全集》第 13 卷，人民出版社 1962 年版，第 22 页。
② 《马克思恩格斯全集》第 13 卷，人民出版社 1962 年版，第 23 页。
③ 《马克思恩格斯全集》第 46 卷上册，人民出版社 1979 年版，第 193 页。

面前的具体形态，在这种经济活动和社会关系的基础上生长起了"平等和自由"的资产阶级意识形态——似乎即使从历史唯物主义的角度来看，它们之间的关系都是合乎"生活决定意识"这一规律的，"如果说经济形式，交换，确立了主体之间的全面平等，那么内容，即促使人们去进行交换的个人材料和物质材料，则确立了**自由**。"① 所以，当马克思说"平等和自由"只不过是以交换价值为基础的交换的"另一次方"的时候，他是承认国民经济学家发现的经济现象与纯粹观念之间有密切关系的，承认"平等和自由"其来有自；但当马克思说国民经济学家们其实是"抓住交换价值本身的简单规定性，来反对交换价值的比较发达的对抗形式"② 的时候，他又是在说国民经济学家们发现的只是作为现代资产阶级生产关系的前提出现的经济现象，对于现代资产阶级生产关系而言这些只是直观的经济表象，因此在这种经济现象的基础上生长起来的"平等和自由"具有虚妄性：

> 在现存的资产阶级社会的总体上，商品表现为价格以及商品的流通等等，只是表面的过程，而在这一过程的背后，在深处，进行的完全是不同的另一些过程，在这些过程中个人之间表面上的平等和自由就消失了。③

这里有对《伦敦笔记》中揭示平等交换表象下掩盖的阶级关系的延续性和深入性思考。这意味着，现代资产阶级生产关系及其意识形态具有极大的迷惑性，它们通过表象"现实"的合规律性，掩盖着生产关系"深处"的矛盾。国民经济学家们的局限在于没有触及现代资产阶级经济关系的根本，因为问题的关键并不在于发现资产阶级生产关系中存在着等价物并对这一现象加以描述，而在于追问这种生产关系中的等价物是如何被认为是等价的，以及既然是等价物之间的交换又如何通过交换关系获得价值增长的。

既然资产阶级的"平等和自由"消失在流通过程的背后和深处，这就意

---

① 《马克思恩格斯全集》第 46 卷上册，人民出版社 1979 年版，第 197 页。
② 《马克思恩格斯全集》第 46 卷上册，人民出版社 1979 年版，第 200 页。
③ 《马克思恩格斯全集》第 46 卷上册，人民出版社 1979 年版，第 200 页。

味着在其他没有浮现为表象的资产阶级社会总体的隐秘地带中，潜藏着难以数计的不平等和不自由，那里才是资产阶级社会真正的现实。这个隐秘地带既然不显现在流通领域中，那么就只能隐藏在流通领域背后的生产关系中，而生产又是作为生产关系的起点，因此，不平等和不自由的发端应该就在资产阶级的生产中。所以，《大纲》从交换走向生产，从"平等和自由"走向"资本作为资产阶级社会占统治地位的关系"①，实际上是在调整经济学研究的现实起点，才有可能在现实的经济基础之上重新发现与之相适应的意识形态的面目。

在货币与资本之间，有一个非常明显的衔接点，就是货币往往被等同于资本，不得不说这又是资产阶级生产关系一个令人迷惑的假象。当资本隐身于货币之中时，就获得了与货币一样参与等价交换的外观。但实际上，简单商品流通中的等价交换过程一旦触碰到商品价值总额的边界，流通结束，交换终止，货币与商品互相在对方身上实现了自身，货币退出流通手段的身份退回到普通金银商品的身份，成为自己的对立面，而流通中作为交换对象的商品以使用价值的承载者身份被消费，退出交换过程，同样成为自身的对立面。因此，在简单的商品流通中，单靠流通和交换不可能产生价值增长，价值增长的驱动因素必须来自流通和交换以外。这也就意味着，在简单的商品流通中，如果有交换价值的增长，就说明以货币外观置身于交换过程中的资本决不只是货币，它有生产超出商品价值额度的价值的能力。所以，资本是对流通和交换过程中能产生价值增长的形式规定，它同时存在于货币和商品之中，且正因为如此，资本驱动了货币和商品之间不间断的交换，货币与商品间的不间断交换也从过程上回应了资本对它们的形式规定，并以交换为起点最终影响了生产。

所以，马克思说"资本决不是简单的关系，而是一种**过程**，资本在这个过程的各种不同的要素上始终是资本"②。资本规定资产阶级生产关系展开过程中的每一个要素，但它不是其中任何一个要素，在这个意义上资本成为"资产阶级社会占统治地位的关系"。

---

① 这是《大纲》"资本章"第一篇第一节第二目的标题。

② 《马克思恩格斯全集》第 46 卷上册，人民出版社 1979 年版，第 213 页。

"资本作为资产阶级社会占统治地位的关系"是马克思对资产阶级社会不同于其他社会形态的特点作出的正面概括，而国民经济学家为其辩护的其实是简单的商品流通过程的特点。一旦触及隐藏在深处的现代资产阶级生产关系的现实，就会发现"关于公平和正义的空谈，归结起来不过是要用适应于简单交换的所有权关系或法的关系作为尺度，来衡量交换价值的更高发展阶段上的所有权关系和法的关系"①。此前，马克思曾在《伦敦笔记》中将以获得交换价值为主要目的的生产看作是资产阶级社会经济关系中不可调和的内在矛盾，在《导言》中将资本比作资产阶级生产关系中"普照的光"。至此，"资本"终于穿越劳动、社会关系、生产关系、交换价值等包裹在它周边的经济学范畴，成为在历史唯物主义政治经济学的批判视野中指认资产阶级社会形态特点的核心范畴。这也意味着，在马克思今后对资产阶级社会展开批判的研究中，"资本"将成为他历史唯物主义政治经济学批判视域的着力点。

二、与劳动对立的资本

进入资本的生产过程才能真正揭示被"平等和自由"的资产阶级纯粹观念所掩盖的真相。价值增长无法在流通中产生，它生长于被资本规定了形式的生产之中。

从流通领域来看，资本既是商品又是货币，但又不停留在任何一个具体的商品或任何一个具体货币形式上；而在生产过程中，必须有作为资本对立面的要素出现，才有可能使资本将货币对象化为商品，并且将商品变为潜在的可对象化的货币。商品身上凝结着物化劳动，而生产商品的劳动则表现为非物化劳动，后者是将前者转变为商品的能力：

> 唯一不同于**物化劳动**的是**非物化劳动**，是还在物化过程中的、作为主体的**劳动**。换句话说，**物化劳动**，即在空间上存在的**劳动**，也可以作为**过去的劳动**而同在**时间上存在的劳动**相对立。

① 《马克思恩格斯全集》第46卷上册，人民出版社1979年版，第280页。

> 如果劳动必须作为在时间上存在的劳动，作为活劳动而存在，它
> 就只能作为**活的主体**而存在，在这个主体上，劳动是作为能力，
> 作为可能性而存在：从而它就只能作为**工人**而存在。因此，能够
> 成为资本的对立面的唯一的**使用价值**，就是**劳动**（而且是**创造价**
> **值的劳动，即生产劳动**）。①

　　物化劳动和非物化劳动的对立源于劳动在空间和时间上的差异，即"空间上存在的劳动"和"时间上存在的劳动"之间的对立。商品是"空间上存在的劳动"的物化形态显现，其中凝结着的正是"时间上存在的劳动"。从这个意义上来说，物化劳动是非物化劳动的对象化。

　　马克思在这里开启了至少三个重要问题的话头。首当其冲的是对劳动和劳动力的区分，所谓"劳动是作为能力，作为可能性而存在"。这里虽然没有出现后来在《资本论》明确提出的"劳动力"那样确切的表述，但针对国民经济学家们将劳动看作商品的模糊见解而言，马克思在这里对工人（劳动着的主体）与资本的交换对象作了更为清楚的理解：工人出卖给资本家的不是抽象的"劳动"范畴，而是他们能在一定的劳动时间内生产出价值的能力，生产出商品的可能性。而将劳动视为工人出卖给资本家的商品，认为资本家用工资（货币）交换这一商品，这一见解则默认了劳动与资本之间进行的是等价交换。如果在生产环节也只是等价交换，则无法为简单流通过程中增长的那部分价值的来源作出解释。所以，尽管马克思仍旧说"能够成为资本的对立面的唯一的使用价值，就是劳动（而且是创造价值的劳动，即生产劳动）"，但实际上他是在劳动力的意义上使用这一表述的。在紧接其后的《大纲》手稿章节标题上即可见到马克思在这一意义上使用"劳动"的再次确认，"资本和劳动能力的交换"②，"工人出卖的是对自己劳动的支配权，这种劳动是一定的劳动，一定的技能等等"③，在《1861—1863 年经济学手稿》中马克思也继续确认了他在"劳动能力"的意义上使用"劳动"范畴的研究

---

① 《马克思恩格斯全集》第 46 卷上册，人民出版社 1979 年版，第 228—229 页。

② 这是《大纲》"资本章"在"资本和劳动相交换的两个不同过程"这一目中的次级标题，见《马克思恩格斯全集》第 46 卷上册，人民出版社 1979 年版，第 240 页。

③ 《马克思恩格斯全集》第 46 卷上册，人民出版社 1979 年版，第 240 页。

思路①。劳动能力而不是劳动作为资本的对立面与资本交换，这是马克思能够钻探到资产阶级生产关系秘密的起点。

在确立了物化劳动和非物化劳动的关系后，商品交换价值增长部分的来源就比较一目了然了。由于商品的使用价值在消费环节被抵消，这是在流通过程以外发生的活动，因而与凝结在商品中的交换价值无关。交换价值的增长部分只能来源于非物化劳动（即"在时间上存在的劳动"、活劳动）物化为超出这个劳动与资本"等价"交换的那个部分——马克思不认同国民经济学家在商品的使用价值或流通领域为这个部分寻找来源的思路，这个部分被马克思在《大纲》中命名为"剩余价值"②，他将出现剩余价值的原理概括为：

> 因此，价值所以能够增加，只是由于获得了也就是**创造**了一个超过等价物的价值。
>
> 剩余价值总是超过等价物的价值。等价物，按其规定来说，只是价值同它自身的等同。所以，剩余价值决不会从等价物中产生；因而也不是起源于流通；它必须从资本的生产过程本身中产生。③

"剩余价值"作为专门指称价值增长部分的神秘来源，它是资本与劳动（能力）进行"等价"交换的真实意图所在。资产阶级生产关系通过生产使用价值获得剩余价值，这是马克思在《大纲》中深入资本生产过程秘密的首次理论尝试。这个尝试在《大纲》中并没有完全展开，但作为剩余价值理论的源头，它对资本批判视域的建构起着奠基作用。正是在剩余价值源头的发现过程中，马克思从正面明确了"资本"作为统治资产阶级生产关系的关系在人类社会历史进程中的意义所在：

---

① 《马克思恩格斯全集》第47卷上册，人民出版社1979年版，第33页。相关论述摘录如下："唯一与物化劳动相对立的是非物化劳动，**活劳动**。前者是存在于空间的劳动，后者是存在于时间中的劳动；前者是过去的劳动，后者是现在的劳动；前者体现在使用价值中，后者作为人的活动进行着，因而还只处于它物化的过程中；前者是价值，后者创造价值。"

② 《马克思恩格斯全集》第46卷上册注释146中标注："马克思在这里第一次使用'剩余价值'（Mehrwert）这一术语来表示资本家无偿占有的、超出最初预付价值的余额"（第544页）。

③ 《马克思恩格斯全集》第46卷上册，人民出版社1979年版，第286页。

　　资本的伟大的历史方面就是**创造**这种**剩余劳动**，即从单纯使用价值的观点，从单纯生存的观点来看的多余劳动，而一旦到了那样的时候，即一方面，需要发展到这种程度，以致超过必要劳动的剩余劳动本身成了从个人需要本身产生的普遍需要，另一方面，普遍的勤劳，由于世世代代所经历的资本的严格纪律，发展成为新的一代的普遍财产，最后，这种普遍的勤劳，由于资本的无止境的致富欲望及其唯一能实现这种欲望的条件不断地驱使劳动生产力向前发展，而达到这样的程度，以致一方面整个社会只需用较少的劳动时间就能占有并保持普遍财富，另一方面劳动的社会将科学地对待自己的不断发展的再生产过程，对待自己的越来越丰富的再生产过程，从而，人不再从事那种可以让物来代替人从事的劳动，——一旦到了那样的时候，资本的历史使命就完成了。①

　　这种对资本驱使下创造出的剩余劳动的正面肯定，已迥异于《1844年手稿》中对异化劳动的否定态度。从资本的致富欲望驱使"世世代代"的"普遍的勤劳"可能达到的生产力水平的高度，推断出资产阶级生产关系历史使命的完成及其终结的必然性，这比《宣言》从"资产阶级的关系已经太狭窄了，再容纳不了它本身所造成的财富"②中得出资产阶级社会必将终结的推断，要更具有政治经济学意义上的说服力，表述更加精确。

　　第三个发起的重要话题在于对商品中的劳动时间的关注。商品中凝结着"在空间上存在的"物化劳动，即"作为过去的劳动"的物化劳动，后一种表述更能显现出与"在时间上存在的劳动相对立"但同时也是相同一的意味。所谓"相对立"，是指两者在所占有的时间形态上的差异，一者为"过去的"，一者为与"过去的"相对的现在及将来，同时也是指两者在表现形态上的差异，一者为物化了的商品客体，一者为"活的主体"；所谓"相同一"，是指两者在时间形态上的连续性，"在时间上存在的劳动"不断物化为"在空间上存在的劳动"，同时"活的劳动"对象化为商品客体。物化劳动和非物化

① 《马克思恩格斯全集》第46卷上册，人民出版社1979年版，第287页。

② 《马克思恩格斯文集》第2卷，人民出版社2009年版，第37页。

劳动因相对立而分别与资本形成交换价值和使用价值的关系，因相同一而使劳动时间被作为衡量商品交换价值的尺度。资产阶级生产所追逐的交换价值的构成元素在对物化劳动和非物化劳动的区分中初露端倪。虽然国民经济学家（比如李嘉图）提出商品交换价值的两个来源中就包括了"生产它所必需的劳动量"①，并且对这个劳动量做了"在同一劳动时间内所能生产的它们的不同数量，或者是相应地体现在它们中的劳动量"②的解释，但由于国民经济学家并没有深入到剩余价值作为交换价值来源的层面上讨论劳动量（劳动时间）的问题，因而他们对于劳动时间的理解是不具有资产阶级生产关系的具体规定性的，还停留在比较抽象的范畴上使用这个概念。

将上述三个重要问题联系起来，可以看到在《大纲》中，马克思已初步建立起资产阶级生产关系中的劳动能力、剩余价值以及劳动时间三者之间的具体关系：劳动能力是资本的对立面，也是资本的使用价值，资本利用劳动能力的剩余劳动部分创造剩余价值，并通过劳动时间掩盖剩余劳动和剩余价值的存在，同时通过劳动时间作为价值尺度的身份在交换关系中兑现剩余价值，这个过程在资本"无止境的致富欲望及其唯一能实现这种欲望的条件下不断地驱使劳动生产力向前发展"，直至资本完成自己的历史使命。

将清资本生产过程中的三个重要问题及其相互关系，这对此前出现在《1844年手稿》、《形态》、《宣言》、《伦敦笔记》、《导言》等文献中的思考路径是一个大的飞跃。资本，成为对"异化劳动"的历史必然性③和历史阶段性从事科学批判的内在依据，它规定了"一定的"社会历史阶段的具体内涵，填充了"一切等级的和固定的东西都烟消云散了"的根本原因，深化了从交换关系向生产关系挖掘不平等和不自由的路径，还进一步将资本从"普照的光"落实为资产阶级社会占统治地位的关系。也因此，曾经在以往理论语境中出现过的关于文学艺术的思考，在资本被确定为批判视野的支点之后将会出现新的理解。

---

① 《关于大·李嘉图〈政治经济学和赋税原理〉》，见《马克思恩格斯全集》第44卷，人民出版社1982年版，第90页。李嘉图认为商品交换价值的另一个来源是"它的稀少性"。

② 《马克思恩格斯全集》第44卷，人民出版社1982年版，第90页。

③ 这里所说的"必然性"是针对在生产力所能达到的高度上人的丰富性而言的，不是在目的论的意义上言说必然性。

三、再提劳动异化

马克思在 1858 年 1 月 14 日写给恩格斯的信中，记录了当时处于写作阶段的《大纲》的一个细节性的思考语境：

> 不过，我取得了很好的进展。……我又把黑格尔的《逻辑学》浏览了一遍，这在材料加工的**方法**上帮了我很大的忙。如果以后再有功夫做这类工作的话，我很愿意用两三个印张把黑格尔所发现、但同时又加以神秘化的方法中所存在的**合理的东西**阐述一番，使一般人都能够理解。①

马克思此前对黑格尔的学说有过了解和批判，所以这里他对恩格斯说"又把黑格尔的《逻辑学》浏览了一遍"之后发现能从"材料加工的方法上"受到黑格尔的启发，这无疑是对黑格尔的哲学思想在某种意义上的重新发现，而且这种启发直接转化成推动马克思当时的经济学研究取得"很好的进展"的助力。这意味着在《大纲》中对有些材料的处理和叙述方式可能将有别于以往，甚至某些曾经处理过的材料也有可能因"方法"的改变而迸发出新的意义。"异化"思想再次进入马克思的理论表述就是一个非常典型的例证。在探讨"资本的原始形成"的小结处，马克思明确提出"作为交换价值的**物化劳动**同作为使用价值的活劳动之间的交换"的关系即"**劳动的异化**"②。

其实早在《穆勒笔记》中马克思就接触过李嘉图的劳动价值论，但从《1844 年手稿》的思想立场来看，当时的马克思主要还是站在否定的立场上看待劳动价值论的，那时他的重点放在了对"异化劳动"的批判上，此后在他和恩格斯的论述中很少直接出现"异化"字眼。而《大纲》中的马克思显然不避讳再次启用"异化"这种表述，其中的理论语境发生了人本主义向历史唯物主义政治经济学的置换。《大纲》的"货币章"中已经出现过从交换

---

① 《马克思恩格斯全集》第 29 卷，人民出版社 1972 年版，第 250 页。

② 《马克思恩格斯全集》第 46 卷上册，人民出版社 1979 年版，第 519 页。

关系层面对"异化"的讨论,在深入生产环节的"资本章"中,马克思对现代人的本质"异化"的根源作出进一步的思考,并在与古代世界的比较中得了后者"显得较为崇高"而前者"鄙俗"的判断:

> 在资产阶级经济以及与之相适应的生产时期中,人的内在本质的这种充分发挥,表现为完全的空虚,这种普遍的物化过程,表现为全面的异化,而一切既定的片面目的的废弃,则表现为了某种纯粹外在的目的而牺牲自己的目的本身。因此,一方面,稚气的古代世界显得较为崇高。另一方面,古代世界在人们力图寻求闭锁的形态、形式以及寻求既定的限制的一切方面,确实较为崇高。古代世界提供了从局限的观点来看的满足,而现代则不给予满足;凡是现代以自我满足而出现的地方,它就是**鄙俗的**。①

这段文字写在马克思对古代世界和现代世界的财富性质做了比较之后,也就是说《大纲》"资本章"中对异化现象的批判是从财富的角度出发直接得出的判断,这在思考路径上有别于"货币章"从交换关系的异化论及社会关系的异化。"财富"作为一个范畴,《导言》中曾做过比较简略的理论背景勾勒,建立在不同经济基础之上的政治经济学对这个范畴的阐释,经历了由实在的物到抽象的劳动的演变:货币主义将其视为完全客观的东西,重工主义或重商主义把工业劳动和商业劳动看作是取得货币的活动,重农主义把农业劳动看作创造财富的劳动,虽然财富不再以货币之名出现,但劳动产品主要局限在土地产品的范围内,而亚当·斯密则将财富看作产品一般或劳动一般,尽管这个产品一般或劳动一般还只是对过去的、对象化的劳动的指认,但在理解"财富"的程度上已经"大大地前进了一步"。② 在《大纲》的这段文字中,"财富"泛指历史不同阶段上的全部劳动价值,也就是从生产角度来看待"财富"。就古代世界和现代世界的分别而言,是"以私人享受等等为目的"还是"表现为生产的目的",财富在不同生产关系中的地位变化折

---

① 《马克思恩格斯全集》第46卷上册,人民出版社1979年版,第486—487页。

② 《马克思恩格斯文集》第8卷,人民出版社2009年版,第28页。

射出物与人之间关系的变化：在前一种目的中，"财富都以物的形式出现"①，其本身就是享乐对象，它在个人的特殊需求中被消费掉，简单生产关系从生产开始，到消费结束，因而人是财富的目的；在后一种目的中，财富超出了物的界限，反而成为生产的目的，简单生产关系因财富而起，以财富为目的却无止境，财富成为外在于人的目的，成为异化的人的目的。从"财富"的角度论及人的异化，就是从生产的角度论及人的异化，以此呈现出与"货币章"在论述异化问题时在思想进路和思考深度上的差异。

　　正是从财富与人的相对关系的变化中，马克思看出了现代人类学及美学意义上的"崇高"与"鄙俗"对立的根源。从这里开始马克思的论述呈现出一种迷宫般的迂回气质：

　　　　因此，古代的观点和现代世界相比，就显得崇高得多，根据古代的观点，人，不管是处在怎样狭隘的民族的、宗教的、政治的规定上，毕竟始终表现为生产的目的，在现代世界，生产表现为人的目的，而财富则表现为生产的目的。事实上，如果抛掉狭隘的资产阶级形式，那么，财富岂不正是在普遍交换中造成的个人的需要、才能、享用、生产力等等的普遍性吗？财富岂不正是人对自然力——既是通常所谓的"自然"力，又是人本身的自然力——统治的充分发展吗？财富岂不正是人的创造天赋的绝对发挥吗？这种发挥，除了先前的历史发展之外没有任何其他前提，而先前的历史发展使这种全面的发展，即不以**旧有的**尺度来衡量的人类全部力量的全面发展成为目的本身。在这里，人不是在某一种规定性上再生产自己，而是生产出他的全面性；不是力求停留在某种已经变成的东西上，而是处在变易的绝对运动之中。②

　　迷宫的第一层起点设在"如果"这里，"如果抛掉狭隘的资产阶级形式"，是在充分承认现代财富的历史局限性的基础上对历史作出的假设。假设的目

---

① 《马克思恩格斯全集》第 46 卷上册，人民出版社 1979 年版，第 486 页。

② 《马克思恩格斯全集》第 46 卷上册，人民出版社 1979 年版，第 486 页。

的一方面在于强调资产阶级生产关系给财富创造的普遍性这一表象的虚假性，和实际上财富具有"资产阶级形式"的现实性，另一方面在于承认资产阶级生产关系所创造的巨大财富的历史意义，它使人与自然的关系、人与人自身的关系都变得前所未有的"充分"和"全面"。迷宫的第二层起点设在"除了"这里，"除了先前的历史发展之外没有任何其他前提"，首先这是在承认第一层假设成立的语境内言说现代世界的生产"没有"任何其他前提，现代财富的创造不受局限，从而创造财富的劳动过程就是对人的创造天赋的"绝对"发挥。换句话说，由于第一层假设根本就无法成立，第二层迷宫即便用"除了"这类表述也无法真正将资产阶级生产关系固有的内在矛盾排除在人的创造天赋的"绝对"发挥以外，因为现代世界除了有历史前提之外，还有资产阶级生产关系以追求剩余价值为目的的现实前提，这个前提不是将人看作目的而是当作手段，所谓人的创造天赋的"绝对"发挥只能是空想。所以第二层迷宫一方面暗讽了资产阶级生产关系在发挥人的创造天赋方面从来没有将"人类全部力量的全面发展"当作目的，另一方面又肯定了资产阶级生产关系对人向着全面性生产发展所起到的推动作用。

正是由于上述两层迷宫的存在，在拆除"如果"假设后，资产阶级社会历史阶段内的人的本质越是"充分发挥"，就越是"表现为完全的空虚"，人的生产越取得全面性发展，就越"表现为全面的异化"，世界越现代，就越显得与人本身的目的背道而驰。双重迷宫式的论述结构得以将资产阶级生产关系中财富与人之间复杂而虚伪的关系充分展示出来，对异化的批判因而并不是简单直观的现象否定。"一方面，稚气的古代世界显得较为崇高"[1]与现代世界资产阶级制造的财富普遍性假象相对，古代世界在有限的生产力水平内承认财富的有限性，承认生产目的的片面性，与资产阶级的虚伪形成鲜明对照。"另一方面，古代世界在人们力图寻求闭锁的形态、形式以及寻求既定的限制的一切方面，确实较为崇高"[2]与资产阶级生产关系以无止境地追求剩余价值为目的相对，古代世界因承认财富的有限性而承认"满足"的有限性，"满足"表现为真，现代世界因对财富的无止境追求而使"满足"变

---

[1]　《马克思恩格斯全集》第 46 卷上册，人民出版社 1979 年版，第 486 页。
[2]　《马克思恩格斯全集》第 46 卷上册，人民出版社 1979 年版，第 486 页。

得不可能，"满足"表现为假。

可见，马克思在这里提到的"崇高"和"鄙俗"，其内涵主要由从经济学角度阐释的人本质填充，即由生产与人的具体关系来填充。"崇高"遵循"旧有的尺度"，这种旧尺度具有某种相对固定的、稳定的闭锁形态或形式，而"鄙俗"遵循新的尺度，这种新尺度的特点是"处在变易的绝对运动之中"。综合来看，得出"崇高"和"鄙俗"的对比至少经历了四个层次的论述：

（1）经济学层面观察到的生产发展与人的本质的发展之间的关系，古代世界表现为以人为目的的有限生产，现代世界表现为以无限财富为目的的生产；

（2）与生产关系相适应的（社会关系、上层建筑、意识形态等的）具体形态、形式或限制，古代世界力图寻求闭锁的形式、形态以及有限制的一切方面，现代世界寻求变动不居的形式、形态和不受限制的一切方面；

（3）上述两个层次说明了生产关系与建立其上的其他关系之间的匹配程度，古代世界的匹配程度高，表现为真的"满足"，现代世界匹配程度低，不提供"满足"；

（4）生产关系和其他关系之间能够匹配是"崇高"的，不能匹配却自以为匹配则是"鄙俗"的。

用"崇高"和"鄙俗"来描述生产关系与其他关系之间的匹配程度，马克思在这里的用语很是特别。在整个《大纲》的行文过程中使用"崇高"（以及"鄙俗"）字眼的表述几乎全部出现在"资本主义生产以前的各种形式"这一章中，也就是对不同形式的所有制展开考察的过程中，其中尤为集中在"公社制的生产关系的局限性。在古代世界中、在资本主义社会中和在共产主义下的财富"这一节。这一节恰好是对现代世界从古代世界中生长出来的历史进程的小结，正所谓原始所有制、亚细亚所有制、古代所有制、日耳曼所有制等"发展的基础都是单个人对公社的**原有**关系（或多或少是自然形成的或历史地产生但已变成传统的关系）的**再生产**，以及他对劳动条件和对劳动同伴、对同部落人等等的关系上的**一定的**、对他来说是**前定的、客观的**存在"①，古代世界在以公社为基础的所有制母体中孕育成长，现代世界是以公

---

① 《马克思恩格斯全集》第 46 卷上册，人民出版社 1979 年版，第 485 页。

社为基础的所有制解体（或称诞生）的结果。所以，两个世界的对立表现为以所有制对立为基础的古今对立，古代世界的"崇高"和现代世界的"鄙俗"源自最基础的经济生活的变化，有局限的"崇高"和有贡献的"鄙俗"无法简单地放到崇高和鄙俗的价值序列中比较。① 但用"崇高"和"鄙俗"来概括古今世界，又显然已经不单纯是在经济学意义上对二者的描述，而是带有明显的臧否倾向，至少从"满足"的获得与否来评判两个世界，这在人类学和美学意义上已经留下了价值判断的取向。

第二节　生产劳动与艺术生产

对生产劳动和非生产劳动加以区分并不是马克思的理论首创，而是源自亚当·斯密。马克思在有限的范围内承认亚当·斯密关于生产劳动和非生产劳动的见解②，正是他看到的这一有限性揭开了资产阶级生产关系重重叠叠的内部构造，并将这种构造的最终目的概括为剩余价值的生产。恩格斯曾高度评价剩余价值理论，认为这一理论使人们在摸索现代资本主义生产方式和它所产生的资产阶级社会的特殊的运动规律方面"豁然开朗"③。剩余价值理论虽然在《1861—1863年经济学手稿》中才完成基本的体系建构，但对剩余价值的发现和论证在《大纲》中已经初现轮廓。剩余价值的核心构件是生产劳动，二者可以看作是资产阶级生产关系的两个核心秘密。了解这两个核心秘密对了解现代世界中的艺术生产有重要意义。

---

① 这里马克思虽未直接提及发生在欧洲文学文化史上的"古今之争"，但从他将古代世界和现代世界并立讨论的思路上，可以看到他对这场争论的回应。而且从马克思的理论渊源和研究语境上来讲，康德、黑格尔等人都直接对"古今之争"发表过意见，德意志意识形态也被深深地卷入因"古今之争"而起的历史主义、历史哲学的思想旋涡中，马克思从经济学的角度介入这一问题不是不可能的。

② 马克思在《大纲》中的原话是："**亚·斯密**关于**生产**劳动和**非生产**劳动的见解在**本质上**是正确的，从资产阶级经济学的观点来看是正确的"（《马克思恩格斯全集》第46卷上册，人民出版社1979年版，第229页）。

③ 《马克思恩格斯全集》第19卷，人民出版社1963年版，第375页。

一、生产劳动和资本一般

关于生产劳动的话题，要与马克思在资产阶级生产关系中理解"劳动"的轨迹关联在一起。从《1844 年手稿》中对"异化劳动"的批判，到《雇佣劳动与资本》中对雇佣劳动作为资产阶级生产关系中劳动的具体形式的关注，到《导言》中对"劳动一般"在理论和现实必要性的双重承认，到《大纲》中对劳动异化的再次关注——"劳动"这条线索贯穿了马克思在不同阶段上探求资产阶级生产关系内在矛盾的全部思想语境，充分显示出这一范畴在其中所具有的重要地位。

《大纲》"资本章"中将物化劳动和非物化劳动放在"空间上存在的劳动"和"时间上存在的劳动"的时空层面来谈论，后者作为工人的劳动能力，是资本的对立面，是"**创造价值的劳动，即生产劳动**"①。《大纲》对"生产劳动"的阐发比较分散②，不过马克思做过预告："关于生产劳动和非生产劳动的问题，还必须回头来更详细地考察"③，后来在《1861—1863 年经济学手稿》和《剩余价值理论》中他兑现了承诺，专门开辟章节对生产劳动和非生产劳动展开论述，并借此直抵资产阶级生产关系的核心地带。因而，《大纲》作为开启生产劳动和非生产劳动话题的思想语境，这一思路逐步进入马克思经济学研究视野的原初面貌有必要得到呈现。在《大纲》中生产劳动是与资本相对立的范畴：

> 同资本这个设定的交换价值相对立的**使用价值**，就是**劳动**。资本只有同**非资本**，同资本的否定相联系，才发生交换，或者说才存在于资本这种规定性上，它只有同资本的否定发生关系才是资本；实际的非资本就是**劳动**。④

① 《马克思恩格斯全集》第 46 卷上册，人民出版社 1979 年版，第 229 页。
② 民主德国学者巴尔巴拉·利茨认为《大纲》关于生产劳动和非生产劳动的阐发是分散的："在《大纲》中，关于生产劳动和非生产劳动的区分的意见很散，为了探索这个问题，必须把它们集中起来"（《1857—1863 年间马克思关于生产劳动和非生产劳动学说的发展》，见《马克思主义研究资料》第 6 卷，中央编译出版社 2013 年版，第 368 页）。
③ 《马克思恩格斯全集》第 46 卷上册，人民出版社 1979 年版，第 230 页。
④ 《马克思恩格斯全集》第 46 卷上册，人民出版社 1979 年版，第 230—231 页。

这里所说的"劳动"就是"生产劳动","资本"特指"资本一般"。马克思反复强调《大纲》是在资本一般的意义上讨论资本的生产过程。之所以在"资本一般"而不是"许多资本"的意义上讨论生产劳动,个中缘由在《大纲》手稿的行文过程中,马克思保留了自己的思考痕迹:

> 我们研究的是资本的产生过程。这种辩证的产生过程不过是产生资本的实际运动在观念上的表现。以后的关系应当看作是这一萌芽的发展。但是,必须把资本在某一定点上表现出来的一定形式固定下来。否则就会发生混乱。①

这是一个相当具有标志性的思考提示,它呼应的正是《导言》中曾经专门论述过的"政治经济学的方法"问题。从《导言》提供的方法来看《大纲》,其中用"资本一般"固定下来的"某一定点"和"一定形式"应当是指简单的资本范畴在历史上发展到具体的资本范畴的那个临界点,即唯有在复杂的社会形式(资产阶级社会)中才能呈现出来的资本范畴"在深度和广度上的充分发展"②。所以"**资本一般**"可以理解为"使作为资本的价值同单纯作为价值或货币的价值区别开来的那些规定的总和"③,以及"每一种资本作为资本所共有的规定,或者说是使任何一定量的价值成为资本的那种规定"④,也就是说"资本一般"侧重于从资本的形式规定上使用"资本"概念。在"资本一般"的意义上谈论"生产劳动",被突出的也是"生产劳动"中最靠近资本一般的"那些规定的总和"或"共有的规定"。

正是在上述思想语境中,"生产劳动"作为一个专门范畴进入马克思观察资产阶级生产关系秘密的核心地带,这是他的经济学研究深入推进的阶段性成果,也是他此后展开资产阶级生产关系批判的具体对象。《大纲》"价值"章中记录了这一起点:"表现资产阶级财富的第一个范畴是商品的范畴"——所以,《大纲》对资产阶级生产关系展开批判的逻辑顺序与这种生产关系本

---

① 《马克思恩格斯全集》第46卷上册,人民出版社1979年版,第270页。

② 《马克思恩格斯文集》第8卷上册,人民出版社2009年版,第27页。

③ 《马克思恩格斯全集》第46卷上册,人民出版社1979年版,第270页。

④ 《马克思恩格斯全集》第46卷上册,人民出版社1979年版,第444页。

身向外敞开的表里顺序一致，排列为：商品—货币—资本。从商品开始，也以商品为最显见的资产阶级生产关系的表现形态，它具有令人迷惑的"物"的外观；随着商品进入流通环节，与货币进行"等价交换"，货币出现在生产和消费之间，成为资产阶级生产关系兑现其主要目的(交换价值)的载体，它呈现"平等和自由"的价值导向；随着货币转化为资本，资本表现出统治资产阶级生产关系的规定性，从生产过程追溯这种生产关系创造剩余价值的秘密，才能完成从商品出发回到商品（实际上是从货币出发回到货币）的流程。"生产劳动"就是在这种研究深度上出现在马克思政治经济学批判视野中的。与凝结在商品身上的物化劳动（包括可能转变为物化劳动的非物化劳动）相比，以及与借由货币现身的交换价值（包括作为交换价值载体的使用价值）相比，生产劳动和非生产劳动是对资本一般内部结构的划分。简而言之，能创造价值的劳动才是生产劳动，"**生产劳动**只是生产**资本**的劳动"①。所以"生产劳动"不是生产一般和劳动一般的简单叠加，而是以资本生产为目的生产关系中的生产，和与资本形成雇佣关系的劳动，二者因"资本"结构在一起，是资产阶级生产关系中异化主体的异化劳动。

早在 1847 年写作的《雇佣劳动与资本》中，马克思就提出了"劳动并不向来就是**商品**。劳动并不向来就是雇佣劳动、即**自由**劳动"②的观点，虽然这里所说的"劳动"具体指的是劳动力③，还没有凝练为"生产劳动"这一范畴，但从中可以看到马克思对资产阶级生产关系中的"劳动"不同于"劳动一般"的清醒认知，已经有了"生产性的"劳动和"非生产性的"劳动的区分④。很显然的是，《雇佣劳动与资本》中马克思还只是考察了产业工人的劳动，因而更多地谈论的是作为给劳动力标价的工资与资本的关系，还没有顾及产业资本以外的劳动。而随着《伦敦笔记》阶段马克思在政治经济学理

① 《马克思恩格斯全集》第 46 卷上册，人民出版社 1979 年版，第 264 页。

② 《马克思恩格斯全集》第 6 卷上册，人民出版社 1961 年版，第 478 页。

③ 《雇佣劳动与资本》1891 年的版本中，"劳动"多改为"劳动力"。《马克思恩格斯全集》第 6 卷，人民出版社 1961 年版，第 477 页。

④ 《马克思恩格斯全集》第 6 卷，人民出版社 1961 年版，第 490 页。马克思专门举例说明这个问题，农场主付给他的短工五银格罗申，"对资本家来说，是有**生产性的**，因为他用这五银格罗申换来的劳动力使他得到了十银格罗申；对工人来说，是**非生产性的**，因为他用这五银格罗申换来的生活资料永远消失了"。

论方面的系统钻研，《大纲》乃至《剩余价值理论》中对"劳动"的思考明显细致了许多。亚当·斯密把"生产劳动"理解为创造价值的劳动，这个"价值"指的是劳动者的劳动用以抵偿他的工资所消费掉的那部分价值量①，距离剩余价值的发现还有一段距离。尽管如此，斯密对"生产劳动"和"非生产劳动"的发现仍然为马克思所赞许，因为在两者的区分中，"生产劳动"明显被指认为资产阶级生产关系的命脉所系，"非生产劳动"因只能与收入发生交换关系而无法创造新的价值，其中暗含着对寄生者、食利者、不劳而获者不容于这种生产关系的潜在批判。正是在两者的这种区分意义上马克思肯定了斯密对资产阶级生产关系的本质所做的概括，当然这种概括同时也成为马克思借以对资产阶级生产关系中某些从事"非生产劳动"的阶层提出批判的理由。可是斯密还在另外一个层面上提出了"生产劳动"和"非生产劳动"的区分标准，即按照劳动能否**"固定"**或**"物化在一个特定的对象或可以出卖的商品中"**②来做判断，符合这一标准的被称作"生产劳动"，不符合这一标准的被称作"服务"。马克思对斯密的第二种解释显然不甚满意。因为如果凡是固定或物化为商品的劳动就能被作为"生产劳动"来看待，那么除了工人创造价值的生产劳动被包含在内，还有监工、经理乃至银行家的劳动也将不可避免地会被认为参与了生产劳动；此外，作为"非生产劳动"的"服务"所提供的使用价值，并不是只能与收入发生交换，而是能在交换关系中被作为商品出售，从而创造出多于用以购买其使用价值的价值，这是资产阶级生产关系不可遏制地将越来越多的关系纳入"生产"范围的必然结果。斯密的混乱在于他提供了"生产劳动"和"非生产劳动"这一组范畴，使"生产劳动"因其创造价值的目的显出区别于"生产一般"和"劳动一般"的特殊性，但他并没有彻底地在具体的资产阶级生产关系中谈论这一组范畴，问题的症结在于他眼中的"生产"还没有完全脱离重农主义经济学的窠臼。马克思在《大纲》中对"生产劳动"的理解有限地认可斯密的意见，但在对"非生产劳动"的理解上明显与斯密存在分歧，这些见解虽然只是散布于《大纲》各处，但

---

① 这里借用了马克思在《剩余价值理论》中对亚当·斯密的"生产劳动"做的解释。见《马克思恩格斯全集》第 26 卷第 1 册，人民出版社 1972 年版，第 153 页。
② 《马克思恩格斯全集》第 26 卷第 1 册，人民出版社 1972 年版，第 153 页。

不可否认的是它们"在揭露资本主义剥削关系的实质时发挥了作用"①，这是马克思从经济学角度纵深推进历史唯物主义批判视野的确切进展。

二、生产劳动与非生产劳动之间的文学艺术

马克思对国民经济学提出的"生产劳动"和"非生产劳动"所做的辨析，为文学艺术在生产关系中的定位提供了极具启发性的坐标参考。文学艺术究竟是"生产劳动"还是"非生产劳动"，不再是一个可以抽象讨论静态观照的问题，而是既会受到"生产一般"和"劳动一般"的限制，又会受到"生产劳动"的规定，同时还要根据"生产特殊"和"劳动特殊"的具体形式来调整相对关系的问题。

综合马克思对"生产劳动"的意见，可大致将其概括为：在资本与雇佣劳动结成的特定关系中以生产剩余价值为目的的劳动。而"非生产劳动"相对可以概括为：在资产阶级生产关系中不以生产剩余价值为目的的劳动，马克思称其为"服务"。由于斯密对"生产劳动"和"非生产劳动"的两种解释混杂在一起，其中对生产关系的历史性和非历史性认识交替浮现，导致这一组范畴之间的界限不断发生混淆。因此马克思在阐述这一组范畴时也不断地针对斯密及其反对者的观点在做澄清工作。首先是《大纲》中马克思对西尼耳在"生产劳动"的意义上模糊钢琴制造者和钢琴演奏者之间差别的做法提出批判：

> 例如西尼耳先生问道（至少是有类似的意思），钢琴制造者要算是**生产劳动者**，而**钢琴演奏者**倒不算，虽然没有钢琴演奏者，钢琴也就成了毫无意义的东西，这不是岂有此理吗？但事实的确如此。钢琴制造者再生产了**资本**；钢琴演奏者只是用自己的劳动同收入相交换。②

① ［民主德国］巴尔巴拉·利茨：《1857—1863 年间马克思关于生产劳动和非生产劳动学说的发展》，《马克思主义研究资料》第 6 卷，中央编译出版社 2013 年版，第 377 页。
② 《马克思恩格斯全集》第 46 卷上册，人民出版社 1979 年版，第 264 页。

　　西尼耳对"生产劳动"的这种理解或疑惑正是庸俗政治经济学家们容易迷失的岔路口，在"劳动一般"的意义上看待"生产劳动"，从而对后者的认识仅仅停留在抽象的层面，也就是停留在对现状的承认、顺从和肯定的层面上。马克思认为斯密坚持从创造剩余价值的意义上理解"生产劳动"比这些庸俗政治经济学家们仅就表象发言要深刻得多。后来在《剩余价值理论》中，关于钢琴制造者的例子又再次出现，还有诸如厨师、教师、舞蹈教员等类似的例证相继出现，这些服务性质的"劳动"都是在庸俗经济学家那里容易被认为因具有"使用价值"而应当被当作"生产劳动"来看待的劳动。这样举例论证进一步表明马克思在特殊的语境中特意回避这些劳动中的生产性，因为他在对"生产劳动"的理解上有着明确针对性，那就是斯密对"生产劳动"和"非生产劳动"的区分虽不免有机械二分且犹疑混杂之嫌，但在点明资产阶级生产关系的本性这一大方向上却保持了比较清醒的思考。

　　"非生产劳动"既然是相对于"生产劳动"而言的，斯密首先是在"非生产"的意义上处理它与资产阶级生产关系的关系，它被作为次生关系看待，被放在了收入的消费环节。在斯密的第二种解释中"非生产劳动"由于不具备物化的产品的形式，即不生产商品①，而表现出远离生产的食利性，它涵盖了"从娼妓到教皇"② 较大范围内的劳动。这种劳动还有一个别称——"负劳动"，它们依赖由生产劳动所创造的剩余劳动过活，被定位为"仆役阶级"。在斯密略显粗疏的划分中，科学、艺术等劳动因为不生产商品也被涵盖在"非生产劳动"中，陷入与剩余劳动或剩余产品的生产相对立的处境。但很显然，这种处境不是因科学、艺术等劳动真的完全不生产剩余劳动或剩余产品造成，而是因为它们不直接生产物化的商品。马克思在《大纲》的后面对科学、艺术等劳动的生产性有另外的解释，但在这里，他对"非生产劳动"与财富之间表现出的对立关系所做的解释是：

---

① 尽管马克思对斯密将"生产劳动"和"生产商品"等同起来的见解并不完全认同，但马克思又在"**商品是资产阶级财富的最基本的元素形式**"的意义上认为"把'生产劳动'解释为生产'商品'的劳动，比起把生产劳动解释为生产资本的劳动来，符合更基本得多的观点"（《马克思恩格斯全集》第26卷第1册，人民出版社1972年版，第165—166页）。

② 《马克思恩格斯全集》第46卷上册，人民出版社1979年版，第229页。

从现实性来看，财富的发展只存在于这种对立之中；从可能性来看，财富的发展正是在消灭这种对立的可能性。换句话说，因为一个人只有当他同时满足了**另一个人**的迫切需要，并且为后者创造了超过这种需要的余额时，才能满足**他本人**的迫切需要。在奴隶制度下，这是以粗暴的方式实现的。只有在雇佣劳动的条件下，这才导致了**产业**，导致了**产业劳动**。①

这是从社会历史进程的视角看到的景观。所谓"现实性"，是由资产阶级生产关系给定的食利阶级与劳动阶级之间的对立，他们在财富的生产方面只能采取这种产品与劳动相分离的关系，才有可能不断推动财富的增长；所谓"可能性"，是资产阶级生产关系追逐财富的欲望，将导致其内在各种矛盾的不可调和性愈演愈烈乃至自我否定。按照非生产劳动分享剩余价值（财富）的这种逻辑，从现实性上来讲，目前这一历史阶段内的"非生产劳动"只能站在劳动阶级的对立面，依赖劳动阶级创造的剩余价值生活，从可能性来讲，"非生产劳动"最终将会随着资产阶级生产关系的自身局限而陷入自我否定。处于资本与劳动对立关系中的科学、艺术等劳动的意义只能在有限的意义上被承认，即在劳动阶级首先满足了它们的需要且远远超出它们的需要的前提下，才有可能反转来满足劳动阶级本身的需要。这么说来，在"生产劳动"主导的生产关系中，科学、艺术等劳动是不会彻底无功利地、无条件地为产业劳动提供精神层面的服务的。

但是，科学、艺术的成果在资产阶级生产关系中能被当作商品出售获利的事实，又表明它们似乎不只是"非生产劳动"，而是表现出"生产劳动"的特性。这里显现出"商品"与"物质产品"相区别，即对资产阶级生产关系中的典型经济现象的理解深度的问题：

认为剩余价值必然要表现在某种物质产品上，这种粗浅看法在亚·斯密那里也能见到。演员所以是生产劳动者，并不是因为他们生产戏剧，而是因为他们增加自己老板的财富。但是，进行的是何

① 《马克思恩格斯全集》第 46 卷上册，人民出版社 1979 年版，第 381 页。

种劳动，从而劳动以什么形式物化，——这对**这种关系**是无关紧要的。但是从以后的观点来看，这又不是无关紧要的。①

演员作为艺术从业者，他的表演是为观众提供服务，本身是"非生产劳动"。然而这种劳动在雇佣劳动关系中成为"增加自己老板的财富"的手段，尽管不具备物质产品的外观形式，但丝毫不影响它生产剩余价值的能力。马克思承认在简单的生产过程中，商品究竟是以物质产品的形式呈现，还是以服务的形式出现，对于生产关系本身来讲"无关紧要"，因为资本一般规定的生产关系本就是一种结构形式意义上的统治，而不是对具体内容的要求。在交换价值替代使用价值成为"生产劳动"的主要目的生产关系中，交换对象是物化的商品或是服务都不重要，重要的在于交换对象能带来高于对象本身价值的价值。所以马克思才说在这种生产关系中，生产者和资本家都对生产的产品漠不关心②。生产性并不仅仅意味着生产劳动必须以商品作为最终呈现形式，而是以增加财富作为衡量标准。显而易见的是，如果只能把交换对象当作纯粹的客体、当作物来对待的话，很难解释形式取代内容的价值生成逻辑，但如果从隐藏在交换对象中的主体方面来看，"这种关系"在"生产劳动"采取活劳动从事价值生产的"某一定点"上就已经统治了建立在这种关系之上的其他关系。

"个人服务"和"现实服务"被马克思统称为"服务"，即"非生产劳动"。"现实服务"是指"客体化于某种实物中的服务"③，比如裁缝制衣或作家写稿，比起"个人服务"的不留痕迹转瞬即逝的特点，这种一部分可以转化为物质

---

① 《马克思恩格斯全集》第 46 卷上册，人民出版社 1979 年版，第 291 页。

② 马克思在《大纲》多处描述了资产阶级生产关系中"漠不关心"的现象，比如"货币章"中说"生产和消费的普遍联系和全面依赖随着消费者和生产者的相互独立和漠不关心而一同增长"（《马克思恩格斯全集》第 46 卷上册，人民出版社 1979 年版，第 107 页）；"资本章"中对将处于交换关系中的等价物所有者的关系描述为"作为价值相等的人同时是彼此漠不关心的人"（《马克思恩格斯全集》第 46 卷上册，人民出版社 1979 年版，第 194 页）；将资本之间的竞争关系描述为"它们彼此的漠不关心和互相独立，促使单个资本不是把所有其余资本的工人看作工人"（《马克思恩格斯全集》第 46 卷上册，人民出版社 1979 年版，第 407 页）。

③ 《马克思恩格斯全集》第 46 卷上册，人民出版社 1979 年版，第 465 页。

产品的劳动更容易与生产商品的资产阶级生产关系相亲近。而"个人服务"
作为典型的雇佣劳动关系的对立面，马克思做了专门的解释：

> 在资产阶级社会本身，个人服务（也包括为个人消费进行的劳
> 动，烹调、缝纫等，园艺劳动等，直至所有非生产阶级，即官员、
> 医生、律师、学者等等）同收入的一切交换也属于这一类，属于这
> 个范畴。这里包括一切卑贱的奴仆等。所有这一切劳动者，从最卑
> 下的到最高贵的，都通过他们提供的服务——往往是被迫的——分
> 到剩余产品中的一份，分到资本家**收入**中的一份。……收入同这类
> 活劳动相交换的比例本身决定于生产的一般规律，这一点丝毫不改
> 变关系的性质。①

个人服务不是具有生产性的雇佣劳动，哪怕它具有交换关系的外观。
因为提供这种服务的人并不以剩余价值的生产作为自己的目的，而消费这
种服务的人是在用自己的劳动量与之进行交换。但个人服务可以被雇佣劳
动关系卷入，从而在"这种关系"之中成为商品。艺术从业者的劳动原本
是"非生产劳动"，却因为被卷入雇佣劳动关系而被赋予"生产劳动"的目
的，反而在资产阶级生产关系中"多少都会被**玷污**"进而"**丧失神圣光彩**"②。
"玷污"和"丧失神圣光彩"是马克思对艺术创作沦为艺术生产这一过程的
诗意描述，带有明显的今昔对比后的批判意味。就演员或作家的表演以及
创作而言，他们自身技艺发挥的过程是个人服务的过程，所以这种劳动才
会被马克思看作"生产性雇佣劳动的对立面"③。资产阶级生产关系中的艺术
从业者的服务与其收入之间的关系，表面上看是在平等和自由的交换关系
中进行着的使用价值与价值的交换，但实际上与被卷入"这种关系"中的
其他劳动一样，将不可避免地指向剩余价值。所以，马克思才又接着说"但
是从以后的观点来看，这又不是无关紧要的"，因为走出简单的生产过程之

---

① 《马克思恩格斯全集》第 46 卷上册，人民出版社 1979 年版，第 466—467 页。
② 《马克思恩格斯全集》第 46 卷上册，人民出版社 1979 年版，第 467 页。
③ 《马克思恩格斯全集》第 46 卷上册，人民出版社 1979 年版，第 463 页。

外，雇佣劳动关系对个人服务的介入不会永远停留在"卷入"的深度，而是不断重新结构个人服务与消费之间的关系，将"非生产劳动"改写进资产阶级生产关系的历史。

三、作为艺术生产出现的艺术生产

在《导言》中马克思就表现出对艺术生产的关注。他那句著名的论断"当艺术生产一旦作为艺术生产出现，它们就再不能以那种在世界史上划时代的、古典的形式创造出来"[①]，其中所强调的资产阶级生产关系中文学艺术创作的特殊性早在《伦敦笔记》中就初露端倪。这个论断相对完整的上下文语境为：

> 关于艺术，大家知道，它的一定的繁盛时期决不是同社会的一般发展成比例的，因而也决不是同仿佛是社会组织的骨骼的物质基础的一般发展成比例的。例如，拿希腊人或莎士比亚同现代人相比。就某些艺术形式，例如史诗来说，甚至谁都承认：当艺术生产一旦作为艺术生产出现，它们就再不能以那种在世界史上划时代的、古典的形式创造出来；因此，在艺术本身的领域内，某些有重大意义的艺术形式只有在艺术发展的不发达阶段上才是可能的。如果说在艺术本身的领域内部的不同艺术种类的关系中有这种情形，那么，在整个艺术领域同社会一般发展的关系上有这种情形，就不足为奇了。困难只在于对这些矛盾作一般的表述。一旦它们的特殊性被确定了，它们也就被解释明白了。[②]

《导言》中马克思就已经将艺术生产这一问题纳入到自己的思考范围中，并为此贡献了《导言》这篇未完成稿的篇末部分，只是在其中艺术生产与社会的一般发展之间的矛盾没有得到充分展开。这个"困难"的一般问题被提

---

① 《马克思恩格斯文集》第 8 卷，人民出版社 2009 年版，第 34 页。
② 《马克思恩格斯文集》第 8 卷，人民出版社 2009 年版，第 34—35 页。

出来，即物质生产的发展与艺术发展的不平衡关系，而马克思为这个问题提供的解决方案是从问题的特殊性上下手。这里出现了两个"艺术生产"，第一个"艺术生产"是艺术生产一般，基本等同于各个历史阶段都有的艺术创作，第二个"艺术生产"是特殊的艺术生产，特指资产阶级生产关系中的艺术生产，与"生产劳动"中的"生产"密切相关。两个"艺术生产"的并列明显正是马克思在从矛盾的特殊性上着眼，以期完成他所说的"一旦它们的特殊性被确定了，它们也就被解释明白了"的设想。

资产阶级生产关系中"艺术生产"的特殊性表现在它是一种雇佣劳动关系下的"非生产劳动"——这本身就是一个矛盾的表述，透露出表述之下的矛盾。根据《大纲》对"非生产劳动"的介绍，艺术创作应属于"服务"，其中既包括不留痕迹转瞬即逝的过程性服务，即个人服务，比如歌唱、演奏等，也包括客体化为某种实物的服务，即现实服务，比如书稿、画作等。从"非生产劳动"的意义上说，文学艺术创作是与生产性雇佣劳动处于对立关系之中的。但正如马克思也观察到并论述过的，"进行的是何种劳动，从而劳动以什么形式物化，——这对**这种关系**是无关紧要的"。文学艺术以其使用价值成为被雇佣劳动关系所俘获的商品，因处于雇佣劳动关系中而呈现出"生产劳动"的特点。所以，马克思才在《剩余价值理论》中对文学艺术创作这种特殊且矛盾的劳动给予了比较深切的关注：

> 作家所以是生产劳动者，并不是因为他生产出观念，而是因为他使出版他的著作的书商发财，也就是说，只有在他作为某一资本家的雇佣劳动者的时候，他才是生产的。①

以及

> 对于提供这些服务的生产者来说，服务就是商品。服务有一定的使用价值（想象的或现实的）和一定的交换价值。②

---

① 《马克思恩格斯全集》第 26 卷第 1 册，人民出版社 1972 年版，第 149 页。
② 《马克思恩格斯全集》第 26 卷第 1 册，人民出版社 1972 年版，第 149 页。

这里马克思对作家这种特殊的劳动力以及文学艺术这种特殊的商品提出了非常明晰的界划，不是因为作家本身是生产者，而是雇佣他的"书商"让他变成了生产者，从而也让他的作品变成了商品。所以关键仍旧不是在于文学艺术创作就是生产劳动，而是它所处的特殊生产关系对裹挟于其中的内容"漠不关心"，真正起驱动作用的是雇佣劳动关系这种形式及其背后的资本。从简单生产过程来讲，作家以及他的作品似乎不受雇佣劳动关系的直接管控，只有当书商也就是资本家介入这种劳动并将其作为特殊的商品出售并追求财富时，才构成生产劳动。但实际上，当这种关系成为主导性的生产关系，即资本成为资产阶级社会占统治地位的关系时，资本作为一种普照的光将不可避免地刺入文学艺术的创作过程，比如以劳动的生产性作为杠杆调节文学艺术不同种类之间的比例关系，导致"资本主义生产就同某些精神生产部门如艺术和诗歌相敌对"①的情况出现。这样一来，那些比较能够满足资产阶级生产关系需求的艺术种类，也就是那些更容易转变为商品的艺术种类，将在资本主导的生产关系乃至社会关系中获得更多的倾斜，而"某些有重大意义的艺术形式只有在艺术发展的不发达阶段上才是可能的"则成为文学艺术创作的现实。所以，一方面人们赞叹那些"就某方面说还是一种规范和高不可及的范本"的艺术种类，因为它们是虽充满历史局限但却显得比较全面且表现为生产目的的人的劳动产物，另一方面人们感慨"它们就再不能以那种在世界史上划时代的、古典的形式创造出来"，却无力对艺术种类的失衡现状进行有效的人为干预，因为资本逻辑贯穿资产阶级社会的方方面面，具有总体性。站在"生产劳动"的角度可以从根本上看取文学艺术史兴衰更替的原因所系。

当资本之光刺入文学艺术创作劳动内部之后，会出现两种交杂在一起的情形，这就是那个著名的关于《失乐园》的举例：

> 例如，密尔顿创作《失乐园》得到5磅，他是**非生产劳动者**。相反，为书商提供工厂式劳动的作家，则是**生产劳动者**。密尔顿出于同春蚕吐丝一样的必要而创作《失乐园》。那是**他**的天性的能动

---

① 《马克思恩格斯全集》第26卷第1册，人民出版社1972年版，第296页。

表现。后来，他把作品卖了 5 磅。但是，在书商指示下编写书籍（例如政治经济学大纲）的莱比锡的一位无产者作家却是**生产劳动者**，因为他的产品从刚一开始就从属于资本，只是为了增加资本的价值才完成的。一个自行卖唱的歌女是**非生产劳动者**。但是，同一个歌女，被剧院老板雇佣，老板为了赚钱而让她去唱歌，她就是**生产劳动者**，因为她生产资本。①

文学艺术创作究竟是生产劳动还是非生产劳动，对这个问题的判断一旦跳出简单生产过程，就可以明显看到"当艺术生产一旦作为艺术生产出现"，也就是艺术生产本身认同并参与"生产劳动"，即马克思所说的"在书商指示下编写书籍"和"被剧院老板雇佣"，那么艺术生产就成为特殊的艺术生产，是从生产的出发点上就认可以生产资本为目的的资产阶级生产关系中的艺术创作，这造成文学艺术种类内部不均衡发展，也造成文学艺术与社会的一般发展不成比例。所以马克思说困难并不在于对艺术生产的特殊性做论证，而在于对艺术生产的一般性进行表述，因为关于艺术生产的庸俗见解往往脱离具体历史语境对其进行言说，比如施托尔希认为：

医生生产健康（但他也生产疾病），教授和作家生产文化（但他们也生产蒙昧），诗人、画家等等生产趣味（但他们也生产乏味），道德家等等生产道德，传教士生产宗教，君主的劳动生产安全，等等。②

这就是庸人理解的"生产"，是被抽空了历史规定性的生产一般。所有的职业（不同种类的劳动）都因有"产品"而被冠之以"生产"之名，却不管这种产品是否进入雇佣劳动关系转变为"商品"，或者是否处于其他生产关系中而具有特殊的规定性，都将其视为能生产使用价值进而换取剩余价值的"生产劳动"。施托尔希对"生产劳动"的这种理解能够带动后来一批著

---

① 《马克思恩格斯全集》第 26 卷第 1 册，人民出版社 1972 年版，第 432 页。

② 《马克思恩格斯全集》第 26 卷第 1 册，人民出版社 1972 年版，第 298 页。

作家不断地"重复这种说法"①，绝不是偶然，因为庸人对资产阶级生产关系的理解是顺应而非质疑，后者本身就呈现出对内容漠不关心而专注于抽象的资本逻辑的特点，所以施托尔希等人对"生产劳动"范畴的理解具有与生产关系类似的抽象意味便不足为奇。他们在政治经济学范围内对艺术生产、精神生产所做的生产性辩护的结果是让这些"服务"甚至是"最高的精神生产"能够在资本家眼中**"成为可以原谅的"**②劳动。

资产阶级生产关系的文学艺术创作有被这种关系收编的一面，但即便被收编，马克思对文学艺术创作的非生产性仍持有比较乐观的态度。按照"非生产劳动"的两种类别，表现为两种形式，一种比如生产出的书、画以及"一切脱离艺术家的艺术活动而单独存在的艺术作品"③，这些产品因具有与生产者和消费者相独立的形式，即物化的商品形式，更容易取得与资本共生的关系。马克思说在这种情况下：

> 资本主义生产只是在很有限的规模上被应用。例如，一个作家在编一部集体著作百科全书时，把其他许多作家当作助手来剥削。这里的大多数情况，都还只局限于**向资本主义生产过渡的形式**，就是说，从事各种科学或艺术的生产的人，工匠或行家，为书商的总的商业资本而劳动，这种关系同真正的资本主义生产方式无关，甚至在形式上也还没有从属于它。④

还有一种情况：

> 产品同生产行为不能分离，如一切表演艺术家、演说家、演员、教员、医生、牧师等等的情况。在这里，资本主义生产方式也只是在很小的范围内能够应用，并且就事物的本性来说，只能在某些领域中应用。……资本主义生产在这个领域中的所有这些表现，

① 《马克思恩格斯全集》第 26 卷第 1 册，人民出版社 1972 年版，第 298 页。
② 《马克思恩格斯全集》第 26 卷第 1 册，人民出版社 1972 年版，第 298 页。
③ 《马克思恩格斯全集》第 26 卷第 1 册，人民出版社 1972 年版，第 442 页。
④ 《马克思恩格斯全集》第 26 卷第 1 册，人民出版社 1972 年版，第 442—443 页。

同整个生产比起来是微不足道的，因此可以完全置之不理。①

也就是说，即便文学艺术创作被卷入资产阶级生产关系，但因卷入不深波及不广，被卷入的那一部分"可以完全置之不理"，并不影响文学艺术创作作为"非生产劳动"与"生产劳动"处于对立面的关系。

马克思在艺术生产这个问题上表现出比较徘徊的姿态。一方面，他说特殊的艺术生产出现后，古典艺术形式处于难以为继的危机局面中，从中流露出惋惜之意；另一方面，他又说文学艺术创作又并不完全受制于资产阶级生产关系，即便受制也"微不足道"乃至可以"置之不理"。这两个方面看似矛盾，或许还是须从马克思提到过的两个不同层面来理解：古典艺术形式在现代社会中的难以为继是从"艺术本身的领域内部的不同艺术种类的关系"这个层面来讲的，而文学艺术创作不完全受制于资产阶级生产关系则是从"整个艺术领域同社会一般发展的关系"的层面看待的。这样理解马克思在艺术生产问题上的"徘徊"，应该符合他的思考本意。②

第三节 资本批判中的时间维度

马克思的政治经济学研究为历史唯物主义视野的生成准备了相当坚实的现实基础，同时也为对资产阶级生产关系的批判提供了一条清晰可辨的线索。这条线索既是资产阶级社会财富生产的秘密，也将是埋葬这种财富生产方式的地平线。这条线索就是：时间。

---

① 《马克思恩格斯全集》第 26 卷第 1 册，人民出版社 1972 年版，第 443 页。

② 马克思在看待文学艺术这类"非生产劳动"被卷入资产阶级生产关系的程度问题上，不可避免地受限于他所处的 19 世纪欧洲生产力和生产关系的水平。那个阶段上的艺术生产与社会的一般发展之间的比例没有表现得太过于异常，所以马克思说文学艺术创作中的那些许资本主义表现"可以完全置之不理"。但时过境迁，当下的文学艺术中的资本主义表现已经不可能置之不理，所以，对马克思在艺术生产方面的论述需要结合历史语境辨析看待。

在马克思的政治经济学研究中，时间既不是一个抽象思辨的哲学术语，又不是一个征实僵化的物理学术语。对时间与劳动之间关系的考察直击资产阶级生产关系的实质，也开启了资本批判视域的时间维度。参考日本马克思主义学者内田弘的看法："那么马克思通过经济学批判中最基本的工作即对资本一般这一概念的分析，想要获得怎样的结果呢？换句话说，贯穿《大纲》的主题究竟是什么？在我看来，这一主题就是资本（所谓资本的生产方式）的历史意义，是资本培育了可自由支配的时间使其成为自觉地创造制度并驾驭制度的民众的力量，然后资本丢下他们，离开历史的舞台。也许资本并没有有意实现那样使命——但是资本还是一步一步地走向这一历史的背谬，这才是《大纲》中马克思所关注的主题。"①

一、财富与时间的汇合是资产阶级生产关系的秘密

财富与时间的汇合是资产阶级生产关系的秘密，这个秘密不是由马克思单独发现的。政治经济学研究一直关注劳动时间与价值量的问题，认为商品的价值（价格）由凝结在商品中的劳动时间决定。马克思在劳动时间作为价值计量单位这一问题上的意见与政治经济学家们大体一致，他也认为"一切商品（包括劳动在内）的**价值**（实际交换价值），决定于它们的生产费用，换句话说，决定于制造它们所需的劳动时间。**价格**就是这种用货币来表现的商品交换价值"②。生产费用由劳动时间构成，而货币只不过是作为交换尺度用来标识"最终归结为劳动时间的那些生产费用"③，货币作为资产阶级财富的化身，它的特殊内涵与"劳动"被理解为"劳动一般"的抽象内涵密切相关。应该来说，政治经济学家们提出的"劳动时间"这一范畴对马克思认识资产阶级生产关系的本质极富启发性。但有一部分政治经济学家也正是在对"劳动时间"有所偏差的理解基础上，将资产阶级生产关系出现经济危机的原因归咎于现行货币制度，提出以"劳动货币"解决危机的设想。很显然，政治

---

① ［日］内田弘：《新版〈政治经济学批判大纲〉的研究》，王青、李萍、李海春译，北京师范大学出版社 2011 年版，第 28 页。下划线为原文所有。
② 《马克思恩格斯全集》第 46 卷上册，人民出版社 1979 年版，第 80 页。
③ 《马克思恩格斯全集》第 46 卷上册，人民出版社 1979 年版，第 154 页。

经济学家们并不认为是资产阶级生产关系攫取财富的方式与劳动时间之间的关系本身出了问题，也没有将劳动时间真正地与商品价值的构成做清楚的辨析，所以他们对资本中的时间维度并没有做批判式的深究。

在《导言》中，马克思对斯密的政治经济学研究功绩做了较高的评价：

> 亚当·斯密大大地前进了一步，他抛开了创造财富的活动的一切规定性，——干脆就是劳动，既不是工业劳动，又不是商业劳动，也不是农业劳动，而既是这种劳动，又是那种劳动。有了创造财富的活动的抽象一般性，也就有了被规定为财富的对象的一般性，这就是产品一般，或者说又是劳动一般，然而是作为过去的、对象化的劳动。①

亚当·斯密"大大地"前进的这一步，是"许多劳动"向"劳动一般"过渡的一步，财富与劳动都取得了抽象性的内涵。正因为如此，用来计量抽象的财富和抽象的劳动的单位也必须具有相应的抽象性，这个单位就是劳动时间。而货币"作为一般对象的劳动时间，或者说，是一般劳动时间的化身，是作为**一般商品**的劳动时间"②，所以财富—劳动时间—货币三者在抽象性的层面上达成一致，货币因而成为政治经济学从财富与时间的关系上辨认资产阶级生产关系特点的表象，政治经济学家们止步于此。但马克思不停留于表象的认知，他沿着劳动时间的线索对其在财富内部的构成方式进行探索，发现了商品价值二重性中包含着的必要劳动时间和剩余劳动时间，劳动时间充当货币的历史性和必然性，以及资本生产和流通中的时间结构等秘密。

商品价值二重性指的是使用价值和交换价值的共存，而从时间角度看待这种二重性，其根底在于必要劳动时间和剩余劳动时间的人为混淆和实际分立。其中，必要劳动时间和剩余劳动时间都用于生产商品的使用价值，但必要劳动时间生产的使用价值与劳动者（工人）的收入持平，等价交换；而剩余劳动时间生产的使用价值则用来获得交换价值，创造财富。交换价值是资

---

① 《马克思恩格斯文集》第 8 卷，人民出版社 2009 年版，第 28 页。
② 《马克思恩格斯全集》第 46 卷上册，人民出版社 1979 年版，第 116 页。

产阶级生产的目的所在，所以必要劳动时间往往会被资本家有意压缩，而相反剩余劳动时间却被有意延长。这也就是说商品承载的那部分资本依存于剩余劳动时间而不是依存于必要劳动时间，因而资本与必要劳动时间相对立；但又因为剩余劳动时间是相对于必要劳动时间存在的，剩余劳动时间实际上必须依存于必要劳动时间而存在——因而承载于商品中的资本既对立于必要劳动时间，又依存于必要劳动时间，商品内部的时间构成本身就是矛盾。从剩余劳动时间是剩余价值的主体方面的来源来看，剩余劳动时间能够被凝结在商品生产中从而进入交换领域，是资产阶级生产关系得以存续的命脉所系，也是这种生产关系能够创造极为巨大的财富的根本原因所在。但是，这里实际上富有深意的问题在于劳动时间从何时起以及如何能够作为商品价值的计量单位进入经济学领域，这需要涉及对劳动时间的历史考察，和对资产阶级生产关系特殊性的哲学追问。

从历史上看，劳动时间并不天然就是产品（商品）价值计量单位，或者说产品（商品）的价值与劳动时间之间曾经没有必然联系。这种联系出现在资产阶级生产关系占据统治地位的资产阶级社会中，而非资产阶级生产关系的产品价值并不以劳动时间作为计量单位。马克思考察了资本主义生产之前的各种形式，将其概括为"公社和以公社为基础的所有制"，其中包括原始所有制形式、亚细亚的所有制形式、古代的所有制形式、日耳曼的所有制形式等①。经过马克思的考察，这些所有制形式或称生产关系的共同基础是公社所有制，它们在不同程度上瓦解了自己的这一共同基础。

就原始所有制形式来看，在小土地所有制和公共土地所有制这两种形式中：

> 各个个人都不是把自己当作劳动者，而是把自己当作所有者和同时也进行劳动的共同体成员。这种劳动的目的不是为了**创造价值**，——虽然他们也可能造成剩余劳动，以便为自己换取**他人**的产品，即［其他个人的］剩余产品，——相反，他们劳动的目的是为

---

① 这是马克思在《大纲》"资本章"第二篇"资本的流通过程"中所做的考察，上述所列各种所有制形式就是在考察后描述的资本主义生产关系之前的几种生产关系。

了保证各个所有者及其家庭以及整个共同体的生存。①

原始所有制中的劳动目的不在于"创造价值"，马克思特意强调了"创造价值"这四个字，以区别于以创造剩余价值为特殊内涵的"生产劳动"。

而就亚细亚的所有制形式来看，人们因同处于一片土地而"素朴天真地把土地看作**共同体的财产，而且是在活劳动中生产并再生产自身的共同体的财产**。每一个单个的人，只有作为这个共同体的一个肢体，作为这个共同体的成员，才能把自己看成**所有者或占有者**"②。这个共同体的"更高的所有者或唯一的所有者"拥有这个土地共同体所产出的全部财产，剩余产品"不言而喻地属于这个最高的统一体"，因此这种所有制中个人"似乎并不存在财产"：

> 在东方专制制度下以及那里从法律上看似乎并不存在财产的情况下，这种部落的或公社的财产事实上是作为基础而存在的，这种财产大部分是在一个小公社范围内通过手工业和农业相结合而创造出来的，因此，这种公社完全能够独立存在，而且在自身中包含着再生产和扩大生产的一切条件。③

而与亚细亚的所有制在个人财产的归属上显现出差别的古代的所有制，则表现出个人财产与公社财产的分离。不过尽管有私有者的个人财产出现，但：

> 个人被置于这样一种谋生的条件下，其目的不是发财致富，而是自给自足，把自己作为公社成员再生产出来，作为小块土地的所有者再生产出来，并以此资格作为公社的成员再生产出来。④

与前两种所有制中的劳动类似，古代的所有制中的个人劳动也不以"创

---

① 《马克思恩格斯全集》第 46 卷上册，人民出版社 1979 年版，第 471 页。
② 《马克思恩格斯全集》第 46 卷上册，人民出版社 1979 年版，第 472 页。
③ 《马克思恩格斯全集》第 46 卷上册，人民出版社 1979 年版，第 473 页。
④ 《马克思恩格斯全集》第 46 卷上册，人民出版社 1979 年版，第 477 页。

造价值"为目的，有限的生产私有财产的目的是为了"自给自足"。

第四种所有制与前三种所有制在处置私有财产的关系上有所不同，日耳曼的所有制表现出"每一个单独的家庭就是一个经济整体，它本身单独地构成一个独立的生产中心（工业只是妇女的家庭副业等等）"①。在这种所有制中，公社的地位退居到个人土地财产之后，成为附属物。

马克思在"资本章"的"资本的流通过程"篇中考察资本主义生产关系之前的所有制形式的用意非常明显，通过勾勒这四种所有制不同程度地附属于或独立于公社所有制关系，劳动和私有财产之间关系的变化被异常直观地呈现出来：前资本主义生产关系中并不存在完全以"创造价值"为目的的生产劳动，因而在产品中也就不存在完全以创造剩余价值为目的的剩余劳动时间，进而在产品的流通过程中也就不存在完全以获取交换价值为目的的交换，甚至这四种所有制中有些产品的交换并不经过价值等价与否的计算（比如原始所有制形式中为了"生存"而产生的剩余劳动之间的交换）。所以，从历史上看，凝结在劳动产品（商品）中的劳动时间成为这一产品（商品）的价值的情况，既然没有出现在资本主义生产关系之前，那么只能出现在"资本主义生产关系产生的历史过程"②之中。

劳动时间作为资本主义生产关系所特有的价值逻辑，它根植于"生产劳动"之中，这是剩余劳动时间的寄居之所。但劳动时间作为被凝结在商品中的过去的时间，它必须要与不断流动的现在的时间保持对立关系，才可能获得在时间之流中的不断转化为过去的时间的意义。这一时间转化过程从经济学的意义上来看，就是劳动时间所计量的商品价值必须要在剩余劳动时间得到承认（兑换）的情况下才能发生。所以，在劳动和劳动产品相分离的资本主义生产关系中，充当间隔也是弥合这一分离过程的中介的货币也就成为时间线索中的一环，劳动时间充当货币具有历史性和必然性。

资本的生产和流通需要一个完整的时间环线来保障，这也就是说资本从生产开始到消费结束，这其中由于劳动与商品的分离，生产与消费的分离，它需要遭到的命运是"或者在货币上得到实现，或者不在货币上得到实现；

---

① 《马克思恩格斯全集》第 46 卷上册，人民出版社 1979 年版，第 481 页。
② 这是《大纲》"资本章"中紧接着公社的各种形式的考察之后的标题。

也就是说，它的交换价值或者变成货币，或者变不成货币"①。如此一来，资本想要获得比它付出的价值高得多的价值，不仅需要"真正完整的过程，也就是一直进行到生产出产品"②，还需要使生产和流通结合为一个统一体。马克思在资本生产和流通的时间结构意义上谈论了资本概念的形成：

> **第一个因素**以由流通产生并以流通为前提的价值为出发点。这是资本的**简单概念**；是进一步直接规定为资本的货币。**第二个因素**以作为生产的前提和结果的资本为出发点；**第三个因素**使资本成为生产和流通的**一定的统一体**。（资本和劳动的关系，资本家和工人的关系，表现为生产过程的结果。）③

从资本的内在时间结构来看，它包含了来自"流通"领域和"生产"领域的两条时间线索，并将二者结构呈"一定的统一体"。生产领域内的劳动时间已经作为价值量被凝结在商品之中，资本对这种时间的要求是越多越好，与"量"挂钩。而流通领域内的时间因为并不增加价值量④，资本对这种时间的要求是越少越好，最好压缩为零，就"快"着眼。所谓资本内在时间的结构，就表现为生产时间和流通时间的相互配合：

> 一个生产阶段的剩余价值，决定于资本在这个阶段中所推动的剩余劳动（所占有的剩余劳动）。资本在一定期间内能够创造出的剩余价值总额，决定于这个期间内生产阶段的重复；或者说，决定于资本的**周转**。而周转等于生产阶段的持续时间加上流通的持续时间，等于流通时间和生产时间之和。流通时间越短，即资本从离开

---

① 《马克思恩格斯全集》第 46 卷上册，人民出版社 1979 年版，第 272 页。
② 《马克思恩格斯全集》第 46 卷上册，人民出版社 1979 年版，第 274 页。
③ 《马克思恩格斯全集》第 46 卷上册，人民出版社 1979 年版，第 280 页。
④ 关于流通并不增加价值量的观点，马克思认为政治经济学家们已经承认，"经济学家们把流通，即资本为了开始新的生产所必须完成的运转，正确地规定为一系列的交换，这样他们也就承认，这种流通时间不是增殖价值量的时间，就是说，它不可能是创造新价值的时间"（《马克思恩格斯全集》第 46 卷下册，人民出版社 1980 年版，第 174 页）。

生产到它回到生产所经过的那段时间越短，周转就越接近于生产时间本身。①

马克思从财富与时间相结合的不同历史阶段、不同层面以及不同方式上观察了资本主义生产关系积累巨大财富的秘密，这些观察构成他进一步从时间角度批判资本主义生产关系局限性的哲学立足点。

二、时间角度的资本批判："现今财富的基础是盗窃他人的劳动时间"

早在《形态》中，马克思就畅想过一种可以自由选择劳动部门的生活：

在共产主义社会里，任何人都没有特殊的活动范围，而是都可以在任何部门内发展，社会调节着整个生产，因而使我有可能随自己的兴趣今天干这事，明天干那事，上午打猎，下午捕鱼，傍晚从事畜牧，晚饭后从事批判，这样就不会使我老是一个猎人、渔夫、牧人或批判者。②

《形态》中对这种劳动自由性的畅想被从分工的角度来谈论，但还没有从劳动时间的高度去探讨。而且当时马克思对劳动自由的论述虽然已经意识到了与生产力水平高下的关系，但并没有认识到资本主义生产关系所创造的极为发达的生产力水平，是在为实现他畅想的这种劳动自由提供物质力量上的准备。因此，《形态》中的马克思对与人相"异化"的这种物质力量颇有微词："这种固定化，我们本身的产物聚合为一种统治我们、不受我们控制、使我们的愿望不能实现并使我们的打算落空的物质力量，这是迄今为止历史发展中的主要因素之一。受分工制约的不同个人的共同活动产生了一种社会力量，即成倍增长的生产力。因为共同活动本身不是自愿地而是自然形

① 《马克思恩格斯全集》第 46 卷下册，人民出版社 1980 年版，第 174 页。
② 《马克思恩格斯文集》第 1 卷，人民出版社 2009 年版，第 537 页。

成的，所以这种社会力量在这些个人看来就不是他们自身的联合力量，而是某种异己的、在他们之外的强制力量。"①实际上马克思畅想的这种可自由选择的生活必须依靠高度发达的生产力水平支撑。正因为如此，资本主义生产关系尽管以追求剩余价值为目的不择手段贪得无厌，但《大纲》时期的马克思仍然肯定这种关系为创造出可以自由支配的时间提供了丰厚的经济基础，资本的历史功绩被肯定。从这一点上看，马克思对资本主义生产关系的认识是随着经济学研究视野的纵深拓展逐渐深入的。在这种面向未来的理想生活中，可自由支配的时间是劳动选择的核心结构要素："今天"、"明天"、"上午"、"下午"、"傍晚"、"晚饭后"等字眼都落脚在对理想生活的时间规划上。这足以证明在马克思对资本主义生产关系的批判语境中，"时间"所承载的批判分量之重。

正如马克思已经在《大纲》"货币章"、"资本章"、"价值"章中让我们看到的那样，资本主义生产关系以货币为中介操纵了资本与工人劳动时间的不平等交换，在资本的生产过程中，又以无偿侵占工人的剩余劳动时间限制了工人的自由。而在资本的流通过程中，资本则以扩展空间（比如世界市场的开拓）的方式换取更趋近于零的资本周转时间：

> 生产越是以交换价值为基础，因而越是以交换为基础，交换的物质条件——交通运输工具——对生产来说就越是重要。资本按其本性来说，力求超越一切空间界限。因此，创造交换的物质条件——交通运输工具——对资本来说是极其必要的：用时间去消灭空间。②

在《伦敦笔记》中马克思就已经透视到交换价值是资产阶级生产的目的。在这里他又一次谈论到了资本与时间之间这个非常关键的问题——交换。对资本而言，交换之所以重要，源于它对资本本性的响应。而交换在资本主义生产关系开拓的广阔市场中，依赖于商品流通的速度。资本"力求超越一切

---

① 《马克思恩格斯文集》第 1 卷，人民出版社 2009 年版，第 537—538 页。

② 《马克思恩格斯全集》第 46 卷下册，人民出版社 1980 年版，第 16 页。

空间界限"，而流通正是发生在大小不一的边界之间的活动。所谓"用时间去消灭空间"指的是用趋近于无限大的速度换取趋近于零的交换时间，以达到对空间尽可能的克服。由此可见，在资本与时间的关系中，空间只是相对存在的要素，时间才是绝对的价值所系。对他人（工人）劳动时间的控制，是资产阶级社会财富的生命线。

流通因天然地含有时间，被直接列为资本主义生产过程的要素，甚至是"资本的本质过程"①。不过也正因为流通内在于资本的生产过程，流通即便无限加速也难以帮助资本从生产环节跃转到交换领域，资本在时间上遇到了不连续性和不确定性。解决这个麻烦的办法是"信用"："信用作为本质的、发达的生产关系，也只有在以资本或以雇佣劳动为基础的流通中才会**历史地**出现。"② 因为在"信用"身上，商品从生产到消费之间实质上的内容交换其实并未发生，货币未变成商品，商品也未变成货币，发生的只是假设这种关系已经成立的资本逻辑，形式本身变成了内容。资本于是出现在从生产到消费的每一个过程中，出现在"时而作为货币，时而作为商品，时而作为交换价值，时而作为使用价值出现的每一要素上"③，充分体现了资本的流动性，甚至可以说资本获得了就是时间本身的存在。但流通的时间并不直接创造价值，它"实际上是对剩余**劳动时间**的一种扣除，也就是**必要劳动时间**的一种增加"，也就是说流通时间的长短，会改变商品生产中剩余劳动时间和必要劳动时间之间的比例，从而影响到剩余价值生产率的变化。所以，资本会为减少流通时间拼命地想办法，导致的结果就是世界市场在谋求趋近于零的流通时间的过程中生成，世界市场是最集约式的资本流通空间，是趋近于零界限的空间，也即空间的消失。资本以其时间性消灭了空间：

> 这里表现出了资本的那种使它不同于以往一切生产阶段的全面趋势。尽管按照资本自身的本性来说，它是狭隘的，但它力求全面

---

① 《马克思恩格斯全集》第 46 卷下册，人民出版社 1980 年版，第 28 页。
② 《马克思恩格斯全集》第 46 卷下册，人民出版社 1980 年版，第 29 页。
③ 《马克思恩格斯全集》第 46 卷下册，人民出版社 1980 年版，第 30 页。

地发展生产力，这样就成为新的生产方式的前提，这种生产方式的基础，不是为了再生产一定的状态或者最多是扩大这种状态而发展生产力，相反，在这里生产力的自由的、毫无阻碍的、不断进步的和全面的发展本身就是社会的前提，因而是社会再生产的前提；在这里唯一的前提是超越出发点。这种趋势是资本所具有的，但同时又是同资本这种狭隘的生产形式相矛盾的，因而把资本推向解体，这种趋势使资本同以往的一切生产方式区别开来，同时意味着，资本不过是一个过渡点。①

正是在这个意义上，马克思承认了资本的历史功绩，但也批判了资本主义社会以卑劣的手段获取财富的做法，并展望了未来社会中劳动时间与财富的新型关系：

> **现今财富的基础是盗窃他人的劳动时间**，这同新发展起来的由大工业本身创造的基础相比，显得太可怜了。一旦直接形式的劳动不再是财富的巨大源泉，劳动时间就不再是，而且必然不再是财富的尺度，因而交换价值也不再是使用价值的尺度。**群众的剩余劳动**不再是发展一般财富的条件，同样，**少数人的非劳动**不再是发展人类头脑的一般能力的条件。于是，以交换价值为基础的生产便会崩溃，直接的物质生产过程本身也就摆脱了贫困和对抗性的形式。个性得到自由发展，因此，并不是为了获得剩余劳动而缩减必要劳动时间，而是直接把社会必要劳动缩减到最低限度，那时，与此相适应，由于给所有的人腾出了时间和创造了手段，个人会在艺术、科学等等方面得到发展。②

之所以将资本主义生产关系谋取财富的手段斥为"卑劣"，是由于这种关系的不坦荡，对它所无偿占有的果实的遮遮掩掩，并且它的意识形态家们

---

① 《马克思恩格斯全集》第 46 卷下册，人民出版社 1980 年版，第 34 页。
② 《马克思恩格斯全集》第 46 卷下册，人民出版社 1980 年版，第 218—219 页。

还为它做超历史的合理性和合法性辩护。相对于它实实在在为历史创造的巨大的财富而言，它发财致富的手段显得太不光明磊落。既然劳动时间在历史上并不天然就是财富的衡量尺度，只是在资本主义生产关系中被作为财富的计量单位，那么，随着科学技术的进步，"直接形式的劳动"的日益缩减，"劳动时间就不再是，而且必然不再是财富的尺度"——这是马克思根据对劳动时间与财富结合方式的考察提出的建立在劳动时间轴线上的社会三大形态论。所以，马克思不仅在历史唯物主义视野中区分了人群共同体形态—物的依赖性形态—个人全面发展形态，还从劳动时间线索中辨识出与之相应的社会形态批判依据。"社会必要劳动缩减到最低限度"因此显现出对现代资本主义社会形态的革命意义，与此相应的可自由支配的时间的增加则成为人全面而自由发展的衡量尺度。

在劳动时间增减的轴线上，马克思提到了这种增减与艺术发展之间的关系："少数人的非劳动不再是发展人类头脑的一般能力的条件"，文学艺术创作作为人类的精神生产，不再只是一小部分人的专属劳动，即不再只是与大部分人从事的"生产劳动"相对立的"非生产劳动"，从而只能参与剩余价值的分配，而是成为每个社会成员都能够自由选择发展的精神生产的能力。这也就是马克思所说的"从整个社会来说，创造**可以自由支配的时间**，也就是创造产生科学、艺术等等的时间。社会的发展进程决不在于：因为一个人满足了自己的迫切需要，所以才创造自己的剩余额；而是在于：因为一个人或由许多个人形成的阶级被迫去从事满足自己的迫切需要以外的更多的劳动，也就是因为在一方创造出**剩余劳动**，所以在另一方才创造出非劳动和剩余财富。"[①] 从这个意义说，"艺术生产一旦作为艺术生产出现"也就只是艺术生产一般在特定历史阶段上的特殊形式而已。随着劳动时间从被无偿占有到归还给每个人，艺术生产在未来社会形态中的组织方式也将会随着社会生产方式的变化发生变化。

在马克思的畅想中，未来社会形态中的生产不是一部分人的生产劳动，而是全社会的共同生产，劳动时间因不与财富处于对立面，个人在支配自己的时间上显得自由。但这并不意味着时间退出创造财富的生产领域：

---

① 《马克思恩格斯全集》第46卷上册，人民出版社1979年版，第381页。

如果共同生产已成为前提，时间的规定当然仍有重要意义。社会为生产小麦、牲畜等等所需要的时间越少，它所赢得的从事其他生产，物质的或精神的生产的时间就越多。正象单个人的情况一样，社会发展、社会享用和社会活动的全面性，都取决于时间的节省。一切节约归根到底都是时间的节约。正象单个人必须正确地分配自己的时间，才能以适当的比例获得知识或满足对他的活动所提出的各种要求，社会必须合理地分配自己的时间，才能实现符合社会全部需要的生产。因此，时间的节约，以及劳动时间在不同的生产部门之间有计划的分配，在共同生产的基础上仍然是首要的经济规律。这甚至在更加高得多的程度上成为规律。然而，这同用劳动时间计量交换价值（劳动或劳动产品）有本质区别。①

劳动时间虽然在现代资本主义生产关系中处于异化状态，但劳动时间内部的必要劳动时间和剩余劳动时间必须区别对待。在共同生产的社会中，必要劳动时间是维持人类社会发展的必要劳动所占用的时间，就像马克思所说的为了"生产小麦、牲畜等等"这些必要的生活资料所付出的劳动，而不是像在资本主义生产关系中与资本进行"等价交换"的对立面，因而必要劳动时间可以缩减、可以节约、可以有计划地分配，但不可以完全从共同生产中消失，否则这种关于劳动时间的设想将会溢出历史唯物主义的范围，成为不切实际的幻想。从共同生产中消失的只是剩余劳动时间。

被节约出来的劳动时间将会带来整个生产关系的联动反应，使之朝着更有利于人类社会生产力水平提高的方向上推进。马克思对劳动时间的节约、生产力水平的提高和个人自由发展之间的良性互动抱有乐观的态度：

真正的经济——节约——是劳动时间的节约（生产费用的最低限度——和降到最低限度）。而这种节约就等于发展生产力。可见，决不是**禁欲**，而是发展生产力，发展生产的能力，因而既是发展消费的能力，又是发展消费的资料。消费的能力是消费的条件，因而

---

① 《马克思恩格斯全集》第 46 卷上册，人民出版社 1979 年版，第 120 页。

是消费的首要手段，而这种能力是一种个人才能的发展，一种生产力的发展。①

延着劳动时间的线索，马克思触及了对资本主义生产关系的深度批判，并在个人可自由支配时间以及社会有计划地分配劳动时间的意义上摸索到生产力发展与人类解放之间的关系。时间，成为他将历史唯物主义视野导向未来历史深处的一双铁轨。

再次看到内田弘因《大纲》中的时间线索而引发的感慨：

在向无法预测的明天前进时，思考明天的人必须拥有能够看清当下的科学与展望未来的思想。马克思把这个思想和科学形成的现实可能性解读为相应于自己能力而工作的所有人的**自由支配的时间**。通过经济学批判他彻底掌握了，自由时间是在资本表层中潜在成熟的，最终变成他们的东西，进而被他们所运用的现实可能性，展开《大纲》体系时就是这样在学理上自我谅解的。②

然而，以时间为线索的资本批判视域此刻还氤氲在《大纲》未及细致整理的笔迹中，资本现代性批判的具体形态还有待一个成熟的文本为其提供绽放的平台。

---

① 《马克思恩格斯全集》第 46 卷下册，人民出版社 1980 年版，第 225 页。
② ［日］内田弘：《新版〈政治经济学批判大纲〉的研究》，王青、李萍、李海春译，北京师范大学出版社 2011 年版，第 330 页。

第五章 《资本论》：资本现代性
批判的实验场

《资本论》（第一卷）① 是马克思思想成熟时期的代表作，与此前以手稿形态写作的文本不同，这部马克思在世时就已经出版并且经过他自己反复修改的文本，呈现出更为严谨的逻辑结构和更为清晰的观点表述。资本，作为贯穿资本主义生产过程的推动力，将《资本论》这一文本从对商品生产的劳动二重性分析，引导到货币作为价值符号的定位，再导向揭示隐藏于其中各环节的资本驱动的秘密，进而以剩余价值的生产与工人劳动时间和强度的对照，得出现代资本主义生产关系原始积累的"罪恶"的判断——层次分明地完成了他在第一版序言中所说的"本书研究的，是资本主义生产方式以及和它相适应的生产关系和交换关系"这一任务。

作为对以英国为典型代表的资本主义生产方式的专门研究，《资本论》提供了一个关于"资本"何以结构特定历史阶段内各层级社会关系的解释②。处于这种特定社会关系中的文学艺术活动也因而可以被放置在具有典型意义的资本结构中获得解释。

---

① 在本章中，《资本论》第 1 卷以下简称《资本论》。本章在《资本论》第 1 卷的范围内展开对资本现代性批判的讨论，不涉及《资本论》的其他卷次。

② ［法］路易·阿尔都塞在《读〈资本论〉》（李其庆、冯文光译，中央编译出版社 2017 年版）中曾经论述过关于"社会整体结构"的问题："马克思主义的整体……是由某种复杂性构成的、被构成的整体的统一性，因而包含着人们所说的不同的和'相对独立'的层次。这些层次按照各种特殊的、最终由经济层次决定的规定，相互联系，共同存在于这种复杂的、构成的统一性中"（第 105 页）。本书将"资本"视为最终决定这个社会整体结构的元素，也是在多元多维并存的意义上看待资本主义生产关系的主导性。

第一节　资本批判的时间轴心

在《大纲》中，马克思就曾经深刻地谈论过财富与时间的关系，得出了"现今财富的基础是盗窃他人的劳动时间"这一判断，在《1861—1863 年经济学手稿》中，他也曾经直接点明时间与人的存在之间的关系："**时间**实际上是人的积极存在，它不仅是人的生命的尺度，而且是人的发展的空间。"①但发现时间与资本主义生产关系及其社会财富积累的秘密紧密相关，和以时间为轴心解释这一特定生产关系整体运转的秘密，一者为观点形成的思考路径，一者则为观点输出的理论表述，二者就"问题域"的成熟程度而言并不完全一致。而作为批判的武器，后者无疑更具有可辨识的理论形态。

一、为什么劳动产品的价值量要以劳动时间来计算？

马克思在《资本论》的第一篇第一章中向政治经济学提出了这样一个问题：

> 诚然，政治经济学曾经分析了价值和价值量（虽然不充分），揭示了这些形式所掩盖的内容。但它甚至从来也没有提出过这样的问题：为什么这一内容要采取这种形式呢？为什么劳动表现为价值，用劳动时间计算的劳动量表现为劳动产品的价值量呢？②

政治经济学引入劳动时间作为衡量商品价值量的尺度，这是不可否认的理论贡献，但它还缺乏从社会历史角度对这一尺度何以成其为尺度的深度追溯，而后者恰恰揭示了资本得以主导生产关系的依据。《资本论》中的"时间"

---

① 《马克思恩格斯全集》第 47 卷，人民出版社 1979 年版，第 532 页。
② 《马克思恩格斯全集》第 23 卷，人民出版社 1972 年版，第 97—98 页。

不是一个空洞的哲学概念，而是特定社会形态赖以凝聚的轴心，借助它可以触摸到一定社会历史阶段内，占据主导地位的生产关系如何参与社会生活各层面的形态。换言之，如果说"资本"是撬动资本主义生产关系的支点，那么"资本"的支点又是什么呢？

资本作为一种特殊的生产关系，它使生产过程中各个环节坐落于其中的秘诀，不单纯只是将商品、货币、流通或分配并置在资本的篮筐里，而是在这些环节之间建构起特殊的咬合方式，从而使这种生产关系的运转机制迥异于其他社会历史阶段。正因为资本是一种关系，因而这个秘诀不可能坐落于具体的物或物象，否则无从贯穿起如此庞大而繁复的社会关系。而资本本身在生产关系的各环节中呈现出流动的属性，又暗示了在其内部存在某种同样具有流动性的要素——这个要素在《资本论》中被频繁地以"劳动时间"或"时间"的形式提及。纵观《资本论》全书，"时间"一词出现的频率颇高，几乎贯穿了这部以批判由资本驱动的生产关系和交换关系为己任的著作，"时间"作为达成这一任务的抓手，担当起资本批判视域的航标灯功能。从这里出发，马克思亮出了资本批判视域的利刃。

《资本论》其实在开篇不久就正式介绍了"社会必要劳动时间"（也被称作"平均必要劳动时间"）这一概念，它被定义为"在现有的社会正常的生产条件下，在社会平均的劳动熟练程度和劳动强度下制造某种使用价值所需要的劳动时间"[1]。很显然，联系之前在《大纲》中提到的必要劳动时间和剩余劳动时间这组概念，"社会必要劳动时间"概念的出现，与之形成一脉相承的思路，但又有所区别：必要劳动时间和剩余劳动时间这组概念主要用来辨析商品价值的来源，而"社会必要劳动时间"则重在呈现商品生产及其价值生成的具体条件，即唯有在资本主义生产关系中生成的抽象劳动这一现象，才共生了将时间理解为"社会必要劳动时间"这一特定内涵的对应关系[2]。社会必要劳动时间将重心放在特定社会历史阶段对时间的特殊规定性

---

[1]　《马克思恩格斯全集》第 23 卷，人民出版社 1972 年版，第 52 页。

[2]　美国当代马克思主义学者莫伊舍·普殊同（Moishe Postone）在《时间、劳动与社会支配：对马克思批判理论的再解读》一书中对"社会必要劳动时间"这个概念的理论价值有着比较精当的判断：The sort of necessity expressed by the term "socially necessary labor time" is a function of this reflexive, general mediation. Only at first glance does it seem to be simply a

上，这种规定性必须与资本的抽象性、同一性保持一致，唯有如此才能保证资本在由其驱动的生产各环节之间组织起必要的流动关系，进而也才能保证在这种流动关系不断扩张的进程中资本主义生产关系的主导地位。

从资本主义生产过程的基本结构来讲，由生产—流通—分配—消费所构成的时间闭环是资本运作最直观的时间流动性的表现。但与资本主义生产关系相伴生的现代性，即资本主义社会借以对历史进程的规律加以概括的时间观，评判其真伪的关键却不仅源于这一基本结构内部的时间性，更多的是有赖于辨析时间与资本主义生产各要素之间相互改造的方式。在这一特殊的历史进程中，抽象劳动和时间量化互为前提、互为条件。抽象劳动的生成境况具体表现为：

> 物化在商品价值中的劳动，不仅消极地表现为被抽去了实在劳动的一切具体形式和有用属性的劳动。它本身的积极的性质也清楚地表现出来了。这就是把一切实在劳动化为它们共有的人类劳动的性质，化为人类劳动力的耗费。
>
> 把劳动产品表现为只是无差别人类劳动的凝结物的一般价值形式，通过自身的结构表明，它是商品世界的社会表现。因此，它清楚地告诉我们，在这个世界中，劳动的一般的人类的性质形成劳动的特殊的社会的性质。①

"具体形式"和"有用属性"是前资本主义生产关系中劳动过程及其产品的常态，但在资本主义生产关系中，它们被默认为应从劳动过程及其结果

---

descriptive statement of the average amount of time required to produce a particular commodity. Closer consideration, however, reveals that the category is a further determination of the form of social domination constituted by commodity-determined labor—what I have termed "histori-cally determinate" social necessity, over and against transhistorical, "natural" social necessity. (*Time, Labor, and Social Domination: A Reinterpretation of Marx's Critical Theory*, Cambridge University Press, 1993, p.191). 普殊同认为"只有在现代资本主义社会中，时间作为一个抽象的、同质化的概念才能成为现实"（见黄璐：《劳动与非物质劳动：历史特殊性与价值的无时序性——普殊同教授访谈》，《马克思主义与现实》2018年第5期）。

① 《马克思恩格斯全集》第23卷，人民出版社1972年版，第83页。

即商品中剥离开去，这种剥离发生在由商品主宰的世界里。唯有积极完成从具体形式到抽象形式、从有用属性到通用属性的转化，才有可能使劳动在资本主义生产关系中安身立命。这种具体的生产关系境况，具有倒转劳动过程及其结果的"特殊的社会性质"，具体的劳动本身不再指向劳动对于人的有用性，而是一方面将劳动过程同一化，另一方面将劳动结果之间的关系即商品交换关系——而非结果本身——视为这一过程得以成立的依据。

与抽象劳动配合资本主义生产关系的境况相应，时间量化以更为隐性的形态藏身于商品生产之中。

> 说到作为决定价值量的基础的东西，即这种耗费的持续时间或劳动量，那末，劳动的量可以十分明显地同劳动的质区别开来。在一切社会状态下，人们对生产生活资料所耗费的劳动时间必然是关心的，虽然在不同的发展阶段上关心的程度不同。最后，一旦人们以某种方式彼此为对方劳动，他们的劳动也就取得社会的形式。①

劳动的质被资本主义生产关系无限稀释趋近于零，具体的劳动之间表现出无差别的共存状态，参与劳动的人的有个性的耗费，即劳动质地上的差别因而也就无从显现。而在另一个维度上，劳动的量却被尽可能精确计算。由于量的计算几乎是纯粹的数理逻辑演算，能被演算的前提是在参与演算的各种变量之间即在各种劳动量之间找到可通约性。在资本主义生产关系中，由于劳动的具体形式和有用属性被与劳动结果剥离开来，由此造就的抽象劳动及其劳动产品（具体来说是商品）与具体劳动时间的割裂，使得"劳动时间"从前资本主义生产关系中非同质性的形态，变为资本主义生产关系中同质性形态，因而也就在质的维度上无限趋近于零，而在量的维度上趋近于无穷大——也即资本主义生产关系中所说的"劳动时间"，被历史地赋予了在各种劳动之间计算抽象劳动价值量的使命。为了说明"劳动时间"历史地作为

---

① 《马克思恩格斯全集》第23卷，人民出版社1972年版，第88页。在这段引文之前，马克思对"这种耗费"有明确的指认，指的是"人的脑、神经、肌肉、感官等等的耗费"。

资产阶级生产关系中劳动价值量尺度的有效性，马克思假设了一个比现实的资本主义社会简单得多的、由自由人联合体构成的社会形态，其中"劳动时间"承担着双重任务：一是"调节着各种劳动职能同各种需要的适当的比例"，二是"计量生产者个人在共同劳动中所占份额的尺度"①。无论是"比例"还是"尺度"，都可以见出"劳动时间"作为无质的量度优势。

实际上，"劳动时间"与一般劳动之间的关系在不同历史阶段发生了不同变化，正所谓"在一切社会状态下，人们对生产生活资料所耗费的劳动时间必然是关心的"，具体的劳动时间从未与劳动本身完全分离开来。唯有在资本主义社会这一特定历史阶段内，"劳动时间"的历史丰富性被包括政治经济学在内的各种意识形态学说视而不见，更显在的却是以其量的累积为标志的现代性的时间观占据主导地位。尽管这种时间观与其所处的生产关系高度契合，但同样不可否认的是，这种被资本主义生产关系定义的时间观与资本主义生产关系一样，也呈现出自身内在的矛盾，即事实上难以完全抹平的具体劳动及其所耗费的时间在质上的差异，和同质化的劳动量计算方式之间的矛盾。这种时间上的内源性矛盾比比皆是，无时无刻不从商品生产的表象中渗透出来：

> ……织麻布业的以往可靠的生产条件，没有经过我们这位织麻布者的许可而在他的背后发生了变化。同样多的劳动时间，昨天还确实是生产一码麻布的社会必要劳动时间，今天就不是了。②

这个关于织麻布者的例子表面上谈论的是个体劳动量与货币进行交换的问题，但是社会必要劳动时间作为衡量个体劳动价值量的尺度，前者蛮横无理却又变动不居的特性，迫使后者在社会生产层面的竞争没有任何个体个性可言。抽象的社会必要劳动时间的执行者是资本，而无数个千差万别的个体劳动者才是具体劳动时间真实的执行者，这恰恰确认了量化计算的时间观在现实生活中难以调和的矛盾。

---

① 《马克思恩格斯全集》第23卷，人民出版社1972年版，第96页。
② 《马克思恩格斯全集》第23卷，人民出版社1972年版，第126页。

二、劳动时间与"勤劳"、"节俭"的价值观灌输

在资本主义社会中，劳动时间作为劳动价值量的计量单位，主要是这一社会形态的经济基础提出的要求。而在意识层面，劳动时间也表现出非同寻常的渗透性，只是与它在经济基础层面的表现相比，效果显得更为扑朔迷离一些。《资本论》中备受关注的"拜物教"一说可以看作时间维度曲折浮现的典型例证。马克思以"跳舞的桌子"为例开启这一谜题：

> 最初一看，商品好象是一种很简单很平凡的东西。对商品的分析表明，它却是一种很古怪的东西，充满形而上学的微妙和神学的怪诞。……但是桌子一旦作为商品出现，就变成一个可感觉而又超感觉的物了。它不仅用它的脚站在地上，而且在对其他一切商品的关系上用头倒立着，从它的木脑袋里生出比它自动跳舞还奇怪得多的狂想。①

"商品"令人费解的气质并不是来自商品本身，而是来自它所置身于其中的"关系"，就是使"商品"不简单等同于"物"或"产品"的原因：

> 劳动产品一采取商品形式就具有的谜一般的性质究竟是从哪里来的呢？显然是从这种形式本身来的。人类劳动的等同性，取得了劳动产品的等同的价值对象性这种物的形式；用劳动的持续时间来计量的人类劳动力的耗费，取得了劳动产品的价值量的形式；最后，劳动的那些社会规定借以实现的生产者的关系，取得了劳动产品的社会关系的形式。②

马克思在这里提到了三种"形式"共同塑造了"商品"，造就了商品"谜一般的性质"。这三种"形式"实际上是"商品"身上承载的三种重要的社

---

① 《马克思恩格斯全集》第23卷，人民出版社1972年版，第87—88页。
② 《马克思恩格斯全集》第23卷，人民出版社1972年版，第88页。

会关系：抽象的劳动／抽象的劳动产品，量化计算的劳动时间／量化计算的劳动价值量，生产者的关系／产品的关系。这其中，排在前一列的是隐性的社会关系，排在后一列的则是显性的社会关系，前一列是后一列赖以成形的历史依据，后一列是前一列得以被感知的形式。问题令人着迷的地方在于，由于隐性的社会关系也是隐性的历史依据，它们深埋于显性的社会关系也即显性的形式之下，而后者才是被资产阶级社会生活感知到的部分，也即《资本论》开篇所言"资本主义生产占统治地位的社会的财富，表现为'庞大的商品堆积'，单个的商品表现为这种财富的元素形式"①，庞大的可感知的现场——"表现"意味着承认商品的表象和商品的历史依据并不完全一致，"商品"的形式因"庞大的"关系网而表现出独立存在的假象。可以说正是资本主义生产关系内源性地催发了"商品"这一形式的诞生：

> 可见，商品形式的奥秘不过在于：商品形式在人们面前把人们本身劳动的社会性质反映成劳动产品本身的物的性质，反映成这些物的天然的社会属性，从而把生产者同总劳动的社会关系反映成存在于生产者之外的物与物之间的社会关系。由于这种转换，劳动产品成了商品，成了可感觉而又超感觉的物或社会的物。②

"可感觉而又超感觉"是马克思对商品"谜一般的性质"的描述，可感觉的部分在于商品作为充斥于日常生活各个角落的"物"的外观及属性，超感觉的部分在于商品以"物"的形式示人，掩盖了它生成于历史却又无视历史的内在矛盾性，可感觉的部分虽"真切"但实际上具有迷惑性，超感觉的部分虽更"真实"但无法直观。于是"人们自己的一定的社会关系，但它在人们面前采取了物与物的关系的虚幻形式"③，结果产生了"商品拜物教"。而在"可感觉而又超感觉"的物的世界里，可以担负起沟通这种复杂气质的要素非劳动时间莫属。只有劳动时间，能够穿梭在物的形式和物的社会关系

---

① 《马克思恩格斯全集》第 23 卷，人民出版社 1972 年版，第 47 页。
② 《马克思恩格斯全集》第 23 卷，人民出版社 1972 年版，第 88—89 页。
③ 《马克思恩格斯全集》第 23 卷，人民出版社 1972 年版，第 89 页。

之间，负责丈量它们。它本身既是内在于物的劳动价值量计算单位，又是在物的世界中能被直观到的部分，不论是通过各种直观的计时工具呈现在感官面前，还是通过人的内心体验被感知到。劳动时间其实成为"商品"之谜的切入口。

除此之外，劳动时间还是连通商品与货币之间的桥梁。

> 商品并不是由于有了货币才可以通约。恰恰相反。因为一切商品作为价值都是物化的人类劳动，它们本身就可以通约，所以它们能共同用一个特殊的商品来计量自己的价值，这样，这个特殊的商品就成为它们共同的价值尺度或货币。货币作为价值尺度，是商品内在的价值尺度即劳动时间的必然表现形式。[①]

而在商品和货币的世界中，劳动时间无疑贯穿始终。劳动时间的这种"天然"优势，帮助它联通起物的生产和意识生产，反过来，也使得劳动时间成为观察物的生产和意识生产最便利的通道。货币只是特殊的商品，但由于货币被赋予与一切商品进行交换的身份，致使人们在这种特殊的商品身上也产生某种幻觉，以为这是一种神秘莫测可操纵生产乃至生活的力量。"拜物教"指示了一个远离现实的意识形态的世界，"商品拜物教"不可避免会与"货币拜物教"汇合，只是后者的魔幻性质更为显著。两种"拜物教"之间是一而二和二而一的关系，它们几乎垄断了当时的资本主义意识形态家们对现实的理解。在这种"颠倒"了的存在与意识的关系中，各种意识形态油然而生，包括"崇拜抽象人的基督教，特别是资产阶级发展阶段的基督教，如新教、自然神教等等，是最适当的宗教形式"[②]。这些意识形态默认了同质化生产劳动的非历史性，它们不是批判物化了的资本主义生产关系和社会关系，而是踩着抽象时间的鼓点把"生产"、"消费"、"自由"、"平等"这样一些概念推上了精神生产评判尺度的席位。

在资本原始积累阶段，财富在数量方面的增长是资本借助自己的人格化

---

① 《马克思恩格斯全集》第 23 卷，人民出版社 1972 年版，第 112 页。
② 《马克思恩格斯全集》第 23 卷，人民出版社 1972 年版，第 96 页。

身——资本家参与生产的方式，物质财富是劳动力所耗费的社会必要劳动时间凝结在社会生活直观层面的表征，物质财富积累得越多，相应来说也就代表劳动时间所覆盖的生产生活范围越广，同时可依此推测的是抽象时间观在人们的精神生活层面的渗透力度越大。在资本原始积累阶段，古典经济学为了尽最大可能地刺激资本原始积累的效率，在价值观层面曾异常推崇"勤劳"，因为勤劳意味着劳动者主动耗费甚至无限延长劳动时间，以提供更为充裕的物资，同时也格外崇尚"节俭"，因为节俭意味着凝结在商品中的劳动时间得到最优化的使用，可以直观财富积累的结果①。因此，"勤劳"和"节俭"作为资本积累的"秘方"出现在意识形态家们推广的普世信条中，二者相互扶持：

> 如果某处有一个属于最低阶级的人，想靠异常的勤劳和忍饥挨饿来摆脱自己生长起来的那种环境，那谁也不应当妨碍他，因为对社会上每一个人，每一个家庭来说，节俭无可否认是最聪明的办法……靠每天劳动为生的人，只有贫困才能激励他们去工作，缓和这种贫困是明智的，想加以治疗则未免愚蠢……要使社会〈当然是非劳动者的社会〉幸福，使人民满足于可怜的处境，就必须使大多数人既无知又贫困。知识会使我们产生更大和更多的愿望，而人的愿望越少，他的需要也就越容易满足。②

一方面，"勤劳"、"节俭"被抽空了以往社会历史阶段中相对具体且以人自身为目的的劳动的规定性，被资本主义生产关系填充了以追求剩余劳动价值量的增长为目的的抽象内涵，它们的"尽头"是物质生活的极大丰富，即以物化了的生活幻象为追逐对象，所以资产阶级的意识形态家们在这里鼓励"想靠异常的勤劳和忍饥挨饿来摆脱自己生长起来的那种环境"的憧憬。

---

① 注释（36），见《马克思恩格斯全集》第23卷，人民出版社1972年版，第652页。这里马克思引用了亚·斯密《国富论》第2卷第3章的话："勤劳提供物资，而节俭把它积累起来"。

② 《马克思恩格斯全集》第23卷，人民出版社1972年版，第675页。这是马克思引用贝·德·孟德维尔《蜜蜂的寓言》中的话。

另一方面很显然的是，"勤劳"、"节俭"主要是针对生产劳动者即被剥削的工人阶级而言的品行要求，可实际上由于工人阶级的劳动时间出卖给了资产阶级，再多"勤劳"、"节俭"的结果也不指向生产劳动者自身，而是汇入资本原始积累的历史洪流。所以，"勤劳"、"节俭"不太可能对资产阶级的品行施加长期的束缚力。

随着物质财富的积累，"在扩大被剥削的人身材料的数量的同时，也扩大了资本家直接和间接的统治"①，因而到了资本在某个民族国家内的膨胀阶段，物质财富总量增长，但"勤劳"、"节俭"作为蛊惑被剥削者甘于从事生产劳动的价值观在内涵上并未发生变化，这根源于资本主义生产关系以劳动时间计算抽象劳动价值量的规则没有改变，两相较量的结果就是工人的工资在资本容许的范围内有所增长，工人的劳动时间在日益进步的技术手段的基础上有所缩短。工资的增长表明物质财富量的增长，即凝结在商品中的劳动时间延长，这与工人劳动时间的缩短形成反差，但并不矛盾。原因在于劳动时间本身作为一个可变量，它会随着资本主义生产力水平的提升，以更为丰富多样的方式管理资本主义生产乃至社会生活的方方面面，其中既包括技术手段的进步，也包括资本主义生产关系的自我调节，还包括世界市场的开拓等等。但不论怎样改变，马克思看得分明："由于资本积累而提高的劳动价格，实际上不过表明，雇佣工人为自己铸造的金锁链已经够长够重，容许把它略微放松一点"。②

第二节　时间中的生产和生产中的时间

商品是资本主义社会用来重塑社会关系的武器，它不仅以千变万化的姿态占领生产领域，还因在其中凝结了的劳动时间而渗透到资本主义社会生活的方方面面。劳动时间贯穿资本主义社会日常生产生活和意识形态层面最直

---

① 《马克思恩格斯全集》第 23 卷，人民出版社 1972 年版，第 650 页。
② 《马克思恩格斯全集》第 23 卷，人民出版社 1972 年版，第 678 页。

观的一个表征是关于"工作日"的斗争。

一、"工作日"的秘密

"工作日"是一种特殊的时间计算单位。它对资本主义生产关系中的时间做了专门的分类，但它本身的意义又不只是计时这么简单。

在《大纲》中，马克思曾频繁使用"工作日"这一词汇，但并未对其历史做专门追溯，也未对其做正面界定，常常使用"例如某个交换价值是一日的产品，它表现为一定量的金银，这一定量的金银 = 一日的劳动时间，也就是一个工作日的产品"①这样的表述，实际上是默认了这一词汇所指涉的对象在当时政治经济学语境中作为常识出现的身份。

即便在《资本论》中最初提到"工作日"时，这一概念依旧没有得到充分的界定和辨析，它依旧被当作常识性的词汇使用，比如"如果一件上衣代表 x 个工作日，两件上衣就代表 2x 个工作日，依此类推"②，或者"如果12 先令的金额是 24 个劳动小时或 2 个工作日的产物，那末首先可以得出，2 个工作日物化在棉纱中"③，等等。这一系列的操作表明，作为一个概念，"工作日"不是一个艰深的术语，它指涉的对象浅显直白，这应该与人们将劳动时间在资本主义生产关系中的地位和作用作为成规惯例接受下来有关，并在日常的生产生活中自觉执行这一规定。但马克思对围绕这一概念展开的论争史投入了极大的关注。《资本论》第八章专论"工作日"，其中第 5 节针对"争取正常工作日的斗争。十四世纪中叶至十七世纪末叶关于延长工作日的强制性法律"展开历史追溯。这又表明，"工作日"作为一个概念理解起来虽不复杂，但在社会历史中却承担着阶级斗争焦点的重任，它的被反复论争实际上勾勒出资本主义生产关系中两大阶级利益日常交锋的轨迹。

在追溯"工作日"的斗争史之初，这一概念身上烙印的阶级政治色彩被直接提取出来：

---

① 《马克思恩格斯全集》第 46 卷上册，人民出版社 1979 年版，第 137 页。

② 《马克思恩格斯全集》第 23 卷，人民出版社 1972 年版，第 59 页。

③ 《马克思恩格斯全集》第 23 卷，人民出版社 1972 年版，第 212 页。

　　……工人终生不外就是劳动力，因此他的全部可供支配的时间，按照自然和法律，都是劳动时间，也就是说，应当用于资本的自行增殖。至于个人受教育的时间，发展智力的时间，履行社会职能的时间，进行社交活动的时间，自由运用体力和智力的时间，以至于星期日的休息时间（即使是在信守安息日的国家里），——这全都是废话！但是，资本由于无限度地盲目追逐剩余劳动，象狼一般地贪求剩余劳动，不仅突破了工作日的道德极限，而且突破了工作日的纯粹身体的极限。它侵占人体成长、发育和维持健康所需要的时间。它掠夺工人呼吸新鲜空气和接触阳光所需要的时间。它克扣吃饭时间，尽量把吃饭时间并入生产过程，因此对待工人就象对待单纯的生产资料那样，给他饭吃，就如同给锅炉加煤、给机器上油一样。资本把积蓄、更新和恢复生命力所需要的正常睡眠，变成了恢复精疲力尽的机体所必不可少的几小时麻木状态。在这里，不是劳动力的正常状态的维持决定工作日的界限，相反地，是劳动力每天尽量的耗费（不论这是多么强制和多么痛苦）决定工人休息时间的界限。资本是不管劳动力的寿命长短的。它唯一关心的是在一个工作日内最大限度地使用劳动力。它靠缩短劳动力的寿命来达到这一目的，正象贪得无厌的农场主靠掠夺土地肥力来提高收获量一样。①

　　这是一段带有控诉性质的描述，非常清楚地呈现出在绝对剩余价值的生产过程中资产阶级以劳动时间为手段残酷剥削无产阶级的面貌。从描述中可见的是，工作日与个人受教育的时间、发展智力的时间、履行社会职能的时间、社交活动的时间、自由运用体力和智力的时间以及休息时间之间明显构成了冲突。简单来说，工作日所覆盖的劳动时间，与非劳动时间处于对立阵营。在资产阶级将工作日长度设置得趋于极限的情况下，劳动时间趋近于极限，工人阶级的日常生活本应占用的具体时间则趋近于零，两者之间的比例畸形。从这一角度来看，工人阶级的生产生活是不正常的、非人的。

① 《马克思恩格斯全集》第 23 卷，人民出版社 1972 年版，第 294—295 页。

　　"工作日"的长短因资本贪婪的增殖欲望而缺乏明确的界限，在绝对剩余价值的生产中，它本能地趋向于无限延长。但从事生产劳动的工人因正常的生理极限而要求将工作日的长度控制在正常量以内，并要求劳动力的买卖同样遵循资本家所宣扬的商品公平交易原则。这是生产劳动者与资本之间展开的关于"工作日"的斗争，它关乎资本主义社会物质财富积累的稳定性，还关乎资本扩张可能达到的边界。因此"工作日界限"的问题不仅仅只是两个阶级在劳动时长上的论争，还关系到资本主义社会的发展动力。一方面，资本家认为：

　　　　资本家按照劳动力的日价值购买了劳动力。劳动力在一个工作日内的使用价值归资本家所有。因此，资本家有权要工人在一日之内为他做工。但什么是一个工作日呢？当然比一个自然的生活日短。短多少呢？关于这个极限，即工作日的必要界限，资本家有他自己的看法。作为资本家，他只是人格化的资本。他的灵魂就是资本的灵魂。而资本只有一种生活本能，这就是增殖自身，获取剩余价值，用自己的不变部分即生产资料吮吸尽可能多的剩余劳动。[1]

　　而另一方面，也是令人感到讽刺的一方面却是，资本贯彻到日常生活每一个毛孔里的"公平交易"原则，被作为生产劳动者的工人阶级拿来反对资本家利用"工作日"对他们的劳动力实施的无底线压榨：

　　　　你经常向我宣讲"节俭"和"节制"的福音。好！我愿意象个有理智的、节俭的主人一样，爱惜我唯一的财产——劳动力，不让它有任何荒唐的浪费。我每天只想在它的正常耐力和健康发展所容许的限度内使用它，使它运动，变为劳动。你无限制地延长工作日，就能在一天内使用掉我三天还恢复不过来的劳动力。你在劳动上这样赚得的，正是我在劳动实体上损失的。……我要求正常的工

────────────

[1] 《马克思恩格斯全集》第 23 卷，人民出版社 1972 年版，第 260 页。

作日，因为我和任何别的卖者一样，要求得到我的商品的价值。①

由于资产阶级的政治经济学天然地将"工作日"视为一个不定量，这也就从资本主义生产关系的一开始就预告了关于劳动时长的论争不可避免。资产阶级从早期肆无忌惮地延长工作日时长导致劳动力后继力量不足，到经过妥协后将"正常工作日"的界限设定在 12 小时，然后再度因对劳动时长疯狂的渴求而别出心裁地提出童工"换班制度"，无一不昭示着资本贪婪的扩张欲望。甚至儿童年龄标准化的问题都是为了给大工业生产提供充足的劳动时长而人为设置的律法：

> 但是资本毫不体谅，却掀起了一个叫嚷了好几年的鼓动运动。运动主要是围绕着儿童的年龄标准问题，因为法律规定，儿童每天做工不得超过 8 小时，并且要受到一定的义务教育。根据资本主义人类学的说法，儿童时代到 10 岁，或者至多到 11 岁就结束了。……于是政府在 1835 年建议把儿童年龄的界限从 13 岁降为 12 岁。但这时外界的压力也越来越带有威胁性。下院没有勇气这样做了。它拒绝把 13 岁的儿童扔在资本的札格纳特车轮下每天被压榨 8 小时以上。1833 年的法令完全生效了。直到 1844 年 6 月一直没有变动。②

除了人为降低"儿童"的年龄界限，资本主义社会的法律还对少年以及女工这些半劳动力的年龄界限也作出进一步规定，"从 1847 年 7 月 1 日起，'少年'（从 13 岁到 18 岁）和所有女工的工作日先缩短为 11 小时，从 1848 年 5 月 1 日起，再最终限制为 10 小时"③。这实在值得玩味。儿童、青少年、成人、老年等年龄阶段本是生物学意义上对人的年龄段的模糊划分，与这些划分在教育学、法律、社会学领域有不尽相同的依据。但在离资本主义社会的经济基础更近的这些法律条文中，年龄的划分与劳动时长紧紧捆绑在一

---

① 《马克思恩格斯全集》第 23 卷，人民出版社 1972 年版，第 261—262 页。

② 《马克思恩格斯全集》第 23 卷，人民出版社 1972 年版，第 310—311 页。

③ 《马克思恩格斯全集》第 23 卷，人民出版社 1972 年版，第 314 页。

起，换句话说，划分年龄阶段的目的正是为了方便劳动时间界限的设定，所以13岁以下的"儿童"法定劳动时长是8小时，而稍稍超出这条年龄界限的"少年"的劳动时长则直接跳转至10—11小时，显现出资产阶级不容置疑的劳动时间观。与此同时，与儿童和少年这种按年龄段划分的劳动力并列的另一种非常规劳动力与性别有关，"女工"作为被支付工资的对象，与男工区别开来，这更加直观地宣示了劳动时长在资本主义生产关系在衡量其劳动价值时的重要地位。也就是说，性别、年龄这些划分人类群体最基本的标准，在资本主义生产关系中都被劳动时长这一标准所渗透，性别因劳动时长的差异而更加区别对待，年龄阶段因劳动时长而做出泾渭分明的划分。"工作日"拥有重新组织社会生产生活的神奇魔力。

"工作日"是一个劳动时间可长可短的变量，这一特性让资本主义生产关系在安排劳动时长时拥有极大的弹性。在资本原始积累的时期，"工作日"直观地表现为嗜血的刽子手形象，锱铢必较分秒必争。但随着社会必要劳动时间因不同历史时期的生产力水平以及各种技术条件和手段发生改变，劳动时长实际上是在随之调整的，而由此带来的"工作日"内部劳动时间长短、集散、脑体分工等各方面的变化，使得"工作日"必将以多样的形式重新组织社会生产生活。

二、工作日中的分工、机器生产和自由

"工作日"与资本主义生产关系相互成就的关系，驱使它本能地在规定的劳动时长内寻求劳动力价值的最大化实现。当法律与资本主义生产关系达成协议，对劳动时长给予强制性规定之后，资本家如何更高效地利用以"工作日"为单位购买下的劳动力，用来创造现有生产力水平上最大化的剩余价值这一任务就显得尤为迫切。而这种迫切催生了资本主义生产方式的现代化转型。

> 以分工为基础的协作，在工场手工业上取得了自己的典型形态。这种协作，作为资本主义生产过程的特殊形式，在真正的工场手工业时期占居统治地位。这个时期大约从十六世纪中叶到十八世

纪末叶。①

分工，这个话题在《1844 年手稿》中就已经出现，它是政治经济学的经典话题，也的确是资本主义生产关系异常醒目的表征。但马克思在《1844年手稿》中论及"分工"话题时，虽然谈论的是资本主义生产关系中的分工现象，但实际上还没有能够将这种现象置于它本应所属的生产关系中去理解，因而大多还只是对资本主义社会表象的简单指认甚至承认，以及站在人道主义立场上的伦理谴责。而《资本论》中谈论的"分工"，已经是历史唯物主义目光注视下的"分工"，它指认的是历史进展到资本主义生产关系这种特殊的阶段时"分工"所呈现的具体形态。这种分工已不仅仅只是任何社会历史阶段都会程度不一出现的农业、手工业、商业等的社会性分工，更是在从工场手工业阶段进展到机器大工业阶段的路径中，因"惜时如金"所产生的环环相扣的工业体系性分工的进程。从劳动时间的角度看，资本主义生产关系对"分工"的具体要求有阶段性变化。在工场手工业阶段，尽可能"减少生产商品所必要的劳动时间是自觉的原则"②，这是争取绝对剩余价值最大化的直接手段。但由于当时技术条件所限，机器还只是零星或局部地被运用到"某些需要大量人力、费力很大的简单的最初的过程"③ 中，机器力和工人劳动力之间的关系表现得简单而直白，前者只是后者的部分代用品，两者共同结合成"总体工人本身"。这也就是说，在工场手工业阶段内的资本主义生产关系中，"生产资料还没有独立化为资本而同工人相对立"④，它们共同为尽可能节约资本所看重的劳动时间服务。即便如此，工场手工业生产已经对工人阶级的自由发展造成不可逆转的伤害：因为劳动时间的宝贵，致使工场手工业内部的分工出现等级，工人的劳动技巧呈现割裂的、片面的、畸形的发展：

　　工场手工业把工人变成畸形物，它压抑工人的多种多样的生产

---

① 《马克思恩格斯全集》第 23 卷，人民出版社 1972 年版，第 373 页。
② 《马克思恩格斯全集》第 23 卷，人民出版社 1972 年版，第 386 页。
③ 《马克思恩格斯全集》第 23 卷，人民出版社 1972 年版，第 386 页。
④ 《马克思恩格斯全集》第 23 卷，人民出版社 1972 年版，第 397 页。

> 志趣和生产才能，人为地培植工人片面的技巧……工场手工业工人
> 按其自然的性质没有能力做一件独立的工作，他只能作为资本家工
> 场的附属物进行生产活动。①

将处于工场手工业中的工人描述为"畸形物"，是马克思对一直以来关心的"人的异化"和"劳动异化"问题的再度回应。只不过这里从劳动时间与分工的关系角度再次看待"异化"时，其中现实的艰辛与革命的复杂程度较之此前又有了更为具体的样貌。

经过工场手工业阶段，当生产力水平所支持的科学技术手段发展到一定程度，机器全面介入资本主义生产就成为大势所趋，毕竟由机器节约下来的劳动时间成本令资本家垂涎欲滴，而资本也有足够的权力"迫使"科学为资本服务②。资本主义生产关系在经历了初早期阶段对节约劳动时间极致的追求之后，不论是从个体劳动力的生理极限，还是从劳动力的可持续发展情况来看，都不太能够再从单纯地延长"工作日"的角度迎合资本扩张的欲望。而将机器从劳动力的身份转变为生产资料的身份，使得劳动价值不只是靠凝结在商品中的劳动时间并获得交换之后才得以兑现，还可以在生产过程中就将自身的价值部分地转移到商品身上，通过与社会必要劳动时间之间的差价实现价值增殖的预告。

但由工场手工业阶段到机器大工业阶段的转变并不只是简单的机器力减轻人工力负担的美好童话③，毕竟体系化的机器生产与局部替代人力的机器相比，带来的是对整个资本主义生产方式的结构性调整：

> 生产方式的变革，在工场手工业中以劳动力为起点，在大工业
> 中以劳动资料为起点。因此，首先应该研究，劳动资料如何从工具

---

① 《马克思恩格斯全集》第 23 卷，人民出版社 1972 年版，第 399 页。

② 马克思的原话为："大工业则把科学作为一种独立的生产能力与劳动分离开来，并迫使它
  为资本服务"（《马克思恩格斯全集》第 23 卷，人民出版社 1972 年版，第 400 页）。

③ 马克思就曾经引用过约翰·斯图亚特·穆勒：《政治经济学原理》中的一句话来表达这种
  讽刺："值得怀疑的是，一切已有的机械发明，是否减轻了任何人每天的辛劳"（《马克思
  恩格斯全集》第 23 卷，人民出版社 1972 年版，第 408 页）。

转变为机器……①

而且，马克思也特别提示"必须把许多同种机器的协作和机器体系这两件事区别开来"②，这两者之间的区别不仅仅只是投放到生产过程中的机器数量上的悬殊，更由于机器参与生产的程度不一所带来的资本主义生产特性的迁移：

> 在工场手工业中，单个的或成组的工人，必须用自己的手工工具来完成每一个特殊的局部过程。如果说工人会适应这个过程，那末这个过程也就事先适应了工人。在机器生产中，这个主观的分工原则消失了。在这里，整个过程是客观地按其本身的性质分解为各个组成阶段……由于所有局部机器都同时动作，产品就不断地处于自己形成过程的各个阶段，不断地从一个生产阶段转到另一个生产阶段。……如果说，在工场手工业中，各特殊过程的分离是一个由分工本身得出的原则，那末相反，在发达的工厂中，起支配作用的是各特殊过程的连续性。③

工场手工业以工人与生产流程相互适应的分工为组织生产的原则，所以生产流程有步骤的"分离"是其特性，而机器化生产以机器的体系化协作为组织生产的原则，所以生产流程不间断的"连续性"是其特性。这两种组织生产的原则除了在最终获取的剩余价值量方面有直观的影响之外，还对生产劳动者参与生产的方式产生重大影响。大规模的机器体系实质上是生产劳动者们在历史上创造的"自己过去的、已经物化的劳动的产品"④，因而机器从原先工具的地位一跃而起直接介入生产过程，不完全是人控制机器，而是几乎也越来越现实地表现为人配合机器，甚至反过来被机器所支配。这与资本主义社会中日益物化的社会关系何其近似。

---

① 《马克思恩格斯全集》第 23 卷，人民出版社 1972 年版，第 408 页。
② 《马克思恩格斯全集》第 23 卷，人民出版社 1972 年版，第 415 页。
③ 《马克思恩格斯全集》第 23 卷，人民出版社 1972 年版，第 417—418 页。
④ 《马克思恩格斯全集》第 23 卷，人民出版社 1972 年版，第 425 页。

既然日益发达的机器化大工业生产是整个资本主义社会的结构性调整，它不可避免地会在人的精神生产领域产生一言难尽的影响。从马克思在写作《资本论》的时代所接触到的具体情境来看，生产劳动者会因其所属的分工类别不同而在精神生产的自由度层面表现各异。有一部分生产劳动者只是机器单纯的操作者，具有极为明显的可替代性。但还有一部分生产劳动者掌握着暂时还不能完全被机器所替代的技巧技艺，这部分工人表现得与大工业时代不完全同步：

> 当大工业特有的生产资料即机器本身，还要依靠个人的力量和个人的技巧才能存在时，也就是说，还取决于手工工场内的局部工人和手工工场外的手工业者用来操纵他们的小工具的那种发达的肌肉、敏锐的视力和灵巧的手时，大工业也就得不到充分的发展。所以，且不说这样生产出的机器很昂贵，——这种情况作为自觉的动机支配着资本，——已经使用机器的工业部门的扩大，以及机器向新的生产部门的渗入，完全取决于这样一类工人增加的情况，这类工人由于他们的职业带有半艺术性，只能逐渐地增加而不能飞跃地增加。①

所谓"发达的肌肉、敏锐的视力和灵巧的手"，指的是工人主体的能力，这些能力在 19 世纪的生产力水平和技术条件下还没有能够被机器完全取代。所以在不追求分工而是追求连续性生产流程的大工业时代，机器覆盖不到的生产步骤，是小部分分工现象依旧保存的原住地，同时也就成为大工业得不到充分发展的原因。只是可以很明显地推测，一方面"发达的肌肉、敏锐的视力和灵巧的手"这类问题，如果单从技术性层面来讲，比较容易通过社会生产力水平的提高和技术条件的跟进而获得解决，19 世纪之后的历史进程也印证了这一点。但另一方面，"带有半艺术性"的职业，这些"只能逐渐地增加而不能飞跃地增加"的工人数量，他们如何与大工业生产相处，则是一个值得深思的话题。很显然，马克思在这里并没有完全将"发达的肌肉、敏锐的视力和灵巧的手"视为纯技术指标，而是将其列为"半艺术性"职业

---

① 《马克思恩格斯全集》第 23 卷，人民出版社 1972 年版，第 420 页。

所需要的能力之中，这与他此前在《大纲》中提到过的"工匠或行家"所从事的非生产性劳动在思路上有衔接，因而也就留给了《资本论》中所提到的这些能力参与非生产性劳动以想象的余地。而相较"半艺术性"的手工业，文学艺术生产与大工业生产之间更为复杂的关系应该是更予人以遐想空间的。可以设想：如果仅因半艺术性职业的存在，大工业就可能得不到充分发展的话，那么因文学艺术的存在，大工业是否有可能始终无法全面覆盖全部的生产呢？

三、劳动时间的日常生活化

《资本论》第十三章"机器和大工业"中，列举了十个与之相关的话题：

1. 机器的发展

2. 机器的价值向产品的转移

3. 机器生产对工人的直接影响

4. 工厂

5. 工人和机器之间的斗争

6. 关于被机器排挤的工人会得到补偿的理论

7. 工人随机器生产的发展而被排斥和吸引。棉纺织业的危机

8. 大工业所引起的工场手工业、手工业和家庭劳动的革命

9. 工厂法（卫生条款和教育条款）。它在英国的普遍实行

10. 大工业和农业

这十个话题谈论的几乎都是受到机器和大工业影响力而发生显著变化的领域，其中既包括对工人的影响，也包括对工厂、工厂法、农业的影响，还包括对工人家庭的影响等。实际上，这也是资本主义生产关系从工场手工业阶段大举步入大工业阶段的过程中，在整个社会生产生活层面造成的波动。显而易见，这种波动的范围是全局的、宏大的，也是历史性的和结构性的，更是具体的和细微的。

机器化的大工业生产除了在生产劳动领域对工人的劳动力价值造成碾压

性伤害，造成工人的畸形发展之外，还因对生产方式的结构性重组，不可避免地越过工厂生产的界限，侵入工人的日常生活领域，带来种种改变。首先，从机器和大工业生产对工人劳动时长的直接作用力来看：

> 缩短工作日，这种起初创造了使劳动凝缩的主观条件，也就是使工人有可能在一定时间内付出更多力量的办法，一旦由法律强制实行，资本手中的机器就成为一种客观的和系统地利用的手段，用来在同一时间内榨取更多的劳动。①

"缩短工作日"虽然只是一个简单的减法表述，其中却玩弄着劳动时长和劳动强度此消彼长的把戏，同时还暗藏了劳动力市场结构份额的调整。在看似缩短了的工作日中，成年男工也好，童工或女工也好，他们的劳动强度毫无疑问地加大，这源于资本追逐剩余劳动和剩余价值的本性。而且由于工作日缩短的首要条件来自机器在生产劳动中的普遍运用，这使得工人在不得不接受劳动强度加大的同时，还必须竭尽所能配合连续性的机器生产，甚至接受机器对他们的控制，迫使他们自己的生产劳动成为机器化生产中的一个齿轮或一颗螺丝钉。不仅如此，

> 机器劳动极度地损害了神经系统，同时它又压抑肌肉的多方面运动，侵吞身体和精神上的一切自由活动。甚至减轻劳动也成了折磨人的手段，因为机器不是使工人摆脱劳动，而是使工人的劳动毫无内容。……生产过程的智力同体力劳动相分离，智力变成资本支配劳动的权力，是在以机器为基础的大工业中完成的。变得空虚了的单个机器工人的局部技巧，在科学面前，在巨大的自然力面前，在社会的群众性劳动面前，作为微不足道的附属品而消失了；科学、巨大的自然力、社会的群众性劳动都体现在机器体系中，并同机器体系一道构成"主人"的权力。②

---

① 《马克思恩格斯全集》第23卷，人民出版社1972年版，第452页。
② 《马克思恩格斯全集》第23卷，人民出版社1972年版，第463—464页。

这就是 19 世纪工人所处的机器劳动的状态。由于机器本身的发明创造是历史上的工人阶级的智力成果，机器对后来的工人阶级表现为智力的实体。在工场手工业阶段的资本主义生产关系中，这种智力成果主要以生产工具的身份发挥作用，对生产劳动者的影响有限。但在大工业阶段，机器以生产资料的身份覆盖几乎生产劳动的各机构、部门甚至产业的时候，工人的劳动力价值受到这个由历史造就的智力系统的庞然大物的威胁，只能得到更为片面的呈现。在机器生产劳动中，处于一定工作日之内的工人，其身体和精神受到加剧的劳动强度的伤害，这使得工人的生产劳动由于智力与体力的分离变得更加徒有形式，单调乏味。不仅如此，由机器化大工业生产所造就的智力与体力的对立，将原本属于工人阶级劳动成果的机器划归到生产资料一方，但后者却为资本家所有并被资本家利用，事实上造成了工人阶级被自身劳动成果严重奴役的残酷现实。与此同时，这种伤害和奴役并不只是局限在工作日以内的生产劳动过程中，因为被伤害的神经系统也好，被压抑的肌肉运动也罢，这些病症都表明它们不只是在工作日才会"发作"的病痛，而是"侵吞身体和精神上的一切自由活动"，也就是说在工作日受到的伤害和奴役，其效果有极大可能会蔓延到工作日之外的领域，进入非生产劳动以及日常生活。

而这种机器化大生产给工人阶级造成的身心压迫，一方面来自在主导生产劳动这件事上机器与人的悬殊力量对比，另一方面也与工人阶级收入的来源——工资——的计算方式密切相关。马克思在《资本论》的第十八章中专门讨论了工资的两种基本形式，计时工资和计件工资。所谓计时工资，即"日工资"，是"劳动力的日价值、周价值等等的转化形式"[①]，而计件工资，则"无非是计时工资的转化形式"[②]。工资是工人劳动力的价值或价格，它表现为工人在劳动时间内出卖劳动力所获得的货币数量，但工人对它的使用绝大多数时候发生在劳动时间以外的日常生活中。因此工资拥有得天独厚的衔接劳动时间和非劳动时间的身份，从它身上可以看到机器化大生产给工人造成的伤害从工作日向日常生活扩散的基本方式。

---

① 《马克思恩格斯全集》第 23 卷，人民出版社 1972 年版，第 594 页。

② 《马克思恩格斯全集》第 23 卷，人民出版社 1972 年版，第 603 页。

从计时工资来看，大工业时代的资本直白地凭借工作日内的劳动时长展开剥削，变本加厉的压榨，给工人阶级的日常生活带来直接打击。一方面，机器化大生产极大地压低了劳动力的价格，致使工人阶级不得不向工作日以外的劳动时间寻求工资来源；另一方面，资本主义生产关系又动用劳动力自身之间的竞争，迫使工人甘愿承受工作日延长的剥削和痛苦。

> 就机器使肌肉力成为多余的东西来说，机器成了一种使用没有肌肉力或身体发育不成熟而四肢比较灵活的工人的手段。因此，资本主义使用机器的第一个口号是妇女劳动和儿童劳动！这样一来，这种代替劳动和工人的有力手段，就立即变成了这样一种手段，它使工人家庭全体成员不分男女老少都受资本的直接统治，从而使雇佣工人人数增加。为资本家进行的强制劳动，不仅夺去了儿童游戏的时间，而且夺去了家庭本身通常需要的、在家庭范围内从事的自由劳动的时间。
>
> 劳动力的价值不只是决定于维持成年工人个人所必需的劳动时间，而且决定于维持工人家庭所必需的劳动时间。机器把工人家庭的全体成员都抛到劳动市场上，就把男劳动力的价值分到他全家人身上了。……因此，机器从一开始，在增加人身剥削材料，即扩大资本固有的剥削领域的同时，也提高了剥削程度。①

计时工资改变的不只是成年男工的劳动时长，而是连带成年男工家庭成员的生活习惯、成长方式、成员关系都随之调整。由此可见，资本主义生产关系采用计时工资的计酬方式，改变的并不单纯只是一个笼统称谓下的工人阶级的生产生活方式，这个阶级的内部有无数个家庭的男人、女人、孩子、老人的日常生活轨迹，每条生活轨迹都因为资本对劳动时间的吞噬而并入到资本扩张的历史进程中。

而作为计时工资转化形式的计件工资，给工人阶级的日常生活造成的影响也是结构性的：

---

① 《马克思恩格斯全集》第23卷，人民出版社1972年版，第433—434页。

撇开纯技术上的和技术上可以排除的障碍不说，对工作日的规定还遇到工人本身的不规则的生活习惯的障碍，这特别是发生在这样的地方，那里盛行计件工资，在一天或一星期中所旷费的时间可以由以后的过度劳动或做夜工来补偿，这种方法使成年工人变得野蛮，使他们的未成年的和女性的伙伴遭到毁灭。劳动力耗费方面的这种毫无规则的情形，虽然是对单调乏味的苦役的一种自发的粗暴反应，但在极大程度上是由生产本身的无政府状态引起的，而这种无政府状态又是以资本对劳动力的不受限制的剥削为前提的。①

这段描述勾勒了工人的日常生活习惯、工资、生产劳动和社会（家庭）关系之间因"资本对劳动力的不受限制的剥削"而形成的连锁反应。计件工资虽然只是计时工资的转化形式，但两种不一样的工资计算方式实际上给工人阶级规定了两种不一样的生活习惯，也即日常生活状态。在计件工资的规定中，工人的劳动时间变得"灵活"，可以由本人根据个人意愿自由选择是否在某一时段出卖自己的劳动力，代价是如果某一时段内不从事生产劳动，那么在其他时段内必须从事"过度劳动或做夜工"，否则脱离了大工业生产体系的劳动力无从出卖自身以获取交换价值。但很显见，这样的"灵活"和"自由"并不是工人阶级真正掌握劳动的主动权，只是他们因嫌恶工作日"单调乏味的苦役"而对工作日的界限所做出的野蛮回击，并且效果很不理想——"使他们的未成年的和女性的伙伴遭到毁灭"②，他们的家庭生活也极大可能因为成年男性劳动力徘徊挣扎在工作日边缘的不安定状态而变得不规则、野蛮和粗暴。

时间，无疑是《资本论》所重视的批判维度。正是在时间的基础上，资本主义生产关系得以建立起一个商品、货币、资本、生产劳动、日常生活等嵌入其中的严密时刻表，剩余价值从这张庞大的时刻表格栅中汹涌而出。

① 《马克思恩格斯全集》第 23 卷，人民出版社 1972 年版，第 523—524 页。

② 马克思在这段引文的注释里引用了《童工调查委员会。第 3 号报告》中的话，"如果他们有子女，还会让自己的子女来劳动"，可以看作对"未成年的和女性的伙伴"的解释，意指家庭成员。

第三节　资本批判视域的隐含维度：时间中的空间

时空问题是元问题，在多门学科中获得不同角度和方法的理论阐释。马克思在《大纲》"资本章"中也探讨过时空问题，他从政治经济学角度对这组范畴的关系进行了概括和预测：

> 资本一方面要力求摧毁交往即交换的一切地方限制，夺得整个地球作为它的市场，另一方面，它又力求用时间去消灭空间，就是说，把商品从一个地方转移到另一个地方所花费的时间缩减到最低限度。资本越发展，从而资本借以流通的市场，构成资本空间流通道路的市场越扩大，资本同时也就越是力求在空间上更加扩大市场，力求用时间去更多地消灭空间。①

时空问题在资本主义社会中表现出特定的形态：时间是资本的命脉要害，空间的分离则成为资本流通时间的限制力量，两者之间构成愈演愈烈的张力关系，共存于资本主义生产关系中。在《资本论》中，资本批判的时间维度明显占据主导地位，但空间维度时常浮现，这构成了以时间为轴心的空间批判维度。

一、空间的压缩

在《德意志意识形态》中马克思明确提出"城乡分离"现象，并将导致这一现象出现的原因归结为物质劳动和精神劳动的分工：

> 物质劳动和精神劳动的最大的一次分工，就是城市和乡村的分离。城乡之间的对立是随着野蛮向文明的过渡、部落制度向国家的

---

① 《马克思恩格斯全集》第46卷下册，人民出版社1980年版，第33页。

过渡、地域局限性向民族的过渡而开始的，它贯穿着文明的全部历史直至现在。……城市已经表明了人口、生产工具、资本、享受和需求的集中这个事实；而在乡村则是完全相反的情况：隔绝和分散。①

　　城市和乡村的对立，是在私有制中人的片面发展被以空间分类的形式所呈现出来的结果，其中包含着"资本和地产的分离"，即主要以交换为目的的劳动和主要以生产人的需要为目的劳动相分离。很显然，在历史唯物主义地平线初具雏形的时期，马克思还只是在社会分工的意义上谈论城乡分离的历史必然性，并没有深入到资本主义生产关系分工的具体形态。但"城乡分离"作为必须被提及的问题被放置在历史的时间轴（"野蛮向文明的过渡"等）上予以解答，这表明马克思恩格斯充分关注了这一现象，并有可能随着他们对资本主义社会"分工"理解的深入，为"城乡分离"这一现象提供更深刻的批判。在《资本论》中，马克思也的确以惊人相似的表述方式回应了《德意志意识形态》中的这一话题：

　　　　一切发达的、以商品交换为媒介的分工的基础，都是城乡的分离。可以说，社会的全部经济史，都概括为这种对立的运动。②

　　稍加辨别，《资本论》中的这段表述与前文有所区别的地方在于，前文中"城乡分离"作为物质劳动和精神劳动分工的结果，或者两者相互成就的意味更加突出，而《资本论》中"城乡分离"作为"一切发达的、以商品交换为媒介的分工的基础"的地位更加明显——这种区别与资本批判视域在《资本论》中更为成熟的演练有关。前文中的"城乡分离"尽管也包含有社会分工的视角，但对于城市和乡村的理解，更多是从物理空间上展开的，甚至可以说是在抽象概念的意义上理解了"城市"和"乡村"之后，作出城乡分离"贯穿着文明的全部历史直至现在"的判断。而《资本论》中，明显可以感受到马克思对"城市"和"乡村"的理解具体化为处于资本主义生产关系中的城

---

① 《马克思恩格斯文集》第 1 卷，人民出版社 2009 年版，第 556 页。

② 《马克思恩格斯全集》第 23 卷，人民出版社 1972 年版，第 390 页。

市和乡村，"社会的全部经济史"通过资本主义社会的城乡关系呈现了自身留在历史进程中的痕迹，也就是在《导言》中曾经提到过的人体解剖与猴体解剖的关系。由此可见，"城乡分离"作为资本批判视域中与空间相关的思考，意义深远。

城市作为资本流通频繁的集散地，从不同侧面映射出资本规划空间的典型特点。从工场手工业时期这种规划就已经开始，具体表现为"工场"对劳动力的号召力：

> 每个这样的手工业者（可能带一两个帮工）都制造整个商品，因而顺序地完成制造这一商品所需要的各种操作。他仍然按照原有的手工业方式进行劳动。但是外部情况很快促使人们按照另一种方式来利用集中在同一个场所的工人和他们同时进行的劳动。例如，必须在一定期限内提供大量完成的商品这种情况，就是如此。于是劳动有了分工，各种操作不再由同一个手工业者按照时间的先后顺序完成，而是分离开来，孤立起来，在空间上并列在一起，每一种操作分配给一个手工业者，全部操作由协作工人同时进行。这种偶然的分工一再重复，显示出它特有的优越性，并渐渐地固定为系统的分工。商品从一个要完成许多种操作的独立手工业者的个人产品，变成了不断地只完成同一种局部操作的各个手工业者的联合体的社会产品。[①]

马克思曾以保存着原始小规模公社生产方式的印度公社为例，呈现过固定分工与工场手工业分工的区别。固定分工的区域内，比如一个村庄，可能只有一个铁匠和一个木匠，或者一个陶工，一个理发师，一个洗衣匠，一个诗人等[②]，所有的手工业者分别在各自的空间中独立完成各自全部的手工作业，他们作品是他们的产品。但在工场手工业的生产方式中，通过将原有乡村中散落的手工业者集中起来，让他们在同一个场所同时集中劳动，多位同工种

---

① 《马克思恩格斯全集》第 23 卷，人民出版社 1972 年版，第 374—375 页。

② 参见《马克思恩格斯全集》第 23 卷，人民出版社 1972 年版，第 396 页。

的手工业者同时从事手工作业的不同环节，"变成商品的只是局部工人的共同产品"①。两相比较，公社生产方式中的个体作业效率相对较低，产品身上烙有鲜明的手工业者的个性特征。而工场手工业中的生产效率相对较高，只是商品不代表任何一位手工业者的个人技艺，协作生产的价值在于商品尽快与货币进行交换。正因为如此，工场带领手工业更迅速地融入以交换为媒介的商品生产关系中，也因此更容易吸引到分散在乡村各处的手工业者汇集于这种集中的生产空间中，并代代相承。城市，因更能生产交换价值的生产方式聚集了分散在乡村中的劳动力，它提供无数个大大小小的工场，将生产与生活高度压缩在一个有限的、与乡村相区别的空间中，初步实现"城乡分离"。

而随着资本家对剩余价值越来越极致的追逐，"为了从空间上夺回在时间上失去的东西"②，工厂生产在城市空间中应运而生。城市通过压缩生产空间谋得的红利，越来越在与乡村的分离过程中建立起后者难以匹敌的资本优势。随之而来的，是改造城市内部空间以促进商品的生产和流通的问题。

> 任何一个公正的观察者都能看到，生产资料越是大量集中，工人也就越要相应地聚集在同一个空间，因此，资本主义的积累越迅速，工人的居住状况就越悲惨。随着财富的增长而实行的城市"改良"是通过下列方法进行的：拆除建筑低劣地区的房屋，建造供银行和百货商店等等用的高楼大厦，为交易往来和豪华马车而加宽街道，修建铁轨马车路等等；这种改良明目张胆地把贫民赶到越来越坏、越来越挤的角落里去。③

城市不仅是生产劳动的空间，还是生产劳动者生活的空间，新的生产力发展水平对其内部规划提出了要求。很自然的，城市施加在工人身上的不仅是生产空间从工场到工厂的压缩，还包括他们的生活居住空间状况从悲惨到更悲惨的压缩。与之相反，服务于资本的逐利野心，城市将大量优质的空间

---

① 《马克思恩格斯全集》第23卷，人民出版社1972年版，第393页。

② 《马克思恩格斯全集》第23卷，人民出版社1972年版，第521页。

③ 《马克思恩格斯全集》第23卷，人民出版社1972年版，第721—722页。

提供给商业活动，以及可以从空间中夺回时间的更发达的交通设施。因而可以说，城市实现了双面的空间压缩，压缩生产劳动者的空间和生产劳动的空间。通过空间压缩，以城市为中心建立起资本的空间布局，使这个资本主义生产关系的集散地同时变得既繁华又肮脏。

资本主义的空间压缩不仅典型地体现在城市空间的压缩上，还有从"流浪者"身上看到的乡村的没落历程，"城市"和"乡村"在共同成就资本原始积累的同时，也相互成就了"城乡分离"。出现在资本主义生产关系中的"流浪者"是"由于封建家臣的解散和土地断断续续遭到暴力剥夺而被驱逐的人"[1]，他们丧失了生产资料，处于新旧生产关系交替时代，无以谋生又无家可归，游荡在城乡之间。

> ……十五世纪末和整个十六世纪，整个西欧都颁布了惩治流浪者的血腥法律。现在的工人阶级的祖先，当初曾因被迫变成了流浪者和贫民而受到惩罚。法律把他们看作"自愿的"罪犯，其依据是：只要他们愿意，是可以继续在已经不存在的旧的条件下劳动的。[2]

所以，这个群体因不从事劳动而受到整个西欧的法律制裁，即便他们曾经熟悉的劳动条件已经支离破碎，他们也必须从事劳动。从前资本主义生产关系中流落街头的人，除了接受血腥法律的惩罚，就只有接受资本主义生产劳动的规训，别无他选："被暴力剥夺了土地、被驱逐出来而变成了流浪者的农村居民，由于这些古怪的恐怖的法律，通过鞭打、烙印、酷刑，被迫习惯于雇佣劳动制度所必需的纪律。"[3]"流浪者"之所以不能被资本主义生产关系所容忍，一方面是因为他们是一群丧失了生产资料却没能被成功纳入劳动时间中的劳动力，这对于处于原始积累阶段的资本而言，是难以舍弃的对象，唯有通过法律的制裁，让他们意识到回到原有劳动条件的荒谬，从而将其劳动力收入囊中为资本所用。另一方面，"流浪者"是资本聚集地城市的

---

① 《马克思恩格斯全集》第 23 卷，人民出版社 1972 年版，第 802 页。
② 《马克思恩格斯全集》第 23 卷，人民出版社 1972 年版，第 803 页。
③ 《马克思恩格斯全集》第 23 卷，人民出版社 1972 年版，第 805 页。

不安定因子，对追求双面压缩的城市空间而言，他们与乞丐、盗贼在城市街头的游荡，既没有进入劳动力日益集中的生产场所，又无法融入富丽堂皇的城市建筑，这是一群与城市空间格格不入的人。

二、空间的扩张

"世界市场"中有较多空间元素，同时这也是马克思念念不忘的话题，在《形态》、《宣言》等多篇著述中都曾有论及。在《大纲》中，马克思从资本流通范围的角度再次旧话重提：

> 以资本为基础的生产，其条件是**创造一个不断扩大的流通范围**，不管是直接扩大这个范围，**还是在这个范围内把更多的地点创造为生产地点**。
>
> ……创造**世界市场**的趋势已经直接包含在资本的概念本身中。任何界限都表现为必须克服的限制。①

由于流通本身就是资本生产的要素，不论是商品流通还是货币流通，其精髓都在于速度，或者称为周期，或者称为时间。资本流通本能地需要将更多更广阔的空间纳入到自身的范围中来，而且同时需要加快流通速度、缩短流通周期、减少流通时间，让商品和货币在尽可能大的空间中尽可能快速地流动起来，这是资本的题中应有之义。"世界市场"正是对这种更多更广的空间的描绘，它和世界贸易一起"在十六世纪揭开了资本的近代生活史"②。相对于国内以城市为中心建立的资本市场而言，世界市场版图的扩容让"城乡分离"在更广阔的空间里成为现实。

> 机器生产摧毁国外市场的手工业产品，迫使这些市场变成它的原料产地。……一种和机器生产中心相适应的新的国际分工产生了，

---

① 《马克思恩格斯全集》第 46 卷上册，人民出版社 1979 年版，第 390—391 页。

② 《马克思恩格斯全集》第 23 卷，人民出版社 1972 年版，第 167 页。

> 它使地球的一部分成为主要从事农业的生产地区，以服务于另一部
> 分主要从事工业的生产地区。①

资本在世界范围内的扩张采取了与国内"城乡分离"相似的空间布局，一部分地区主要从事农业生产，专注于提供生产所需的原材料，大略可以看作世界市场中的"乡村"，而另一部分地区则主要从事工业生产，专注于将机器化大工业生产所需的技术工人更加集中到可保持连续性生产的空间中，大略可以看作"城市"。所以，尽管世界市场是一个巨大得多的资本逐利空间，但很显然资本扩张的方式却模仿了国内生产关系布局的路径，以空间刺激流通的时间换取更多的剩余劳动价值。从资本主义社会积累财富的角度来看，这种模仿是有效的。同时，从这种有效性反观资本主义生产关系下一步发展的方向，或许可以推测"空间"有很大可能是资本还可继续挖掘的富矿之一。空间为资本积累提供新的剩余价值来源这种能力，在工业化社会时期就已经显露迹象：

> 采用机器的直接结果是，增加了剩余价值，同时也增加了体现这些剩余价值的产品量。从而，在增加供资本家阶级及其仆从消费的物质时，也增加了这些社会阶层本身。这些社会阶层的财富的日益增加和生产必要生活资料所需要的工人人数的不断相对减少，一方面产生出新的奢侈要求，另一方面又产生出满足这些要求的新手段。社会产品中有较大的部分变成剩余产品，而剩余产品中又有较大的部分以精致和多样的形式再生产出来和消费掉。换句话说，奢侈品的生产在增长。大工业造成的新的世界市场关系也引起产品的精致和多样化。不仅有更多的外国消费品同本国的产品相交换，而且还有更多的外国原料、材料、半成品等作为生产资料进入本国工业。②

马克思在这里谈到了由机器化大工业生产带来的阶级和阶层行为的改

---

① 《马克思恩格斯全集》第 23 卷，人民出版社 1972 年版，第 494—495 页。
② 《马克思恩格斯全集》第 23 卷，人民出版社 1972 年版，第 487 页。

变，关系链条表现为剩余价值和剩余产品在数量上的增长→阶级和阶层规模
比例的调整→消费需求和消费行为的变化→商品形式的变化→世界市场关系
的变化。这是一根相对比较简单的关系链条，一旦开始运转，就会形成连续
不断的再生产过程，也就是说，当链条首尾段相连之后，世界市场关系的变
化也会反作用于剩余价值和剩余产品在数量上的进一步增长，继而引发下一
环节的连锁反应。只要资本在世界市场内能够挖掘的财富不竭，这一链条就
会持续运转下去。在这根链条中出现了一个新颖的话题，关于奢侈品的生产
和消费。一般而言，奢侈品是超出满足人的基本生存需求的那些商品，它与
工业品形成对照，"任何能引起愉悦感的产品都是一种'奢侈品'。反之，无
论必要与否，所有仅仅提供对抗坏事物（如寒冷、危险、暴力、饥饿）的保
护的产品仍然是一种'工业品'"①。资本主义社会中奢侈品的生产和消费不
是出现在任一阶段的资本主义生产关系中的，而是只有当生产力水平进入到
机器化大工业生产阶段，能够生产出远远超出一般生存需求的剩余价值和剩
余产品的时候，资产阶级才能够对这些剩余产品展开具有艺术性的生产和消
费行为，才有可能使奢侈品的生产和消费不是偶然发生，而是能够持续增
长。奢侈品生产和消费现象在资本主义生产关系中的出现，透露出资本不断
突破时空界限寻找剩余价值新源头的努力，并且由于奢侈品大多具有"精致
和多样的形式"，资本在这一类商品身上攫取剩余价值的努力极有可能会耗
费比一般商品更多的劳动时间，反而空间更有可能成为其剩余价值的发源
地。由此也可以解释奢侈品的生产和消费何以与世界市场共同出现在19世
纪的巧合②。这种由机器生产开创的新的工业形态在19世纪逐渐显露轮廓，
在后来的世界市场中以更令人目眩的方式进入社会生活的方方面面。时至今
日，以19世纪世界市场的空间扩张为起点，"经济从艺术性的生产方式和社
会化中得到灵感，进而生产并出售产品。这一运动演示了从外向型经济到内

---

① ［法］奥利维耶·阿苏利：《审美资本主义：品味的工业化》，黄琰译，华东师范大学出版
社2013年版，第77—78页。

② 阿苏利在《审美资本主义：品味的工业化》中也专门提到19世纪出现的奢侈品的生产和
消费现象："到了19世纪，为了开拓新市场并替换初级的或者说极易饱和的消费，生产
者们致力于经营能够唤醒审美品味的奢侈品。品味与需求不同，需求仅局限于衣食住行，
品味是由欲望所激发的，因此它的优势在于可以不断更新"（第58页）。

向型经济的演变过程，外向型经济以消费品的销售市场从国内到国外的扩张
为基础，内向型经济则以依靠人工制造的审美消费品来革新市场为目的"①。
其实，不论是外向型经济还是内向型经济，只是经济形态在不同阶段获取剩
余价值的具体途径，它们改变不了自身已融入世界市场关系的底色。资本主
义生产关系的空间维度成为资本持续积累的新思路。

空间之所以能够成为资本扩张的得力推手，重要原因在于空间本身的多
维特性。即使只是从世界市场的角度看待空间，其中的空间也不只是地理学
意义上的区域，还是资本主义生产关系不断吞噬其他生产关系的过程：

> 随着这种集中或少数资本家对多数资本家的剥夺，规模不断扩
> 大的劳动过程的协作形式日益发展，科学日益被自觉地应用于技术
> 方面，土地日益被有计划地利用，劳动资料日益转化为只能共同使
> 用的劳动资料，一切生产资料因作为结合的社会劳动的生产资料使
> 用而日益节省，各国人民日益被卷入世界市场网，从而资本主义制
> 度日益具有国际的性质。②

资本流通在世界范围内需要空间、连接空间、重新结构并且生产空间。
在这一过程中被生产出来的空间，是在以往纯粹地理学意义的空间基础之
上，因生产关系而另外组织起来的一种空间，后者不同于三维坐标中可以被
确定被触摸到的对象，是一种非物理性的存在。借用大卫·哈维在《社会正
义与城市》中对三类空间的划分，世界市场其实更多的属于"关系性空间"
（relational space），即只能在本身包含和表示与其他对象的关系的情况下才
能被认为是存在的空间③，它不受实体空间（或绝对空间）的束缚，具有突

① [法] 奥利维耶·阿苏利：《审美资本主义：品味的工业化》，黄琰译，华东师范大学出版
社 2013 年版，第 78—79 页。
② 《马克思恩格斯全集》第 23 卷，人民出版社 1972 年版，第 831 页。
③ David Harvey, *Social Justice and the City (Revised Edition)*, The University of Georgia Press,
Athens & London, 2009, p.13. 原文为：There is another sense in which space can be viewed as
relative and I choose to call this relational space — space regarded, in the fashion of Leibniz, as
being contained in objects in the sense that an object can be said to exist only insofar as it con-
tains and represents within itself relationships to other objects。

破空间界限扩张的特性，因而可以推测，这种关系性空间的弹性之巨大。正是空间可供开发的多维特性，使"空间格局的生产在资本积累的动态中必然是一种活跃的、建构性的环节"①。正如前文所述，早在《大纲》中，马克思就将目光更多地投注在资本主义生产与时间的关系上，而在《资本论》中，"马克思无疑将时间研究置于空间研究之上"②，空间的多维特性以及空间与资本主义生产关系之间的辩证关系没有得到集中的阐发，它隐含在时间受到的瞩目之下。但从空间角度展开资本的批判视域，这一潜力是毋庸置疑的，现实为这一批判角度提供了层出不穷的材料，20世纪以来的诸多学者们也纷纷交出了各自的答卷。

资本主义生产关系与特定的"时间"和"空间"概念相互成就，它们之间的合作为资本主义生产关系的崛起乃至向世界市场的扩张奠定了基础。这种合作具有强大的渗透力，从生产到生活，从经济到政治：

> 我们预设某些普遍和固定的时间和空间框架，然后用这个框架给其中的活动定位、排序和校准。这就是时钟时间以及笛卡儿和牛顿在欧式几何知识基础上确定的空间。这是资本主义国家、行政机构、法律和私有财产以及资本主义计算所熟悉的时间和空间。……在这样的时空框架下，私人产权和领土主权可明确定义（借助地图），社会契约（如每天工作8小时或30年按揭）也能确定。资本、劳动、货币和商品等因素可以协调，因此一切都会在适当的时间（如准时生产系统中）处于适当的位置。如果没有这样的时空框架，政治和商业秩序都无法维持。③

哈维的论述指出了资本主义生产关系对特定时空框架的依赖程度之深。但其实也应该反过来说，这种目前为人所熟知的时空框架也恰好甚至只能在资本主义生产关系中才得以被认可，从而被认为是"天然的"在很长一段时

---

① ［美］大卫·哈维：《资本的限度》，张寅译，中信出版社2017年版，第670页。
② ［美］大卫·哈维：《马克思与〈资本论〉》，周大昕译，中信出版社2018年版，第209页。
③ ［美］大卫·哈维：《马克思与〈资本论〉》，周大昕译，中信出版社2018年版，第211—212页。

间内都处于习而不察的状态之中。正因为如此，目前的时空框架为资本主义生产关系奠定基础的同时，也为后者埋下了深深的隐患。依照资本的逻辑，一方面，时间的有限性是资本对生产劳动者在特定生产空间内实施无止尽剥削的生理屏障，这在资本主义历史上有关"工作日"的起起伏伏的立法中可见一斑，所以资本事实上不能无止尽地在时空框架中攫取剩余价值，价值的增长因而受限；另一方面，空间的分散性和多维性造就了不同生产力水平上的各种非生产劳动者身份，他们力求以不完全束缚于资本主义生产关系中的姿态运用自己的时间，在其中产生出大量无法完全用社会劳动时间衡量的物质财富。在现有的时空框架下，资本主义生产关系生产的价值和积累的物质财富之间日益显现出它们的矛盾之处："这个矛盾是指在价值基础上的系统开始产生数量远远超出比例的、不能再用劳动时间衡量的财富，但与此同时，劳动时间仍然是资本主义的条件。"① 由此看来，时间概念中以社会劳动时间为名的那一部分，那个深深嵌入资本主义生产关系的部分，在新的生产力水平和生产方式的框架中，能否继续为资本主义生产关系提供习以为常的衡量标准，便是一个值得关注和探讨的问题。而与之相应的时空关系也理应被置于正在发生变化的框架中被重新看待。

目前来看，时空元素在 21 世纪有了更多样的表达方式，而早在 19 世纪就已经关注到资本主义生产关系中这两大元素的特殊性的马克思主义的资本批判视域，而今也会依然保持自身犀利尖锐的穿透力。

---

① 黄璐：《劳动与非物质劳动：历史特殊性与价值的无时序性——普殊同教授访谈》，《马克思主义与现实》2018 年第 5 期。普殊同在自己的著作《时间、劳动与社会支配：对马克思批判理论的再解读》中专门论述过"价值"与"财富"的区别，原文如下：As we have seen, these two forms of social wealth have different measures: the magnitude of value is a function of the expenditure of abstract labour time, whereas material wealth is measured in terms of the quantity and quality of products created. This difference has significant implications for the relationship between value and the productivity of labour, and , ultimately, for the nature of the fundamental contradiction of capitalism（Moishe Postone, *Time, Labour, and Social Domination: A Reinterpretation of Marx's Critical Theory*, New York: Cambridge University Press, 1993, p.193）。这段文字大意为，"正如我们所见，社会财富的这两种形式有不同的衡量方式：价值的量度是耗费的抽象劳动时间，而物质财富是以被创造出来的产品的质和量来衡量的。这种区别在价值和劳动生产之间的关系上带来显著的影响，并最终影响到资本主义的根本矛盾。"

余　论

　　马克思和恩格斯是经典马克思主义的创始人，他们的思想是一个逐渐成熟的过程。在这一过程中，有阶段性的思考重心的迁徙，更有持续性的问题意识的贯注。在这两位经典作家的研究生涯中，政治经济学语境伴随着历史唯物主义话语体系的建构，资本批判视域正是在这二者的融合中生成的独特视角。

　　所谓资本批判视域，是指基于马克思恩格斯在思想成熟时期提出资本是"资产阶级社会占统治地位的关系"这一判断，并从这一判断的高度在揭示资产阶级生产关系的历史局限性时所达到的深广度。"资本"作为一个范畴，在马克思恩格斯从早期的经济学研究走向《资本论》批判的过程中逐渐成熟起来，因而以资本为名的批判视域也是一个逐渐成熟的过程。对这一视域的勾勒主要依据的材料是两位经典作家在政治经济学研究方面留下的相关笔记、手稿和著作。

　　"劳动"范畴是经典马克思主义的核心范畴之一，它在马克思的经济学哲学语境中，历经了"异化劳动批判—承认劳动价值论—再提劳动异化—辨析生产劳动和非生产劳动"的思路变化，这是一条资本批判视域逐渐成熟的线索。"劳动"范畴每一个阶段上的变化，带动文学批评从人本主义美学批判—交换价值批判—以"崇高"或"鄙俗"评价生产关系与其他社会关系之间的匹配程度—文学艺术劳动的非生产性和生产性等的认识变化。同时，"生产"范畴是经典马克思主义的又一核心范畴。马克思在异化劳动批判阶段混同了"劳动"和"生产"概念，这一阶段内的"生产"概念以及由此推导出的"美的规律"，带有在主客体关系的思维路径中，捏合人的感性经验和理性认识的局限。在启用"生产劳动"范畴之后,"生产"具有了一般性和特殊性的双重含义,了解了资产阶级生产关系的特殊性才能了解生产的一般性。资产阶级生产关系中的艺术生产既是非生产性的"服务",又是在雇佣劳动关系中以创造财富为目的的生产,具有双重性。

在辨析经典马克思主义语境中的"劳动"和"生产"范畴的过程中,"分工"一直作为贯穿其经济学语境的重要线索,把"发现因分工导致的生产力和交往形式之间的不对等性—发现物质生产例如与艺术生产的不平衡关系—发现上层建筑和意识形态随经济基础的变更发生或快或慢的变化"这条思路看作经典马克思主义社会结构思想的发展轨迹,经典马克思主义文学批评循分工线索从经济学语境中获得了历史唯物主义视野的深度。

然而,马克思主义的资本批判视域并不止步于继承"生产"、"劳动"抑或"分工"这些政治经济学固有的范畴,而是赋予这些范畴以一定历史阶段内因资本主义生产关系凝结而成的独特内涵,摸索资本在其中发挥的灵魂作用,并探讨出现这样或那样的特殊性的根源所在。最终追根溯源,发现时间和空间这两大元素所奠定的资本主义社会的时空框架,为资本在这个框架中的积累、流通、扩张提供了保障,当然同时也埋下了隐患。资本一直努力按照适合自身积累的方式打造"时间"和"空间",推动各种吸附在资本链条上的要素在特定的时空框架中找到各自安身立命的定位,相互作用相互阐释,向世人呈现一个"生生不息"的资本主义社会形态。资本玩弄各种诡计,从尽最大可能延长工人的劳动时间以压榨剩余价值,到随着生产力水平提升和技术手段进步适当缩短劳动时间以缓和劳动力资源储备不足造成的困境,从凭借"城乡分离"的模式打造国内市场,到刺激交通运输技术的进步以开拓世界市场获得剩余价值的最大化,资本从来都不是只凭借一种伎俩来主导生产关系的运转。在资本的时空框架内,"不均衡的地域发展轻松地掩饰了资本的真实本质。希望是可以长存的,因为即使世界灾难重重,我们总是可以找到某个兴旺发达的小区、地区或国家。总体危机被分解为局部事件,其他地方的人不怎么关心,甚至根本不了解"①。极富弹性的多维时空为资本的积累提供了转圜的余地,这也可以解释为何资本积累之路行进了数百年却似

---

① [美]大卫·哈维:《资本社会的17个矛盾》,许瑞宋译,中信出版社2016年版,第173页。

乎总能找到办法化解重重危机。而且即使面对难以无限延展的时间，资本也会有自己的方法，让劳动时间与生活时间的界限不再分明。不论是在生产还是消费的层面上，生产劳动都逐渐侵占日常生活：

> 资本的历史中出现一种长期趋势：家庭劳动由市场交易取代（从剪发、外带食物、速冻食品、快餐到干洗、娱乐和照顾老幼）。个人家庭劳动进入市场领域，成为一种私营生意，加上家用技术的资本密集度越来越高（从洗衣机、吸尘器到微波炉，当然还有房屋和汽车），迫使人们付出可观的金钱购置（通常必须靠借贷融资），不但根本改变了家庭经济的本质，还彻底改变了市场之中资本价值实现的过程。[①]

　　生产劳动不仅进驻日常生活的领地，而且借助日渐体贴入微的技术手段让这种进驻给人以"舒适感"。曾经伴随着"城乡分离"进程，工作和生活日渐分离，工人阶级在工作时从事生产，在生活时从事消费。可是伴随着资本对剩余价值更多的渴望，剩余价值需要在有限的劳动时间内获得更大的量的积累，于是资本将触角伸入了工人阶级的家庭生活，不仅是成年男工，连同儿童和妇女，他们不得不将自己的家庭生活卷入资本驱动的链条。而到了社会再生产动力呈现疲软态势的阶段，那些工作之余仅仅只是满足生存需要的消费已难以产生足够强劲的力量刺激生产，于是资本人为地制造消费需要，用精致到牙齿的消费方式和窥探到私人情感领域的消费欲望，一句话，用消费狂欢的假象不遗余力地拉动生产。于是，生产劳动者们的工作和生活日益难舍难分，他们的"闲暇"难免沦为虚妄的说辞。

　　而在资本将时空玩弄于股掌获得实际利益的同时，它在自己所搭建的时空框架内其实也疲于应对。资本驱动下的资本主义生产关系并不是一个严丝合缝滴水不漏的铁桶，在这个运行了数百年的社会形态内部，存在着大量并不完全依附于资本之上的元素，并列着难以数计的其他生产关系残留的、传

---

① 　[美] 大卫·哈维：《资本社会的 17 个矛盾》，许瑞宋译，中信出版社 2016 年版，第209—210 页。

导的或影响的细微之处，它们与其他意义上的时空框架相匹配，却并不一定完全与资本积累的欲望同路。所以资本实际上早就在自己的时空框架内埋下了隐患，它一直在想方设法地与之较量。①

不可否认，直到 21 世纪的今天，资本仍旧行进在路上，世界市场中仍旧响彻着它充满欲望的声音。正因为如此，人们可以说资本远未走出经典马克思主义的资本批判视域，后者仍旧可以用自己犀利的目光将资本深深地注视。处于资本主义生产关系中的文学艺术也仍旧有机会借助资本批判视域的穿透力，找到自己在社会历史进程中的一席之地②。时至今日，在资本与艺术生产的关系越来越纵横交杂的局势下，文学批评已很难再为自己的"独善其身"找到令人信服的说辞。与其妄想将自己从政治、经济、历史、社会等现实关系的"泥土"中拔除干净，或者单纯寄希望于走审美意识形态革命的救赎之路，莫如在资本批判视域中正视文学艺术的当下处境。当年的马克思恩格斯从 19 世纪资本主义社会问题的千头万绪中牵出"资本"的线头，在政治经济学批判语境中展现历史唯物主义眼光的独到精准，文学艺术也由此得以被窥见与生产劳动的关系。而今的文学批评更有理由处身于资本批判视域中，突破固有的学科成见，用政治经济学批判话语表达对文学艺术的见解。唯有如此，才有可能正视当代文学艺术乃至文化问题的命脉，才有可能还文学批评以现实的活力和历史的厚度，文学批评也才有可能"从人间升到天国"③。

操持着政治经济学批判话语去言说文学艺术问题，从资本批判视域看

---

① 关于这一点，笔者比较认同大卫·哈维在《资本社会的 17 个矛盾·绪论》中提到的观点："资本主义充斥着无数矛盾，但其中许多矛盾与资本积累并无直接联系。这些矛盾超越资本主义社会形态的特性。例如古希腊和罗马、古代中国或卢旺达社会的一些矛盾，是性别关系如父权制造成的"（第XXXI页），"那些矛盾虽然在资本主义中无所不在，但它们并非是构成资本主义经济引擎的资本流通和积累方式所特有的"（第XXX页）。尽管其中提到的有些具体事例与资本主义社会的关系还可以再做更细致的考量。

② 大卫·哈维在《资本社会的 17 个矛盾》中提出了这样一个观点："文学作品和社会运动透露的迹象显示，人类至少愿意尝试重新设计资本体制，考虑更多生态敏感关系，并大幅提高社会正义和民主治理的水平"（第 295 页）。哈维还在注释中介绍了与之相关的论著中的辩论：Immanuel Wallerstein, Randall Collins, Michael Mann, Georgi Derluguian and Craig Calhoun, *Does Capitalism Have a Future？* Oxford University Press, 2013（第 340 页）。

③ 《马克思恩格斯文集》第 1 卷，人民出版社 2009 年版，第 525 页。

待艺术生产，这不会是在惯有的文学批评轨道上运行的批评方式，也不会与既有的文学批评关注同一层面的问题，更不大会得出与人们所熟知的文学批评近似的结论。但是谁又能无视资本批判视域为文学批评带来的格局和视野呢？

最后还是借用大卫·哈维的一句话：

> 资本主义永远不会自行崩溃。它必须受到外力逼迫。资本的积累永远不会停止。它必须由外力终止。资本家阶级永远不会自愿交出权力。他们的权力必须有外力夺取。①

简言之，经典马克思主义的资本批判，任重道远，当代马克思主义文学批评，大有可为。

---

① ［美］大卫·哈维：《资本社会的 17 个矛盾》，许瑞宋译，中信出版社 2016 年版，第 294—295 页。这段话是哈维在另一部著作中的论述，原文出处为：David Harvey, *The Enigma of Capital*, London, Profile Books, 2010, p.260.

参考文献

一、主要参考文献

《马克思恩格斯全集》，人民出版社 1956—1985 年版。

《马克思恩格斯选集》，人民出版社 1995 年版。

《马克思恩格斯文集》，人民出版社 2009 年版。

《马克思主义研究资料》第 3 卷，中央编译出版社 2013 年版。

《马克思主义研究资料》第 4 卷，中央编译出版社 2013 年版。

《马克思主义研究资料》第 5 卷，中央编译出版社 2013 年版。

《马克思主义研究资料》第 6 卷，中央编译出版社 2013 年版。

《马克思主义研究资料》第 9 卷，中央编译出版社 2013 年版。

《马克思主义研究资料》第 10 卷，中央编译出版社 2013 年版。

二、一般参考文献

董学文编：《马克思恩格斯论美学》，文化艺术出版社 1983 年版。

董学文：《马克思主义文论教程》，北京大学出版社 2015 年版。

韩立新：《〈巴黎手稿〉研究》，北京师范大学出版社 2014 年版。

黄楠森、庄福龄、林利主编：《马克思主义哲学史》(修订本)，北京出版社 2005 年版。

姜海波：《马克思〈哲学的贫困〉研究读本》，中央编译出版社 2013 年版。

李惠斌：《马克思〈法兰西内战〉研究读本》，中央编译出版社 2013 年版。

刘北成：《本雅明思想肖像》，上海人民出版社 1998 年版。

陆贵山、周忠厚编著：《马克思主义文艺论著选讲》第 5 版，中国人民大学出版社 2011 年版。

鲁克俭：《走向文本研究的深处：基于 MEGA2 的马克思文献学清理研究》，中国社会科学出版社 2016 年版。

陆梅林辑注：《马克思恩格斯论文学与艺术》(上、下)，人民文学出版社 1983 年版。

聂锦芳：《批判与建构：〈德意志意识形态〉文本学研究》，人民出版社 2012 年版。

聂锦芳、彭宏伟：《马克思〈资本论〉研究读本》，中央编译出版社 2013 年版。

彭宏伟：《资本总体性——关于马克思资本哲学的新探索》，人民出版社 2013 年版。

孙伯鍨、张一兵主编：《走进马克思》，江苏人民出版社 2012 年版。

唐正东：《从斯密到马克思：经济哲学方法的历史性诠释》，江苏人民出版社 2009 年版。

王嘉：《"资本一般"与政治经济学批判——"1861—1863 年手稿"再研究》，中国人民大学出版社 2018 年版。

王旭东、姜海波：《马克思〈克罗茨纳赫笔记〉研究读本》，中央编译出版社 2016 年版。

吴瑞敏：《财富与时间——〈1857—1858 年经济学手稿〉研究》，上海人民出版社 2015 年版。

仰海峰：《〈资本论〉的哲学》，北京师范大学出版社 2017 年版。

杨洪源：《政治经济学批判的逻辑建构——"1857—1858 年手稿"再研究》，中国人民大学出版社 2018 年版。

张一兵主编：《当代国外马克思主义哲学思潮》，江苏人民出版社 2012 年版。

张一兵：《回到马克思——经济学语境中的哲学话语》第 3 版，江苏人民出版社 2014 年版。

张一兵：《马克思历史辩证法的主体向度》（第 3 版），武汉大学出版社 2010 年版。

包亚明主编：《后现代性与公正游戏——利奥塔访谈、书信录》，谈瀛洲译，上海人民出版社 1997 年版。

张永清、马元龙主编：《后马克思主义读本·文学批评》，赵文、秦晓伟译，人民出版社 2011 年版。

［美］M. H. 艾布拉姆斯：《镜与灯：浪漫主义文论及批评传统》，郦稚牛、张照进、童庆生译，北京大学出版社 1989 年版。

［德］特奥多·阿多尔诺：《否定的辩证法》，张峰译，重庆出版社 1993 年版。

［法］路易·阿尔都塞、艾蒂安·巴里巴尔：《读〈资本论〉》（第 2 版），李其庆、冯文光译，中央编译出版社 2017 年版。

［美］汉娜·阿伦特：《马克思主义与西方政治思想传统》，孙传钊译，江苏人民出版社 2012 年版。

［意］杰奥瓦尼·阿锐基：《漫长的 20 世纪》，姚乃强、严维明、韩振荣译，江苏人民出版社 2001 年版。

［法］奥利维耶·阿苏利：《审美资本主义：品味的工业化》，黄琰译，华东师范大学出版社 2013 年版。

［英］佩里·安德森：《西方马克思主义探讨》，高铦、文贯中、魏章玲译，人民出版社 1981 年版。

［英］托尼·本尼特：《文学之外》，强东红等译，人民出版社 2016 年版。

[英] 托尼·本尼特:《文化、治理与社会:托尼·本尼特自选集》,王杰、强东红等译,东方出版中心2016年版。

[法] 让·鲍德里亚:《符号政治经济学批判》,夏莹译,南京大学出版社2015年版。

[丹麦] 勃兰兑斯:《十九世纪文学主流·第一分册·流亡文学》,张道真译,人民文学出版社1997年版。

[丹麦] 勃兰兑斯:《十九世纪文学主流·第六分册·青年德意志》,高中甫译,人民文学出版社1997年版。

[法] 费尔南·布罗代尔:《15至18世纪的物质文明、经济和资本主义》,顾良、施康强译,生活·读书·新知三联书店1993年版。

[法] 费尔南·布罗代尔:《资本主义的动力》,杨起译,生活·读书·新知三联书店、牛津大学出版社1997年版。

[法] 米歇尔·波德:《资本主义的历史:从1500至2010年》,郑方磊、任轶译,上海辞书出版社2011年版。

[法] 居伊·德波:《景观社会》,王昭风译,南京大学出版社2006年版。

[美] 道格拉斯·多德:《资本主义及其经济学:一种批判的历史》,熊婴译,江苏人民出版社2013年版。

[德] 路德维希·费尔巴哈:《费尔巴哈哲学著作选集》上卷,荣震华、李金山等译,商务印书馆1984年版。

[德] 费尔巴哈:《宗教的本质》,王太庆译,商务印书馆2010年版。

[日] 广松涉编注:《文献学语境中的〈德意志意识形态〉》,彭曦译,南京大学出版社2005年版。

[德] 尤尔根·哈贝马斯:《作为“意识形态”的技术与科学》,李黎、郭官义译,学林出版社1999年版。

[美] 大卫·哈维:《跟大卫·哈维读〈资本论〉》,刘英译,上海译文出版社2014年版。

[美] 大卫·哈维:《资本社会的17个矛盾》,许瑞宋译,中信出版社2016年版。

[美] 大卫·哈维:《资本的限度》,张寅译,中信出版社2017年版。

[美] 大卫·哈维:《马克思与〈资本论〉》,周大昕译,中信出版社2018年版。

[德] 黑格尔:《法哲学原理》,范扬、张企泰译,商务印书馆1961年版。

[德] 黑格尔:《美学》第1卷,朱光潜译,商务印书馆1981年版。

[英] 艾瑞克·霍布斯鲍姆:《革命的年代:1789—1848》、《资本的年代:1848—1875》、《帝国的年代:1875—1914》、《极端的年代:1914—1991》,郑明萱、贾士蘅、张晓华、王章辉等译,中信出版社2014年版。

[匈] 卢卡奇:《历史与阶级意识——关于马克思主义辩证法的研究》,杜章智、任立、燕宏远译,商务印书馆1992年版。

[苏] 阿·伊·马雷什:《马克思主义政治经济学的形成》,刘品大等译,四川人民

出版社 1983 年版。

[英] 戴维·麦克莱伦：《马克思传》第 4 版，王珍译，中国人民大学出版社 2016 年版。

[日] 内田弘：《新版〈政治经济学批判大纲〉的研究》，王青、李萍、李海春译，北京师范大学出版社 2011 年版。

[法] 让—保罗·萨特：《辩证理性批判》（上、下），林骧华、徐和瑾、陈伟丰译，安徽文艺出版社 1998 年版。

[英] 雷蒙德·威廉斯：《马克思主义与文学》，王尔勃、周莉译，河南大学出版社 2008 年版。

[英] 雷蒙·威廉斯：《关键词：文化与社会的词汇》，刘建基译，生活·读书·新知三联书店 2005 年版。

[美] 维塞尔：《马克思与浪漫派的反讽——论马克思主义神话诗学的本源》，陈开华译，华东师范大学出版社 2008 年版。

[美] 费雷德里克·詹姆逊：《语言的牢笼：马克思主义与形式》，钱佼汝、李自修译，百花洲文艺出版社 2010 年版。

[美] 弗雷德里克·詹姆逊：《重读〈资本论〉》（增订本），胡志国、陈清贵译，中国人民大学出版社 2015 年版。

Time, Labor, and Social Domination: A Reinterpretation of Marx's Critical Theory, Cambridge University Press, 1993.

David Harvey, *The Enigma of Capital*, London, Profile Books, 2010.

顾海良：《马克思的〈资本论〉及其经济学手稿》，《武汉大学学报（社会科学版）》2003 年第 6 期。

黄璐：《劳动与非物质劳动：历史特殊性与价值的无时序性——普殊同教授访谈》，《马克思主义与现实》2018 年第 5 期。

刘怀玉、伍丹：《消费主义批判：从大众神话到景观社会——以巴尔特、列斐伏尔、德波为线索》，《江西社会科学》2009 年第 7 期。

陆梅林：《〈巴黎手稿〉美学思想探微——美的规律篇》，《文艺研究》1997 年第 1 期。

卢铁澎：《"实践—精神的"掌握方式之异读歧见》，《首都师范大学学报（社会科学版）》2012 年第 2 期。

姚新立：《资本空间化的历程与状况》，苏州大学 2013 年博士学位论文。

后　记

　　"资本"作为经典马克思主义批判的支点，有现实和理论上的双重优势。

　　从现实层面来看，资本是人们在生产生活的各种实践中能够感受到的现象，它以商品、货币、各种资源、财富的形式显现在现代人所看重的经济生活之中。资本对生产力水平所显示出的推动力量，尽管这种推动并不是资本主观所为，但事实上确实造就了近两三百年来人类生产力水平的加速发展和物质财富的极大丰富，事实上也确实改善和提高了相当一部分人的生存条件，这给人们通过生产生活去触摸身处其中的资本主义生产关系提供了无孔不入的信息来源，资本真切可感地摆在现代人的眼前。不过现实不仅只有现象或表象的一面，马克思说："如果事物的表现形式和事物的本质会直接合而为一，一切科学就都成为多余的了"①，现象只是"事物的本质"在现行知识范式内获得解读的一种或几种可能性，而非事物的全部。比起资本呈现在世人眼前的现象，更令人着迷的是它潜行在生产生活深海处施展自身能量的方式，以及这种能量如何通过不同的途径以各种令人迷惑的形式释放出来。通过对经典马克思主义资本批判视域建构过程的勾勒，资本驱动资本主义社会运转的几个重要环节被确定下来，资本所处的时空框架被大致描述出来，这为资本批判视域的开阔打下了现实的和理论的基础。

　　在资本仍旧广泛且深入地参与社会生活各层面各环节的今天，资本批判视域大有可为的天地值得更多的期待。尽管从目前来看，生产关系的天平看上去更多地倾向于消费一端，甚至有所谓消费主义取代生产主义一

---

① 《马克思恩格斯全集》第25卷，人民出版社1974年版，第923页。

说，但马克思早就在资本主义生产关系中发现了生产是生产关系的起点的道理。时至今日，资本追求生产劳动中的剩余价值的本质没有改变，资本驱动社会运转想要达到的目的没有改变，它在行为方式上的调整，或表现形式上的变化，不必要也确实还未对匹配自身的生产关系做颠覆性的置换。所谓消费狂欢，实际上是在创造更多剩余价值意义上的生产，消费不是最终目的，资本利用剩余价值进行积累的使命并没有因空前强大的消费热情而间断。但有些变化又确实是明显的。资本驱动生产跃上新台阶的节奏越来越倚赖科学技术手段的更新换代，马克思在 19 世纪已经从工场手工业阶段到机器化大工业生产阶段的变化中看到这一点，剩余价值从最开始通过粗暴地延长工人的劳动时间中盗取，到将劳动时间转移到作为生产资料的机器设备中以获得剩余价值生产效率的最大化，到因机器可以"节省"劳动力的缘故而大量榨取童工、女工的劳动时间，致使工人阶级的家庭生活不可避免地卷入到生产劳动中——到现在，互联网、人工智能、传媒手段等多方面的科学技术革新，生产劳动时间与自由劳动时间之间的界限越来越模糊，两者相互嵌套的方式越来越多样，生产与消费之间的间隙越来越小，两者之间的互动方式越来越微妙，物质财富的生产越来越精致化，迎合消费者的审美趣味，精神财富的积累越来越工业化，层出不穷的时尚潮流已难分辨是创造还是制造。

资本经过数百年的蔓延，驱使人类社会生产力水平突飞猛进的同时，也容纳了诸多冲突对抗。无论是它积累的巨额物质财富，还是它提供的矛盾重重的精神财富，已经并且在不短的时间内将继续构成人类社会历史现阶段生产生活的基础。资本批判要求对现实保持高度的关注、反思和实践精神，批判不是解释生活，批判正在改造世界。

万　娜

2020 年 7 月 30 日

英国剑桥